Gütersloher Taschenbücher/Siebenstern 530

Sung-Hee Lee-Linke

Frauen gegen Konfuzius

Perspektiven einer asiatisch-feministischen Theologie

Gütersloher Verlagshaus
Gerd Mohn

CIP-Titelaufnahme der Deutschen Bibliothek

Lee-Linke, Sung-Hee :
Frauen gegen Konfuzius : Perspektiven einer asiatisch-feministischen Theologie / Sung-Hee Lee-Linke. – Gütersloh :
Gütersloher Verl.-Haus Mohn, 1991
(Gütersloher Taschenbücher Siebenstern ; 530)
ISBN 3-579-00530-8
NE: GT

ISBN 3-11579-00530-8

Umschlaggestaltung:
Dieter Rehder, B-Kelmis, unter Verwendung des Bildes »Frau und Mann« (ca. 1802) von Kitagawa Utamaro (Mehrfarbendruck, 60,2 × 11,4 cm; Inv. Nr. 19/581. Kunsthalle Bremen).
Foto: Lars Lohrisch.
Satz: ICS Communikations-Service GmbH, Bergisch Gladbach 2
Druck und Bindearbeiten: Clausen & Bosse, Leck
Printed in Germany

In Dankbarkeit und Respekt
widme ich dieses Buch meiner Großmutter
KIM IM-SUN
zu ihrem 80. Geburtstag

Inhalt

Vorwort

Warum schreibe ich dieses Buch?

Normalerweise erklärt der Verfasser bzw. die Verfasserin im Vorwort sein/ihr wissenschaftliches Interesse am Thema. Ich besitze dieses Interesse ebenfalls, aber es reicht nicht zur Begründung für dieses Buch aus. Es sind ganz wesentlich persönliche Gründe, die mich zur Abhandlung des Themas veranlaßt haben, und die Leserin/der Leser hat ein Recht darauf, diese zu erfahren. Ich hoffe, daß dadurch auch eine Frage beantwortet wird, die man mir oft gestellt hat: Muß ich automatisch Feministische Theologie treiben, weil ich eine Frau bin?

Ich wurde im Jahre 1953 – direkt nach dem Koreakrieg – in einer Familie geboren, die bereits in der dritten Generation christlich war. Es war meine Großmutter, die Mutter meiner Mutter, die vor sechzig Jahren um die Freiheit des Glaubens, für ihr Christentum, in einer typisch konfuzianisch-patriarchalischen Familie in Nordkorea so tapfer kämpfte, daß ihre Haare durch die Schläge der Verwandten vollständig ausgerissen wurden.

Meine Großmutter hat das Christentum als die einzige gute Nachricht aufgenommen, die die Frauen Koreas bekommen haben. Sie verstand und versteht es als das wahre Evangelium, das auch die Frauen als die Kinder Gottes akzeptiert. Sie glaubt immer noch fest daran, daß der Gott der Bibel die Frauen genauso liebt wie die Männer. Dieser feste Glaube steht ganz und gar im Gegensatz zur konfuzianischen Lehre, die die Frauen entweder als »Halb-« oder als »Untermenschen« betrachtet. Die feste Überzeugung stets vor Augen, daß Frauen vor Gott gleich und gleichberechtigt seien, focht sie ihr Leben lang um einen eigenen menschlichen Weg für Frauen in einer konfuzianischen Gesellschaft.

So wie sie in der Öffentlichkeit für die Gleichberechtigung der Frauen stritt, so versuchte sie diese auch in der eigenen Familie durchzusetzen. Ein erfolgreicher Teil ihrer Bemühungen war die Erziehung meiner Mutter, die trotz der widrigen politischen

Umstände – Korea war erst in den japanischen Kolonialkrieg, dann in einen Bürgerkrieg verwickelt – eine hervorragende Ausbildung bekam, die sonst nur den Söhnen zugestanden wurde. Das Ergebnis war, daß meine Mutter als eine von wirklich wenigen, mit dem Vergrößerungsglas in ganz Korea zu suchenden Frauen, eine Karriere als Beamtin machen konnte: in Positionen, die sonst nur Männern vorbehalten waren.

In den letzten fünfzehn Jahren arbeitete meine Mutter als Leiterin eines staatlichen Rehabilitierungszentrums für Prostituierte. Das war ein großer Betrieb, denn es gibt in Entwicklungsländern eben auch viele Mädchen, die ihr Brot so verdienen müssen: Dort wohnten manchmal etwa tausend (!) Prostituierte, die bei ihrer Tätigkeit auf der Straße oder im Hotel von der Polizei verhaftet und zur »Wiedereingliederung« dorthin gebracht worden waren. So eine große Institution braucht dann auch viele Angestellte für die Betreuung – und ebenfalls eine Verwaltung. In ihr arbeiteten etwa fünfzig Beamte, und davon waren – selbstverständlich in einer patriarchalischen Gesellschaft – die meisten Männer.

In der konfuzianischen Gesellschaft ist es aus zwei Gründen sehr schwer, daß eine Frau in eine führende Stellung kommt: Auf der männlichen Seite ist es eine unerträgliche Erniedrigung, daß ein Mann unter dem Kommando einer Frau arbeitet. Über diese inneren »Dramen« wollen wir hier aber nicht sprechen. Auf der Seite der Frauen bestehen aber genauso psychologische Hemmnisse, denn ihre ganze Erziehung und Ausbildung hat nur das eine Ziel – dem Manne zu dienen!

In dieser Gesellschaft, die sich seit vielen Jahrhunderten nach den Worten des »Meisters« Konfuzius richtet, ist es für eine Frau sehr schwer, eine führende Position zu erhalten, weil die meisten Frauen weder zu Hause noch draußen die gleiche Chance für die Ausbildung bekommen. Gelingt es ihr doch einmal, dieses Hindernis zu überwinden und sich zu qualifizieren, so muß sie mindestens die doppelte Leistung wie die Männer im Beruf bringen, um vorwärtszukommen. Aber wie viele Frauen gelangen überhaupt bis dahin?! Diese Versuche scheitern ja meist schon mit der Heirat, weil das höchste Glück einer Frau in der konfuzianischen Gesellschaft die gute Eheschließung ist. Darum lernen die Töchter der meisten

Familien zu musizieren, sich zierlich zu benehmen, den Mann höflich zu bedienen, nur »ja« zu sagen, zielt alle Ausbildung allein darauf, einen guten Ehemann für die Tochter zu beschaffen. Für den Beruf lernen sie nichts.

Mein Vater stammte aus einer Familie von konfuzianischen Meistern in Nordkorea, die geradezu typisch für die strikte Befolgung der »weisen« Lehren des alten Patriarchen der chinesischen Frühzeit war. Schon als Knabe von drei Jahren erhielt er von seinem Vater Unterricht in der Literatur des Meisters Konfuzius. Aber er mußte Christ werden, um meine Mutter zu ehelichen, denn meine Großmutter stellte diese Bedingung für die Erlaubnis zur Heirat, und ohne die Zustimmung der Eltern durfte man in Korea nicht heiraten. Natürlich war er damals nie und nimmer vom Christentum überzeugt: Der Übertritt war für ihn nur ein Mittel, um meine Mutter zu heiraten.

Doch mit der Zeit wurde er langsam von der Frohen Botschaft des Christentums überzeugt, und nach zwanzig Jahren war er bereits Presbyter seiner Gemeinde. Sein Wandel bestand aber keineswegs nur im Religiösen: Wie meine Großmutter und Mutter war er der Meinung, daß die Töchter genauso wie die Söhne – die Ehe hatte inzwischen drei weibliche und zwei männliche Nachkommen erhalten – eine gute Ausbildung bekommen sollen und müssen.

Dadurch und vor allem wegen der starken christlich-matriarchalischen Tradition durch Großmutter und Mutter bin ich als Tochter gemeinsam mit meinen zwei Schwestern zu Hause kein bißchen anders behandelt worden als meine zwei Brüder. Von meiner Jugendzeit her habe ich immer von meiner Mutter, die dreißig Jahre lang in einer konfuzianisch-patriarchalischen Gesellschaft als eine Beamtin im hohen Rang tätig war, gelernt, wie eine Frau selbständig eine Entscheidung trifft, wie eine Frau sich selbst entwickelt und wie eine Frau im Wald der patriarchalischen Männer gezielt einen eigenen Weg erfolgreich geht. Das war mein Mutter-Bild.

Ich wollte eigentlich Jura studieren, bis heute eine männliche Domäne nicht nur in Korea. Aber Großmutter und Eltern waren dagegen. Sie wollten, daß ich Theologie – auch noch so ein männliches Territorium! – studiere, weil ihrer Ansicht nach »das Studium des Wort Gottes die beste und nützlichste Wissenschaft für die Menschheit« ist, da es den Menschen den Weg zur Wahrheit zeige.

Am Anfang war ich selbst von ihrem Wunsch überhaupt nicht begeistert, vor allem, weil damals nur die Abiturienten mit den schlechtesten Noten zum theologischen Seminar oder in die theologische Fakultät gingen, weil da die Eintrittsprüfungen, die wir nach dem amerikanischen Schulsystem machen müssen, sehr leicht waren. Kurz gesagt, TheologiestudentInnen haben in Korea den Ruf der Dummheit! Doch meine Eltern schlugen mir vor, daß die ganze Familie drei Monate lang um den rechten Weg nach Gottes Willen betet: um die Entscheidung zwischen Jura- und Theologiestudium. Nach diesem Gebet habe ich an mir selbst erfahren, daß letzteres mein gottgegebener Weg ist. So begann ich das Theologiestudium.

Die Ehwa-Universität in Seoul ist die größte Frauen-Universität der Welt. In Korea wird, wie gerade erwähnt, nach amerikanischem System studiert: zuerst vier Jahre bis zu Bachelor of Arts, bzw. einem gleichwertigen Diplom. Damals wurde sie von etwa achttausend Studentinnen besucht, jetzt werden es ungefähr fünfzehntausend sein. Was die Gesellschaft von dieser Frauen-Universität erwartete, war die gute Ausbildung für die zukünftige Schwiegertochter (!). Nicht im Scherz, sondern im vollen Ernst wurde und wird die Uni in meiner Heimat »Ausbildungsstätte für weise Mütter und gute Ehefrauen erster Klasse« genannt. Mag dies für deutsche Ohren auch eher lustig klingen, so sind doch die Absolventinnen dieser Universität lange nicht so diskriminiert wie andere Frauen in der Gesellschaft, da sie ja die zukünftigen Gattinnen der kommenden Männer-Elite sind.

Nach dem Uni-Studium haben dann auch die meisten Studentinnen geheiratet, wie Eltern, Brüder, Verwandte und die ganze Gesellschaft es von ihnen verlangten. Aber meine Familie, allen voran meine Großmutter, wollte, daß ich für das weitere Studium ins Ausland gehe. Sie lehnte alle Heiratsanträge und Heiratsvermittlungen durch Verwandte, Freunde und Gemeindemitglieder ab (denn die Anträge wurden natürlich nach alter patriarchalischer Sitte nicht mir, sondern – ohne mein Wissen! – meinen Eltern gemacht). Diese wiesen diese Versuche also zurück, mit der Begründung, daß ich wegen der weiteren Ausbildung zuerst nach Europa gehen müsse.

Im Jahre 1977 war es dann soweit. Nachdem ich noch in Korea in zwei Jahren meinen Magister an einer anderen, »gemischten« Uni erworben hatte, kam ich nach Deutschland mit dem festen Willen zur Promotion. In meiner Studienzeit an der Eberhard-Karls-Universität zu Tübingen hatte ich keinen direkten Kontakt zur Feministischen Theologie. Diese erschien mir damals als eine »Pseudo-Theologie«, die im Vergleich zur traditionellen weder Logik noch System hatte. Darum habe ich auch nicht mit einem feministischen, sondern einem konventionellen Thema promoviert: Der ontologische Gottesbeweis von Anselm von Canterbury im Vergleich zwischen den Interpretationen von Karl Barth und Charles Hartshorne.

Mein direkter Kontakt zur Feministischen Theologie begann, als ich 1983 nach meiner Promotion zurückging; in Korea erhielt ich nach Anstellungen als Dozentin eine Stelle als Professorin an einer Universität der Stadt Taegu (2 Mill. Einw.), die sich selbst als »erzkonfuzianisch« feiert. Seit dieser Zeit habe ich angefangen, am eigenen Leib zu erleben, was es in einer konfuzianisch-patriarchalischen Gesellschaft bedeutet, eine Frau zu sein. Dieses Empfinden war um so stärker, als ich durch meine Mitgliedschaft in der »Kommission für Glauben und Kirchenverfassung« des Weltkirchenrats jährlich mehrmals ins Ausland reiste und so die Unterschiede krasser sah.

Ich will hier gar nicht über die vielen Diskriminierungen klagen, denen ich als Frau unterworfen war. Auch die in vielen Variationen vorgebrachten blöden Fragen meiner männlichen Kollegen, »wann ich denn endlich heiraten wolle« (keiner, wirklich keiner fragte jemals nach meiner augenblicklichen Forschung), will ich nicht endlos aufzählen. Aber ich unterrichtete Theologie, und das auch für Frauen. So sah ich, daß viele hochbegabte Theologiestudentinnen nach dem Uni-Studium mit der Heirat (die schon durch »leichten« gesellschaftlichen Druck zustandekam) ihre weitere Ausbildung aufgeben mußten. Weil auch in den meisten Denominationen der protestantischen Kirche die Frauenordination nach der Kirchenverfassung verboten ist, war das Theologiestudium der Frauen eigentlich sinnlos, da es nicht zu einem »anständigen«, finanziell und geistig befriedigenden Beruf führen konnte. Über diese Situation und über die Zukunft der Theologiestudentinnen war ich mehr und mehr sehr verzweifelt.

Einmal erschien eine ehemalige Studentin, die »Evangelistin«

(eine schlechtbezahlte und ausgebeutete Hilfskraft) in einer Gemeinde geworden war, in meiner Sprechstunde. Sie war von den Kirchenmitgliedern – allen voran von dem Pfarrer – wie eine Sklavin behandelt worden. Weil sie eine Frau war, hatte sie nur zu dienen und zu gehorchen, durfte nie den Mund aufmachen, natürlich nie ihre Meinung sagen. Als sie in meinem Zimmer wegen dieser Diskriminierung schmerzhaft weinte, habe ich mitgeweint. Aber ich wußte nicht, wie ich sie trösten sollte. Etwa mit schönen Worten, daß Gott sie genauso wie die Pastoren und die Ältesten liebt und daß sie ihre Belohnung nach dem Tode im Reich Gottes bekommt?

Die Verzweiflung so vieler Studentinnen öffnete mir die Augen, um all' die verschiedenen Arten der Diskriminierung der Frauen in der konfuzianisch-patriarchalischen Gesellschaft wahrzunehmen. Schon *vor der Geburt* wird das weibliche Lebewesen diskriminiert. Durch Ultraschalluntersuchung sind die weiblichen Föten lange vor der Niederkunft zu erkennen, und in diesem Fall wird rücksichtslos abgetrieben (heutzutage sind schon 70% der Grundschüler Jungen!). Aber dieser Eingriff wird ohne Schonung der Gesundheit der Frau sogar im siebten Monat noch durchgeführt, falls die Familie nur ein Kind haben will (das dann – natürlich! – ein Sohn sein soll), oder wenn das erste Kind schon eine Tochter ist (denn zwei Töchter, nein wie schrecklich!). Dabei ist der Wille der Frau gleichgültig: Ehemann und Eltern entscheiden.

Nach der Geburt werden dann die Söhne gegenüber den Töchtern bevorzugt. Falls die Eltern nicht reich genug sind, ist es eine selbstverständliche – konfuzianische! – Sitte, daß die Töchter durch die Arbeit in der Fabrik oder manchmal sogar als Prostituierte die teure Ausbildung der Brüder finanziell ermöglichen. Später, nach der Heirat, verlangt dieselbe Sitte, daß eine Frau ihren Beruf aufgeben und zu ihrem »eigentlichen Platz«, in die Familie als »gute Ehefrau und weise Mutter« zurückkehren muß. Das setzt sich noch fort: Sterben die Eltern, ist die Frau in der Erbschaft total benachteiligt, die Söhne bekommen den Löwenanteil. Kurzum, die Frau in der konfuzianischen Gesellschaft ist ein zweitklassiges Wesen, eine mißlungene Schöpfung des Himmels!

Seit dieser Zeit versuchte ich, nicht nur die Situation der Frauen in Korea, sondern auch in China, Japan und Taiwan kennenzulernen, weil in diesen vier Ländern der Konfuzianismus als gemeinsames prägendes Erbe in der Gesellschaft tief verwurzelt ist. Seit 1985 habe ich bei theologischen Konferenzen und Seminaren sechsmal Japan besucht und konnte viele Formen der Frauendiskriminierung studieren, die dieses Land mit meiner Heimat Korea gemeinsam besitzt. Es war für mich ein Schock, nein, eher die Verletzung des Evangeliums, daß es in Japan unter etwa zweihundert Theologieprofessoren keine einzige Professorin gab und gibt, *keine von zweihundert!*

Im kommunistischen China war und ist die Situation der Frauen keineswegs anders als die in den kapitalistischen Gesellschaften Japans, Koreas oder Taiwans, weil der chinesische Kommunismus genauso konfuzianisch war und ist. Die geringen Ansätze zur Frauenbefreiung kamen hier und dort nur durch Import westlicher Ideen und haben noch keinen festen Fuß gefaßt, sich letztlich nur als Propagandalügen entpuppt. Eins aber stimmt ganz sicher: Hier wie dort dürfen die jungen Mädchen genau wie die Männer in der Fabrik arbeiten, aber bei Gott – oder der Partei – *nicht als Chef.*

Vorhin berichtete ich schon über meine Situation an der Universität. Viele Kollegen bemühten sich, mir eine Heirat zu vermitteln, und als ich immer ablehnte, wurde ich je nach dem als »männerfeindlich«, »arrogant« oder »karrieresüchtig« eingeschätzt (ganz, ganz negative Eigenschaften einer Frau im Konfuzianismus!): Daß ich mir nur den Mann selber aussuchen wollte, auf diese Idee kam keiner. Als ich schließlich den richtigen Partner gefunden hatte, brach ein Sturm der Entrüstung los: Mein »Auserwählter« war nämlich Deutscher, also Ausländer! Schnell wurde ich nun als »männersüchtig«, »unwürdig« und »verrückt« (wegen der Gefährdung meiner Laufbahn) abqualifiziert. Mein Mann ist übrigens Sinologe mit dem Schwerpunkt asiatischer Geschichte und hält von Konfuzianismus und Patriarchalismus genauso viel wie ich – gar nichts.

In dieser Atmosphäre war für mich weder weitere Forschung noch ein ruhiges Privatleben möglich, und ich nahm dankbar die Einladung von Prof. Dr. Moltmann an, ein lange geplantes Buch über die Theologie des Heiligen Geistes zu schreiben. Zwar bedeutete es einen langen Kampf gegen Universitätsverwaltung und Kultusministerium, meine Beurlaubung durchzusetzen, aber endlich gelang es. So kam ich zu einem Forschungsjahr wieder nach Tübingen (1987/88).

Dort hielt ich mehrmals Vorträge über die Situation der Frauen in Asien, gesehen aus der asiatisch-feministischen Perspektive. Wie selbstverständlich kam es dazu, daß meine langjährigen Erfahrungen in Asien feministisch-theologisch aufgearbeitet wurden. Schon damals baten mich viele Zuhörer darum, diese Forschungen in Form eines Buches zu veröffentlichen, damit interessierte Frauen aus Europa die Situation ihrer asiatischen Schwestern, über die sie aus gelegentlichen Vorträgen oder Medienberichten meist vage informiert waren, näher und vor allem in schriftlicher, systematischer Form kennenlernen können. Diese Bitte wurde noch dringender von den Teilnehmerinnen der Sommer-Universität in Kassel vorgetragen, an der ich einen Vortrag über »Die Stellung der Frauen im Alten Testament und in Asien aus der asiatisch-feministischen Perspektive« gehalten hatte.

Seit Oktober 1988 unterrichte ich an der Universität Marburg, deren Sozialethisches Seminar mich als Hochschulassistentin eingestellt hat. Dort hielt ich ein Seminar über »Die Stellung der Frauen in Asien und in Europa in Zusammenhang mit den patriarchalischen Gesellschaftssystemen«. Meine StudentInnen waren nicht nur über die unmenschliche Situation der Frauen in Asien, sondern vor allem über die eigene Unkenntnis der gesellschaftlichen, politischen, ja selbst geographischen Verhältnisse Asiens schockiert. Sie sahen zum ersten Mal, daß eine einzige Insel Indonesiens viel größer als die Bundesrepublik ist. Daß das Gewirr von Hunderten dieser Inseln ein ebenso buntes Muster von Sitten, Gebräuchen und Kulturen bildet, wurde ihnen immer klarer. Wenn dies schon für ein einziges, aus der Entfernung »klein« scheinendes Land gilt, wieviel mehr für einen Kontinent wie Asien!

Asien läßt sich unter keinen einheitlichen Kulturbegriff fassen, so verschieden sind all' die Länder in ethnologischer, historischer, kultureller, sprachlicher und religiöser Sicht. Mein Heimatland Korea hat eine Sprache, die von der chinesischen so verschieden ist wie das Finnische vom Arabischen. Wir trinken keinen Tee, sondern

Poricha, eine Art dünnen Malzkaffee, und wir lieben es, rohen Fisch zu essen, was von den Chinesen als »typisch barbarisch« angesehen wird. Die Beispiele ließen sich beliebig vermehren.

Ganz allgemein kann man aber doch eine Einteilung vornehmen, wenn man sich deren Begrenzung bewußt ist. So lassen sich folgende Gebiete trennen: Südostasien (Indonesien, Malaysia und z. T. Singapur), Indochina (Burma, Kambodscha, Laos, Thailand und Vietnam), Philippinen (von der spanischen und amerikanischen Kultur sehr stark beeinflußt), Indien (geprägt von indogermanischer Herkunft und hinduistischer Kultur, aber nicht nur) und die Gebiete der islamischen (wie Pakistan, Iran, Irak usw.) oder der europäischen Kultur (wie die asiatischen Gebiete der Sowjetunion oder auch Israel). Schließlich noch Ostasien, wie es meist bezeichnet wird (China, Japan, Korea und Taiwan), dessen Zusammenhalt u. a. durch die gemeinsame konfuzianische, aber auch buddhistische Vergangenheit aufgezeigt werden kann.

Aus diesem nur allzu kurzen Abriß der Unterschiede in Asien wird klar, daß ein Buch über die Situation der Frauen in dem ganzen Kontinent viele Bände füllen würde. So habe ich mich entschlossen, nur einen kleinen Beitrag in der Vermittlung der Situation der Frauen in Ostasien zu leisten. Nicht nur, weil ich diesen Teil aus eigenen Erfahrungen am besten kenne, sondern weil auch ein prägnantes Beispiel sicher eine viel stärkere Wirkung zeigt als viele allgemeine Situationsschilderungen. Denn das Ziel ist und bleibt nicht bloß die Information (so wichtig und grundlegend diese auch ist), sondern liegt vor allem darin, daß die Frauen in Europa und in Asien sich näher kennenlernen, damit sie *gemeinsam und solidarisch für die Überwindung der Diskriminierung der Frau durch den Patriarchalismus kämpfen können.*

So will dieses Buch sich darauf konzentrieren, den Frauen in der »Ersten Welt« Berichte über die Lage der Frau in Ostasien zu geben. Zu dieser Information gebe ich viele lebendige Beispiele in Form der Erzählung, damit die Stellung der Frau den LeserInnen bildhaft vermittelt wird. In zweiter Linie soll aber auch die gemeinsame Form der Diskriminierung durch die patriarchalischen Gesellschaftssysteme in Europa und in Ostasien festgestellt werden, denn sowohl das christliche wie auch das konfuzianische unterdrücken die Frau.

An dritter Stelle steht die Untersuchung der bisherigen *patriarchalischen* Rolle des *Christentums und der Theologie* in Korea (als einzigem konfuzianischen Land, in dem die Mission erfolgreich war), um damit um so schärfer die wahre, im eigentlichen Sinne *evangelische* Rolle des Christentums und der Theologie bei der Befreiung der Frau zu fordern.

Die meisten Beispiele in diesem Buch sind die leiblichen Erfahrungen der Generation meiner Großmutter und Mutter, die meiner Freundinnen und vor allem meine eigenen. Das Buch ist somit subjektiv, nicht nur in meinen Erlebnissen, sondern immer, da ich die Leiden und Unterdrückungen der anderen nicht als eine sachliche Reporterin schildern kann, sondern mitfühlen muß.

Zum Schluß zurück zur Anfangsfrage: Ich muß nicht unbedingt automatisch Feministische Theologie treiben, weil ich eine Frau bin. Aber wenn eine Theologin in einer Welt, in der die Situation der Frauen durch unmenschliche Diskriminierung gekennzeichnet ist, das wahre Evangelium Gottes verkündigen will, dann muß sie die *Feministische Theologie als eine wesentliche Form der Verkündigung des Reich Gottes in dieser Welt* ernst nehmen.

I. Was ist Konfuzianismus?

1. Konfuzianismus als Staatsideologie

Der Konfuzianismus ist keine Religion, sondern läßt sich am ehesten in die Kategorie »Moralphilosophie« einordnen. Er hat fast keine transzendenten Inhalte, sondern stellt eine Art Sozialethik dar, die er im wesentlichen und ursprünglich nicht übernatürlich oder gar religiös, sondern rein praktisch und empirisch begründet. Wenn ein Chinese sagt: »Ich bin Konfuzianer«, läßt sich das formal am besten mit der europäischen Aussage: »Ich bin Humanist« vergleichen.[1]

Es wurde gerade gesagt, daß der Konfuzianismus keine Religion ist. Die einzigen religiösen Züge, die er hat, beziehen sich auf den *Ahnenkult* und das *Staatsopfer*. Ersterer ist aber allgemeine Volksreligion aller Ostasiaten, die offiziellen Opfer sind nur Staatsakte wie heute die Kranzniederlegung am »Grab des unbekannten Soldaten«, also keine Glaubensinhalte.

Die Frage, ob beide als religiöse Handlungen aufzufassen sind, war Gegenstand des *Ritenstreits* zwischen Franziskanern und Jesuiten (um 1600), in der es um die Teilnahme von chinesischen Christen an diesen Zeremonien ging, wobei die Franziskaner dagegen, die Jesuiten dafür waren. Auch aus heutiger Sicht lassen sich beide Positionen vertreten.[2]

Vom Konfuzianismus her gesehen darf ein Konfuzianer durchaus privat auch Buddhist, Taoist oder Christ sein. Doch in gewissen historischen Phasen wurden Religionen allgemein vom Konfuzianismus wegen ihrer »Unwissenschaftlichkeit« und Transzendenz (was für den praktischen und sozial eingestellten Konfuzianer durchaus ein Negativum ist) als schlecht eingestuft, weswegen man sich in der Öffentlichkeit nicht gern dazu bekannte, um nicht in den Ruf des leichtgläubigen Narren zu kommen: Der privaten Frömmigkeit hat das aber nicht immer Abbruch getan.

1.1 *Das Leben des Konfuzius*

Als Begründer des Konfuzianismus gilt allgemein Konfuzius (chin. Kung-tzû, »Meister Kung«, 551–491 v. Chr.), obwohl alle ihm zugeschriebenen Quellen sicher gefälscht sind und späterer Tradition entstammen. Seine Schüler und deren Schüler haben allerdings eine wichtige philosophische Schule begründet, die im Laufe der Zeit die wichtigsten Werke des alten Konfuzianismus erstellt hat, darunter das grundlegende Lun-yü (»Gespräche [des Meisters]«), das vielleicht wirklich auf Erinnerungen seiner »Jünger« zurückgeht.

Der Konfuzianismus war in dieser Zeit nicht allein, sondern es blühten die »Hundert Schulen« der Philosophie: also ein dem klassischen Griechentum oder der jüdischen Epoche der Zeit Christi vergleichbares Stadium. Diese »Philosophien« (die wichtigsten werden außer dem Konfuzianismus später der *Taoismus* und der *Legalismus*) grenzen sich einerseits stark ab, vermischen sich andererseits aber in der Tat, so daß klare Grenzen nicht immer zu ziehen sind.

1.2 *Spezielle Charakteristik des Konfuzianismus*

In seiner Entstehungsphase hatte der Konfuzianismus keine entscheidende Bedeutung: erst in der Han-Dynastie (206 v. Chr.–220 n. Chr.) bemerkten die Kaiser, daß er sich trefflich zur Staatsideologie eignet, da seine konservativen, moralischen und sozialen Wesenszüge ihr Bestreben nach Machterhalt in idealer Weise unterstützten. Dennoch war der Konfuzianismus, der sich später auch nach Korea, Vietnam und Japan ausbreitete, nie unumstritten, sondern mußte sich im Volk einerseits gegen *Taoismus* oder *Buddhismus* (und viele andere Religionen), in der Oberschicht gegen den *Legalismus* behaupten. Seine stärksten Phasen waren die chinesische Sung-Zeit (960–1279) und die koreanische Yi-Dynastie (1392–1910).

Das Hauptanliegen des Konfuzianismus ist die Einhaltung der *Ordnung*, der Hierarchie in der Familie und im Staat (die »Fünf Beziehungen«; vgl. 3.2). Dazu sollen nicht Gesetze oder Zwangsmaßnahmen, sondern die *Erziehung* führen. Der Mensch wird nicht nach seinem Äußeren, seinem Wissen und seinen Taten, sondern allein nach seiner *moralischen Grundhaltung* (»Tugend« und »Rechtlichkeit«) gemessen. Wer aber hat diese? Natürlich nur der »Edle«, der durch langes Studium und durch vielfältige Übung soziales Verhalten in diesem Sinne erlernt hat.[3] Er unterscheidet sich dadurch vom Volk, das »nur« eine mehr oder weniger wertvolle Arbeit macht: Der Konfuzianismus führte zur strengen *Klassentrennung.*

Die *Vorteile* des Konfuzianismus bestehen in der Hauptsache darin, daß er durch die strenge Hierarchie eine relative Ruhe in der Gesellschaft bewirkt: Gewaltkriminalität und Aufruhr sind stark abgeschwächt. Seine starke moralische Komponente ließen konfuzianische Regierungen immer auf das »Volkswohl« blicken, die Förderung von Ackerbau, Handwerk und allgemeiner Infrastruktur (z. B. Kanal- oder Straßenbau) hatte Vorrang vor Militär und Polizei: Der konfuzianische Staat war zivil und kannte keine Willkürherrschaft.

Das von Anfang an traditionsbewußte Element brachte aber auch *Nachteile* mit sich: der Konfuzianismus war jeder Änderung, jeder Reform abhold. Seine Abneigung gegen soziale Unruhe ließ ihn auch die Wirtschaft stark unterdrücken, da eine funktionierende Ökonomie Ansammlung von Kapital, das wiederum die Bildung einer vom Staat unkontrollierten Macht bedeutet. Schließlich unterdrückte er unter Berufung auf das »Gemeinwohl« das *Individuum,* so daß den Konfuzianern im Laufe der Zeit immer mehr das Odium von mittelmäßigen Trotteln anhaftete. Die Betonung der Familienbeziehungen brachte indessen *Nepotismus* und *Simonie* hervor: Noch heute opfern die Chinesen Geld am Grab des Verstorbenen, damit dieser die Totenrichter bestechen kann. Praktischerweise nehmen sie dazu gefälschte Scheine, damit es billiger wird!

Aus der Tatsache, daß der Konfuzianismus eine Philosophie ist, ergibt sich schon seine Einschränkung auf die Oberschicht. In der Tat war fast nie die Mehrheit der Bevölkerung Konfuzianer, meist war der Konfuzianismus sogar stark in der Minderheit und repräsentierte nur den Adel oder einen Teil davon. Er war die Ideologie des alten Adels um das fünfte vorchristliche Jahrhundert, der in seiner Existenz von neu aufkommenden Schichten bedroht wurde. So versuchte er noch einmal die feudalen Werte einer vergangenen Epoche, eines fiktiven »Goldenen Zeitalters«, wiederherzustellen. Seine Wesenszüge sind sowohl reaktionär als auch idealistisch.

Im Laufe seiner Geschichte machte der Konfuzianismus aber auch eine Art »Popularisierung« durch, da auch niedrigere Schichten des Volkes versuchten, die »Etikette« einzuhalten, ganz wie das höfische Verhalten im Versailles des Sonnenkönigs die »Höflichkeit« erst des französischen, dann auch des deutschen Bürgertums wurde. Daß sich damit automatisch eine Verschiebung ins Formale ergab, ist klar: Es wurden eher die äußeren Verhaltensmuster imitiert als die innere philosophische Grundhaltung.

1.3 Die Wirkung des Konfuzianismus im heutigen Asien

Die Katastrophe der modernen ostasiatischen Gesellschaft, dokumentiert im Zerfall der chinesischen Ch'ing-Oberherrschaft (1911), der koreanischen Yi-Dynastie (1910) und in abgeschwächter Form der Niederlage Japans (1945) hat dem Konfuzianismus als herrschende Ideologie der ostasiatischen Gesellschaft das vorläufige, vielleicht sogar endgültige Ende bereitet. Es ist dennoch verständlich, daß eine Ideologie, die zwei Jahrtausende das Denken zumindestens der herrschenden sozialen Schichten bestimmte, nicht von heute auf morgen verschwindet.

Deutlich demonstriert wird das noch auf *staatlichem Sektor* durch die autoritäre Struktur der ehemals konfuzianischen (China, Taiwan, Nord- und Südkorea) oder halbkonfuzianischen (Japan, Vietnam, Singapur, Indonesien, Malaysia) Staaten, in denen nach ihrer Neubildung im Anschluß an den Zweiten Weltkrieg uneingeschränkt eine einzige Partei regiert. Die Opposition wird dort wie in besten konfuzianischen Zeiten als »Rebellen« betrachtet, die man nach Belieben aufhängt oder einfach verachtet. Das Beamtensystem ist durch und durch hierarchisch – Widerspruch gegen Entscheidungen gibt es kaum, und die Bestechung ist nach wie vor eine normale »Antragsform«.

Im *privaten Leben* äußert sich das besonders in der Geringschätzung und Unterdrückung der Frauen, in dem despotischen Verhalten der Familienväter und in der allgemeinen Rücksichtslosigkeit von Männern gegenüber Untergebenen und – Frauen. Die Erziehungsideologie des Konfuzianismus besteht in dem riesigen Andrang auf die Universitäten fort, ein Mensch ohne Diplom ist fast gar keiner! Selbst im modernen Japan hat das Kultusministerium Vorrang vor dem Wirtschaftsministerium, für europäische Verhältnisse fast undenkbar. Die meisten Minister der japanischen Regierung sind Klassen- oder zumindest Studienkameraden: der konfuzianische Klüngel in der Neuzeit.

Einige Beispiele am Schluß sollen das Fortleben des Konfuzianismus in besonders deutlicher Form klarmachen: Sie kommen aus dem Land, das durch die kommunistische Revolution einen besonders tiefen Schnitt erlitten hat, der Volksrepublik China. Das Hauptargument gegen Chiang Ch'ing, der Witwe Mao Tse-Tung's, war einfach, daß sie als Frau Männer beherrschen wollte.[4] Auch im heutigen China stemmt sich die Bürokratie mit aller Macht gegen Veränderungen, fühlen sich die Beamten als Elite und grenzen sich rücksichtslos gegen das »einfache Volk« ab. Zutritt zu den wenigen Universitäten, aus denen die Führung sich rekrutiert und die man für die Karriere besucht haben muß, haben praktisch nur die Söhne der Parteifunktionäre so wie früher nur die Söhne der konfuzianischen Beamten.

Dennoch sind die Relikte des Konfuzianismus auf dem Rückzug: die *feudale Agrargesellschaft,* die seine Basis war, hat der *modernen Industriegesellschaft* Platz gemacht oder wird das tun. Der Kapitalismus oder in Teilen der Kommunismus ändert die ökonomischen Strukturen. Westliche mehr oder weniger demokratische Staatsformen rütteln am autokratischen Staat. Die westlichen Philosophien und vielleicht noch mehr die abendländische Lebensart (Stichworte: Individualität, Freiheit, Leistungs- und Konsumgesellschaft) zerstören den konfuzianischen Einfluß auf die Familie. Langfristig wird sich der Konfuzianismus nicht behaupten können oder doch nur in stark abgewandelter Art.

Abbildung 1
Konfuzianischer Tempel. Nur am Geburtstag des Meisters wird dort gefeiert: von Männern.

2. Konfuzianismus als Sexismus

Der Konfuzianismus kennt Frauen nur als untergeordnete Personen, die den Männern gehorchen müssen. Seinem patriarchalischen Standpunkt gemäß haben Frauen nur innerhalb der Familie, als Mütter, Hausfrauen usw. eine Bedeutung, keinesfalls in irgendeiner gesellschaftlichen Funktion. Die konfuzianische Literatur der letzten zweitausend Jahre ist voller warnender Beispiele für die Tatsache, welche schrecklichen Folgen selbständige Handlungen von Frauen haben. Konfuzius selber stellt Frauen mit Knechten zusammen folgendermaßen auf eine Stufe:

Mit Weibern und Knechten ist doch am schwersten auszukommen! Tritt man ihnen nahe, so werden sie unbescheiden. Hält man sich fern, so werden sie unzufrieden. [LUNYÜ, XVII,25]

Der arme Konfuzius! Doch er erhält Schützenhilfe: Die Schreiber der Sprüche Salomos behaupten, daß das Verderben des Mannes bei den »dummen«, »zänkischen«, »verführerischen« und »fremden« Frauen liege. Darum belehren sie uns, wie man sich überhaupt vor Frauen bewahren kann.[5] Männer in China, Männer in Israel! Wie die biblischen Schreiber warnt Konfuzius, daß man sich von der Frauenschönheit fernhalten soll, wenn man die »himmlische Liebe«, den moralischen Wert haben will:

Es ist alles aus. Ich habe noch keinen gesehen, der moralischen Wert liebt ebenso, wie er die Frauenschönheit liebt. [LUNYÜ, XV,12; IX,17]

Mit der »Frauenschönheit« meint er einfach die Liebe eines Mannes zu einer Frau. Also: Das Wesen einer Frau ist eher ein Hindernis, als daß sie eine Partnerin für den Mann sein kann. Aber dieser sucht ja auch nach »dem moralischen Wert«, ist eben ein »Edler«. So ein »Edler« leidet nicht unter Minderwertigkeitskomplexen und schätzt sich selbst – ganz im Gegensatz zu seiner Meinung über Frauen – sehr hoch ein, wie wir in den folgenden Worten des Meisters sehen:

Ich war fünfzehn, und mein Wille stand aufs Lernen, mit dreißig stand ich fest, mit vierzig hatte ich keine Zweifel mehr, mit fünfzig war mir das Gesetz des Himmels kund, mit sechzig war mein Ohr aufgetan, mit siebzig konnte ich meines Herzens Wünschen folgen, ohne das Maß zu übertreten. [LUNYÜ, II,4]

Immerhin wird also eine Frau, die sonst niedriggeachtet wird, dadurch belohnt, daß sie so einem Weisen dienen darf. Es muß ja auch ein wahres Vergnügen gewesen sein, mit einem Mann zusammenzuleben, der »keine Zweifel mehr« an sich hat. Menzius, einer der bedeutendsten Vertreter der konfuzianischen Schule, weiß auch warum:

Der Weiber Art ist es, daß Anpassung für sie das Rechte ist. [MONGDSI, II,2]

Noch heute lernen wir auf der Schule seine »Drei Regeln des Gehorsams«: vor der Heirat dem Vater, nach der Heirat dem Mann und nach dessen Tod dem Sohn zu gehorchen. So erfüllt sich nach seiner Meinung am besten *»der Weiber Art«*, wird die Frau zu einem glücklichen Leben gelangen.

2.1 *Die Yin-Yang-Lehre und die Frauen*

Das I-Ching (»Buch der Wandlungen«) steht keineswegs nur am Anfang des Taoismus, wie allgemein bekannt ist, sondern wird auch in der konfuzianischen Philosophie hoch geachtet. Dem Meister Konfuzius selbst wird ein Kommentar zugeschrieben, so daß man ohne Übertreibung behaupten kann, hier eine gemeinsame Wurzel für die beiden großen chinesischen Philosophien vor sich zu haben.

Autor und Entstehungszeit dieses Buches stehen trotz vieler wissenschaftlicher Mühe immer noch nicht fest, genauso wenig wie der eigentliche Charakter des Werkes. Ist es ein Orakelbuch, eine Weisheitslehre, hat es einen, hat es mehrere Verfasser, oder ist es gar eine Tradition anonymer »Heiliger«? Trotzdem oder auch gerade deswegen ist es im Westen sehr bekannt und erlebt zur Zeit wieder einmal eine Renaissance. Aber ganz abgesehen von all' diesen Diskussionen soll diese Schrift und besonders ihre Wirkungsgeschichte unter dem feministischen Aspekt betrachtet werden.

Sie besteht aus zwei Teilen, dem Text und den wesentlich umfangreicheren Kommentaren. Im ersten werden die 64 Symbole und ihre Bedeutung vorgestellt, im zweiten einer ausführlichen

Exegese unterworfen. Die Symbole selbst bestehen aus durchgezogenen (yang-männlichen) oder unterbrochenen (yin-weiblichen) Linien, die in Dreiergruppen somit acht Symbolzeichen bilden. Kombiniert man diese Dreiergruppen, erhält man 8 x 8 = 64 sog. Hexagramme.

Schauen wir uns zuerst einmal die Bedeutung der acht Grundsymbole an:[6]

Name	*Eigenschaft*	*Bild*	*Familie*
Kiän, das Schöpferische	stark	Himmel	Vater
Kun, das Empfangende	hingebend	Erde	Mutter
Dschen, das Erregende	bewegend	Donner	1. Sohn
Kan, das Abgründige	gefährlich	Wasser	2. Sohn
Gen, das Stillehalten	ruhend	Berg	3. Sohn
Sun, das Sanfte	eindringend	Wind, Holz	1. Tochter
Li, das Haftende	leuchtend	Feuer	2. Tochter
Dui, das Heitere	fröhlich	See	3. Tochter

Dieses Schema wird im Schuo-Gua-Kommentar näher erläutert, wobei Wilhelm in der schönen Unbefangenheit des Missionars diesem Abschnitt (II.§ 10) den Titel »Die *Familie* der Urzeichen« gibt:

Das Schöpferische ist der Himmel, darum wird es der Vater genannt.

Das Empfangende ist die Erde, darum wird es die Mutter genannt ...

Der Yang-Vater ist also positiv, schöpferisch, aktiv, die Yin-Mutter negativ, empfangend, passiv. So eine Weisheit gilt natürlich nicht nur zeitweise, sondern immer:

Der Himmel ist hoch, die Erde ist niedrig; damit ist das Schöpferische und das Empfangende bestimmt. [II.1,§ 1]

Der Weg des Schöpferischen wirkt das Männliche. Der Weg des Empfangenden wirkt das Weibliche. [II,1.A.§ 4]

Warum eigentlich? Ganz einfach:

Das Schöpferische ist das Allerstärkste in der Welt ...

Das Empfangende ist das Allerhingebendste in der Welt ... [II,12.§ 1]

Die allgemeine Einschätzung der Charaktere von Mann und Frau dürfte inzwischen hinreichend klar geworden sein. Nun gab es genügend Exegeten früher in Asien und gibt es heute noch in Europa, die einfach behaupten, daß ja in dieser Lehre das »Allerhingebendste« auch etwas Schönes ist, nicht weniger wert als das »Allerstärkste«. So müssen wir etwas mehr ins Detail gehen.

Besonders im ersten Teil kommen mehrmals Warnungen vor, daß man ein starkes Mädchen nicht heiraten dürfe, daß man die Frau nur zu Hause behalten müsse und daß die Werte der Frau in der Treue und der Geduld lägen. Von vielen solchen Warnungen zitiere ich nur einige, um das Frauenbild des Taoismus ein wenig deutlicher zu machen:

Seinem Charakter Dauer geben durch Beharrlichkeit. Das ist für eine Frau von Heil, für einen Mann von Unheil. (Nr. 32) [und der Kommentar erklärt:] *Eine Frau soll ihr ganzes Leben einem Manne folgen, ... wenn er sich dauernd nach der Frau richten wollte, so wäre das für ihn ein Fehler.*

Sie soll nicht ihrer Laune folgen. Sie soll im Inneren für Speise sorgen. Beharrlichkeit bringt Heil. (Nr. 37) [mit dem Kommentar:] *Die Frau soll sich immer nach dem Willen des Hausherrn richten, sei es des Vaters, des Gatten oder des erwachsenen Sohnes ...*

Das Mädchen ist mächtig. Man soll ein solches Mädchen nicht heiraten. (Nr. 44) [mit dem Kommentar:] *Das Emporkommen des Gemeinen ist unter dem Bild eines frechen Mädchens gezeichnet, das sich leichthin preisgibt und dadurch die Herrschaft an sich reißt ...*

Das heiratende Mädchen. Unternehmungen bringen Unheil. Nichts, das fördernd wäre. (Nr. 54)

[Das kennen wir ja mittlerweile! Damit der gebildete Mitteleuropäer aber dieses Hexagramm auch richtig versteht, fühlt sich Richard Wilhelm zu einer »Bemerkung« gedrängt, die ich meinen LeserInnen nicht vorenthalten möchte:]

In China herrscht formell die Einehe ... Doch behält der Mann das Recht, auch den zarteren Neigungen persönlicher Art Gehör zu schenken. Ja, es ist die schönste [!] Pflicht einer guten Frau, ihm dabei behilflich zu sein. Auf diese Weise wird das Verhältnis ein schönes und offenes [sozusagen ein Männer-Paradies!]. *Das Mädchen, das nach der Wahl des Mannes in die*

Familie eintritt, ordnet sich der Hausfrau bescheiden unter als jüngere Schwester. Selbstverständlich handelt es sich hier um sehr heikle und zarte Fragen, die viel Takt auf jeder Seite erfordern. [weiß Missionar Wilhelm, aber zum Glück:] *Wenn die Umstände günstig sind, findet sich hier die Lösung eines Problems, die der europäischen Kultur nicht gelungen ist.* [Wie schade, und zudem gibt es noch einen weiteren Wermutstropfen:] *Selbstverständlich entspricht die Weiblichkeit in China so wenig dem Ideal, wie die Ehen in Europa ...*

Zum Glück war das so, und ich hoffe, daß es immer weniger so sein wird.[7] Wenn sich auch die Frauen keineswegs so total untergeordnet haben, wie das die Patriarchen gerne möchten, so wurde das Wunschbild der Harmonie, nach dem der Taoismus strebte, zwischen Mann und Frau und in der Familie nach dieser Lehre nur durch passives Verhalten und eine absolut dienende Rolle der (Ehe-)Frau möglich. Zu beschönigen gibt es da eigentlich nichts.

Die Definition des Mannes als »Himmel« und der Frau als »Erde« ist eine der fast dreitausend Jahre alten Erblasten in Ostasien. Heute noch gilt sie absolut. Eine der häufig benutzten Sprüche ist: *»Der Mann ist der Himmel, und die Frau ist die Erde. Darum muß sie ihm gehorchen.«* Wie die Erde von dem Himmel abhängig ist, ist die Frau von ihrem Mann abhängig. Wenn der Himmel keinen Regen gibt, dann kann die Erde nicht fruchtbar sein. Wenn er keinen Sonnenschein gibt, dann können keine Pflanzen aus der Erde wachsen. Die Moral dieser »Naturphilosophie«: Darum darf die Frau den Himmel-Mann nicht ärgern, sondern muß ihm zu Gefallen sein. Dieser Rat wird immer noch vor der Hochzeit von Eltern und Verwandten der Braut gegeben, als ob dies unantastbare göttliche Regeln wären.

Würde sich heutzutage der Taoismus in die Nischen der Philosophie zurückgezogen haben, hätte er nur noch einige fatale Wirkungen wie die oben geschilderten auf das Bewußtsein der Menschen, aber er ist ja auch immer noch Teil der Volksreligion, und das ist weitaus schlimmer. So spielt die Yin-Yang-Theorie in den meisten Familienangelegenheiten, besonders bei der Heirat, weiterhin eine große, wenn nicht die allergrößte Rolle.

So gehen viele, fast alle Eltern (für Christen verbietet es die

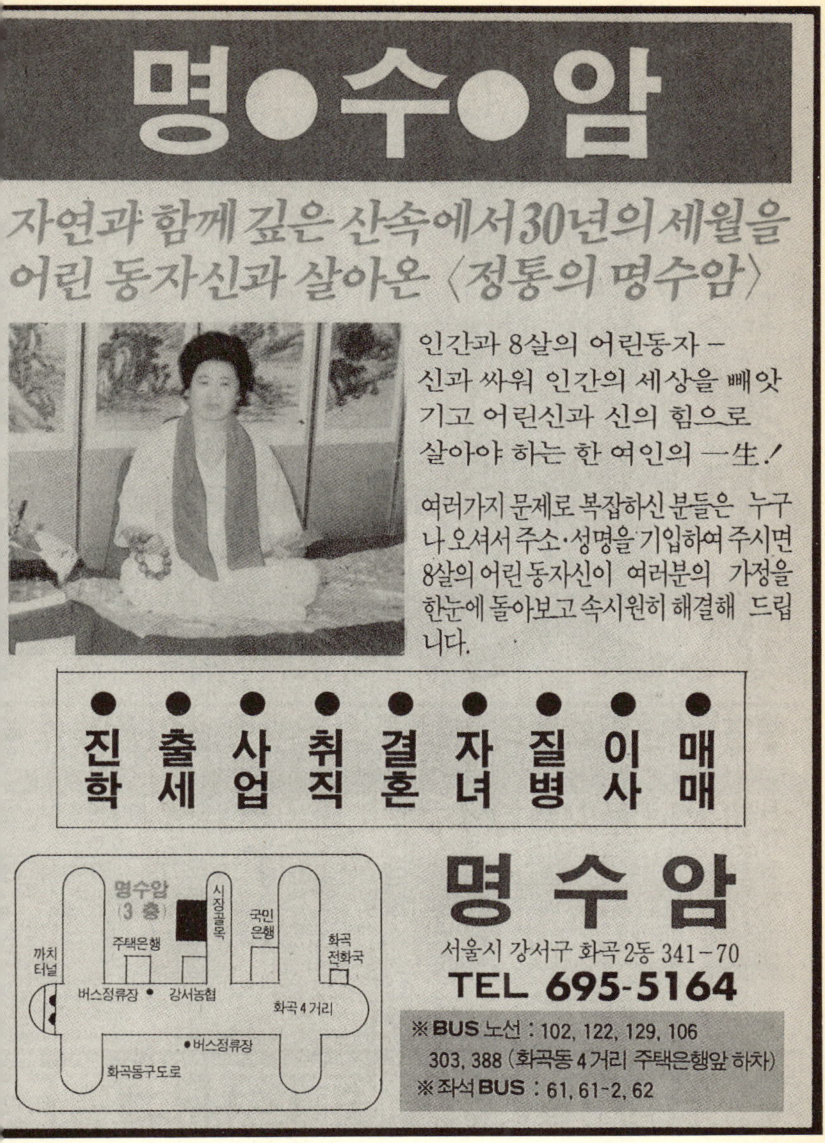

Abbildung 2
Wahrsagerin. Sie berät in neun Schwerpunkten, z. B. bei Heirat, Examen, Geschäftsabschluß usw. (Annonce in Chugan Yôsông, Wochenzeitung für die Frau) vom 19. 3. 1989.

Kirche) vor der Heirat ihrer Kinder zu WahrsagerInnen, die ein Horoskop nach der Yin-Yang-Theorie und dem I-Ching aufstellen. Man gibt ihnen die genauen Geburtszeiten (bis auf die Stunde!), die Geburtsdaten und die chinesischen Charaktere der Namen der Heiratskandidaten. Falls die Kombination zwischen den beiden sich nach der taoistischen Auswertung als negativ herausstellt, wird die Heirat nicht zustande kommen, da die Eltern sie auf alle Fälle verhindern werden. Dabei spielt die Liebe zwischen den Brautleuten keine große Rolle. Einige meiner Unifreundinnen mußten auf die Heirat mit ihrem geliebten Freund verzichten, weil die Kombination sich nach taoistischer Theorie als wenig passend herausstellte.

Was machen die Christen? Haben sie sich ganz von dieser Sitte befreit? Leider nein, denn viele, meistens die Mütter, haben Angst um die Zukunft von Sohn oder Tochter und führen die Wahrsagerei in anderer Form durch. Sie gehen zu sog. »christlichen Prophetinnen« oder »charismatischen Pastoren« und bitten sie, durch ihre wirkungsvollen Gebete zu Gott ihnen die göttliche Offenbarung über die Zukunft der beiden Heiratskandidaten mitzuteilen. Dieses »himmlische Gebot« (oder soll man lieber sagen: die Privatmeinung der Befragten?) hat die gleiche mächtige Wirkung wie der taoistische Aberglaube und kann genauso eine Heirat endgültig verhindern. Diese Praktiken der Christen sind inhaltlich dasselbe, nämlich Äußerungen der uralten taoistischen Volksreligion.

Viele westliche Frauen werden das für absurd halten und skeptisch fragen, warum sogar Akademikerinnen mit sich so etwas machen lassen. Dazu muß man begreifen, was die Heirat für eine asiatische Frau in der konfuzianisch-patriarchalischen Gesellschaft bedeutet, dann kann diese Frage leicht beantwortet werden. *Heirat an sich ist für sie das Ziel ihres Lebens.* Das wurde ihr von der Mädchenzeit an so von Eltern und Gesellschaft eingetrichtert. Auf der Schule und im Elternhaus lernte sie täglich, daß das *Glück einer Frau absolut von einer glücklichen Heirat abhängig sei.* Die meisten Frauen glauben immer noch fest daran.

Was würde nun passieren, wenn eine junge Frau sich über die Horoskope der taoistischen WahrsagerInnen hinwegsetzt? Die Warnungen, die diese geben, wenn die Kombination nicht paßt, sind zunächst einmal schrecklich: Der Mann wird früher sterben, weil die

Frau (Yin) noch stärker ist als der Mann (Yang). Will sie leichtfertig ihren Geliebten ins frühe Grab bringen? Sie werden keine oder sogar behinderte Kinder kriegen, weil Yin und Yang von beiden »harmonisch nicht haften«. Können die Eltern es zulassen, daß so Familie und Ahnenopfer unterbrochen werden? Der Mann wird kein Geld verdienen, weil ihr Yin in sich Armut enthält. Kann ein Mann solch' schreckliche Zukunftsaussichten ertragen, auch wenn er das Mädchen wirklich liebt?

Welche asiatische Frau, die in der konfuzianischen Ausbildung aufgezogen ist, könnte es wagen, ganz »egoistisch« ihre persönlichen Ziele, denn bei Liebe handelt es sich doch darum,[8] durchzusetzen? Hat sie nicht gelernt, sich für das Glück der Familie zu opfern? Aber selbst wenn sie über den eigenen Schatten springt und um den Geliebten kämpft, wird dieser sie bei diesen schlechten Perspektiven auch noch wollen? Der Mann ist ja genauso Gefangener der Erziehung. Doch wenn auch er bereit ist, das Risiko einzugehen, kann er denn den Tränen von Vater und Mutter widerstehen, die die Nächte durchweinen, um das Unglück für die Familie, für den geliebten Sohn zu beklagen? Selbst die aufgeklärtesten und modernsten jungen Männer sind so schon wankend gemacht worden. Keine Frage, daß außerdem die ganz, ganz wenigen Ehen, die dann trotzdem geschlossen werden, unter einer gewaltigen Hypothek leiden, unter Umständen daran zerbrechen können.

Im Westen sehe ich öfters feministische Gruppen, die von dieser für sie mysteriösen und exotischen Yin-Yang-Lehre begeistert sind. Begriffe wie Harmonie und natürliches Leben ziehen sie an. Aber für mich, für eine asiatische Frau aus der konfuzianischen Gesellschaft, ist es sehr schwer zu verstehen, warum und wie sie diese Lehre, die auf einer total patriarchalischen Theorie basiert und zur Unterdrückung der Frau tausende Jahre lang das ihre beigetragen hat, als eine Grundlage ihres Feminismus nehmen wollen.

2.2 *Die Frau als ein mißlungenes Geschöpf Gottes*

In der Bibel existieren zwei verschiedene Berichte über die Schöpfung der Menschen. Nach Genesis 1,27 schuf Gott *»den Menschen zu seinem Bilde, zum Bilde Gottes schuf er ihn; und schuf sie als Mann und Weib.«* Nach diesem Bericht sind Mann und Frau gleichzeitig als *»gesegnete Geschöpfe Gottes«* (V.28) geschaffen. Hier sehen wir keine biblische Begründung für die Diskriminierung oder Benachteiligung der Frauen im Christentum.

Aber der andere Bericht ist in der ganzen Kirchengeschichte bis heute die biblische Grundlage für den Beweis, daß die Frau von Natur aus ein minderwertiges Geschöpf sei, weil Gott sie nach Adam als seine Gehilfin schuf:

Und Gott der HERR sprach: Es ist nicht gut, daß der Mensch allein sei; ich will ihm eine Gehilfin machen, die um ihn sei. Da ließ Gott der HERR einen tiefen Schlaf fallen auf den Menschen, und er schlief ein. Und er nahm eine seiner Rippen und schloß die Stelle mit Fleisch. Und Gott der HERR baute ein Weib aus der Rippe, die er von dem Menschen nahm, und brachte sie zu ihm. [V.18f.]

Als Schülerin in der Sonntagsschule und als Studentin habe ich diese Geschichte in der Predigt der Pastoren tausendmal gehört, habe tausendmal gelernt, daß alle Christinnen den Männern gegenüber ruhig, bescheiden und sogar gehorsam sein müssen, weil sie *als Gehilfinnen der Männer von Gott geschaffen* sind. Sind sie das nicht, sind sie auch nicht christlich. Unter Mißbrauch des Namen Gottes führten die Männer einen langen Prozeß der Gehirnwäsche durch, der schließlich als Resultat die Selbsterniedrigung der Frauen ergab.

Hier möchte ich weder eine exegetische noch eine feministisch-theologische Diskussion über diese Stellen führen, weil darüber schon zahlreiche Bücher veröffentlicht sind. Was ich betonen will, ist, daß der Kernpunkt dieses Berichts meist nicht richtig gesehen wird. Der Akzent liegt – liest man genau – darin, warum Mann und Frau heiraten müssen:

Darum wird ein Mann seinen Vater und seiner Mutter verlassen und seinem Weib anhangen, und sie werden sein ein Fleisch. [V. 24]

Ein Mann und eine Frau gehören zusammen zu *einer* Lebensgemeinschaft, die *von Gott gewollte Lebensform* des Menschen. Diese Form soll sich nach seinem Willen auf die ganze Gesellschaft erstrecken, vor allem natürlich auf die Kirche. Gott will von Menschen, die in dieser Lebensgemeinschaft mit *gleichem Glück* leben, die Verehrung annehmen, in einer Form, in der ohne Diskriminierung eines Geschlechts die wahre Harmonie zwischen Mann und Frau existiert.

In der Bibel finden wir keine Grundlage der Diskriminierung der Frauen. Nur in der Wirkungsgeschichte sehen wir die gespaltene Lebensform der Menschen, die Diskriminierung der Frauen. Diese resultierte aber, um es noch einmal zu sagen, allein aus der falschen Interpretation der o. a. Bibelstelle.

Im Gegensatz dazu werden im Konfuzianismus die Frauen von Anfang an nicht als gleichwertige Menschen betrachtet. Im Prinzip und, von Ausnahmen abgesehen, auch in der Tat bleiben sie nach konfuzianischer Lehre total von allen »wertvollen«, »höheren« Dingen der Gesellschaft ausgeschlossen. Diese Lehre richtete sich in der ersten Linie an die Männer der Oberschicht, setzte sich dann in tausendjähriger Wirkungsgeschichte aber auch als Moral der Männer der Unterschicht durch (die im ursprünglichen Konfuzianismus als nicht zu den »Edlen« gehörend verachtet wurden).

Die häufige Bezeichnung der Frau als »Halb-« oder »Untermensch« im heutigen Ostasien zeigt uns, wie die Stellung einer Frau in dieser Gesellschaft war und ist. Eine Frau ist bloß »ein mißlungenes Geschöpf Gottes« und eben kein richtiger Mann. Aber sie ist – darüber konnte auch Konfuzius nicht hinwegsehen – immerhin in der Lage und sogar dazu notwendig, Männer zu erzeugen. Ganz logischerweise kann sie also durch die Geburt eines Sohnes als ein Mensch von der Gesellschaft akzeptiert werden.

Solange eine Frau aber nur Töchter gebiert, ist sie nutzlos und wird weiter immer nur als »Halb-« oder »Untermensch« bezeichnet. Ein Beispiel aus dem modernen China soll das verdeutlichen. Es handelt sich um einen Brief von fünfzehn Müttern, die nur Töchter geboren haben, an die Redakteure der Volkszeitung [RENMIN RIBAO vom 23. 2. 1983]:[9]

Genossen Redakteure!
Wir sind 15 Mütter vom Land, die nur Töchter geboren haben ... Weil bei uns Mütter ohne Sohn diskriminiert und mißhandelt werden, was noch schlimmer ist als der Tod! Kurz einige Beispiele für unser Leiden: Bei Hochzeiten auf dem Land läßt man eine Frau, die bereits einen Sohn geboren hat, das Ehebett herrichten und die Braut zum Bräutigam begleiten; man nennt solche Frauen »vollwertige Menschen«. Frauen, die keinen Sohn geboren haben, dürfen die Sachen auf dem Ehebett nicht berühren, und sie haben sich fernzuhalten, wenn die Braut eintritt; die Leute sagen, Frauen wie wir seien »Untermenschen«. Wir »Untermenschen« werden zu Hause von den Ehemännern schikaniert und unterdrückt, von den Schwiegermüttern beschimpft und beleidigt, ja selbst die eigenen Eltern werfen uns vor, wir machten ihnen nur Schande.

Draußen gelten wir als noch minderwertiger: Wir wagen nicht gleichberechtigt mitzusprechen, dürfen nach Problemen nicht fragen; besonders beleidigend sind die »vollwertigen Menschen« mit Söhnen, die uns hochnäsig schmähen wie »früher ohne Tugend, heute ohne Sohn« oder »hundert Generationen ohne Sohn« ... Für uns erscheint das Leben wirklich nicht mehr lebenswert! ...

Es ist kaum zu glauben, daß nach über 30 Jahren Befreiung feudales Denken noch so schwer auf uns lastet.

Der Vorsitzende Mao hat einmal gesagt: »Die Zeiten haben sich geändert, Männer und Frauen sind vollkommen gleich.« Aber in Wirklichkeit sind sie es auch heute noch nicht.

Deshalb fordern wir den Staat auf, neben der Propagierung auch folgende gesetzliche Bestimmung zu erlassen: »Wer propagiert, Jungen zu respektieren und Mädchen geringzuschätzen, und wer Frauen beleidigt, die eine Tochter geboren haben, wird nach dem Gesetz bestraft ...«

15 Frauen aus der Volkskommune Qizhen,
Kreis Hexian, Provinz Anhui

Dieser Brief zeigt uns die Bedeutung, die Wirkung davon, was es heißt, »eine Frau zu sein« in einer konfuzianischen Gesellschaft. Konfuzianismus ist dabei nur eine Form des Patriarchalismus, denn in Asien gibt es noch andere Formen *(vgl. Schaubild S. 35)*. Aber allen gemeinsam ist der Sexismus. Denn in der patriarchalischen

Die Arten des Patriarchalismus in Asien

Art	*Ideologischer Patriarchalismus*	*Kapitalistischer Patriarchalismus*	*Konfuzianischer Patriarchalismus*	*Religiöser Patriarchalismus*
Hauptwurzel	Kommunismus	Kapitalismus	Konfuzianismus	Buddhismus Christentum Hinduismus Islam
Länder	*voll betroffen*	*voll betroffen*	*voll betroffen*	*voll betroffen*
	Kambodscha Laos Vietnam	Hong Kong Japan	China Japan Singapur Südkorea Taiwan	Buddhismus: Burma Malaysia Thailand Christentum: Philippinen Hinduismus: Indien Islam: Brunei Indonesien
	teilweise	*teilweise*	*teilweise*	*teilweise*
	China Nordkorea (Konfuzianischer Kommunismus)	Singapur Südkorea Taiwan	Hong Kong Nordkorea	Buddhismus: Südkorea Christentum: Südkorea

Gesellschaft läuft einfach alles – die politische, wirtschaftliche, kulturelle, soziale, religiöse und nicht zuletzt erzieherische Ebene – absolut von Männern und für Männer. In diesem Sinne, daß in der patriarchalischen Gesellschaft der Mann als ein vollwertiger, erstklassiger Mensch und die Frau als ein minderwertiger zweiter Klasse nicht nur betrachtet, sondern im alltäglichen Leben auch behandelt wird, ist *Sexismus an sich auch Rassismus.*

Europäischen Frauen wird die traurige Tatsache in dem oben aufgeführten Brief ganz und gar unverständlich sein, daß die Mütter mit Sohn die ohne Sohn noch schlimmer mißhandeln als es die Ehemänner, Schwiegermütter oder sogar die eigenen Eltern tun. Wie kann eine Frau mit Sohn sich gegenüber anderen »unglücklicheren« Frauen ohne das geringste menschliche Mitleid noch schlimmer benehmen als die Männer?

Diese Frage kann nur beantwortet werden, wenn man die *sexistisch-rassistische* Erziehung dieser Gesellschaft berücksichtigt. Natürlich liegt der Grund nicht in einer zufälligen, individuellen Bösartigkeit solcher Frauen; ihr Verhalten ist ganz einfach das Produkt ihrer Erziehung. Die Töchter sind von Kindheit an von den Eltern, der Umgebung und sogar in der Schule (direkt oder indirekt) in dieser patriarchalischen Ideologie gedrillt worden. Sie glauben später als Frauen fest und ehrlich daran, daß die Werte einer Frau nach der Heirat in der Geburt von vielen – denn es könnten ja einer oder sogar zwei sterben – Söhnen liegt, weil die Fortsetzung einer Familie juristisch nur durch den ältesten Sohn (danach durch dessen ältesten Sohn usw.) weitergeführt werden kann. *Die Funktion der Frau als »sohngebärende Maschine« ist ihre Existenz.*

Wenn eine Frau keinen Sohn gebären kann, dann stirbt die Familie ihres Mannes, genauer gesagt der Name seiner Familie, damit enden die Ahnenopfer, der Ruhm usw. Darum muß die Frau ohne Sohn sich wie eine der Vergebung nicht werte Sünderin benehmen und darf nicht wagen, »draußen« ihr Haupt zu erheben oder gar den Mund aufzumachen. Das ist noch heute so, trotz der wissenschaftlich erwiesenen Tatsache, daß der *Samen des Mannes* das Geschlecht des Kindes entscheidet. Aber daran glaubt in Ostasien sowieso kein Mann!

Es gibt aber noch einen zweiten Grund, und der hängt eng mit der oben geschilderten Wirkung des Taoismus zusammen: Die Frau ohne Sohn wird als ein unheilbringendes Wesen verstanden. Die Mutter von Söhnen hat Angst, daß diese Frau vielleicht ihre Schwiegertochter oder Tochter ansteckt, die mißratene Yin-Fähigkeit auf spirituelle Weise überträgt. Darum versucht sie die andere besonders bei wichtigen Zeremonien wie Heirat, Geburt usw. fernzuhalten, aber aus Vorsicht auch sonst im Alltagsleben.

Welche Wirkung die sexistisch-rassistische Erziehung für die Mädchen in der heutigen konfuzianischen Gesellschaft (immerhin des modernen westlichen Industriestaats Korea) immer noch hat, dokumentiert uns ein Selbstmordversuch, der Schlagzeilen im Februar 1989 in allen koreanischen Tageszeitungen machte. Er spielt im Milieu armer Tagelöhner, also in der Unterschicht der sich bildenden kapitalistischen Gesellschaft:

Die Eltern sind bettelarm, doch sie wollen zur Ehre der Familie Kinder. Alle zwei Jahre versuchen sie es trotz bitterer Armut, doch jedesmal nur eine Tochter.

Aber endlich, das fünfte Kind wird ein Sohn. Ach, Hunger plagte alle, und die Töchter gingen meist mit leerem Magen in die Schule. Nur abends gab es zu Hause ein bescheidenes Essen. Schließlich ging die älteste Schwester in die Apotheke und kaufte Rattengift, mischte es ins Wasser. Die jüngeren starben, die älteste wurde gerettet.

In allen Zeitungen wurde nur die Armut dieser Familie als Hauptursache beklagt, und man gab Regierung, Gesellschaft, Sozialbehörden, Nachbarn usw. wegen der mangelnden Vorsorge und Hilfsbereitschaft die Schuld. Aber die Worte der zwölfjährigen Ältesten, die sie sprach, nachdem sie wieder zu sich kam, zeigen sonnenklar, wo man den eigentlichen Schuldigen suchen muß:

Ich habe gedacht und gehofft, daß meine Eltern mit dem jüngsten Bruder zu dritt viel wohler leben könnten, wenn alle Töchter sterben.

Man weiß nicht, wie schlecht die Eltern die Töchter aus Enttäuschung behandelt haben. Was hier allein wichtig ist, daß schon eine Zwölfjährige fest daran glaubt, daß das Leben nicht nur einer, sondern sogar von vier Töchtern nicht so viel wert ist wie das eines Sohnes. Kannte sie das ostasiatische Sprichwort: *»Ein Sohn ist noch wertvoller als zehn Töchter«?* Das konfuzianisch-patriarchalische Gesellschaftssystem war der Täter!

Daß eine Frau unbedingt mindestens einen Sohn gebären muß, hängt nicht nur mit der Fortsetzung der Familie, sondern – wie schon mehrfach erwähnt – auch mit dem Ahnenkult zusammen. Im folgenden wollen wir dessen gesellschaftliche Funktion, die dem heutigen Europäer praktisch unbekannt ist, genauer untersuchen.

2.3 Ahnenkult und das Recht der weiblichen Ahnen

Die Schreiber der biblischen Sprüche betonen die Pietät der Kinder gegenüber den Eltern in einem gewaltigen Ton folgendermaßen:

Wer seinem Vater und seiner Mutter flucht, dessen Leuchte wird verlöschen in der Finsternis. [20,20]

Ein Auge, das den Vater verspottet, und verachtet, der Mutter zu gehorchen, das müssen die Raben am Bach aushacken und die jungen Adler fressen. [30,17]

Auch nach Konfuzius ist die Ehrfurcht der Kinder gegenüber den Eltern und die der Untertanen gegenüber den Oberen die wichtigste Grundlage für die Ordnung von Gesellschaft und Staat. In der konfuzianischen Gesellschaft sind *»Pietät und Gehorsam ... die Wurzeln des Menschentums«*, wie ein direkter Schüler und Landsmann von Konfuzius gesagt hat. [LUNYÜ, I,2]

Wie kann man Pietät erkennen? Nach Konfuzius durch folgendes Verhalten der Kinder:

Ist der Vater am Leben, so schaue auf seinen Willen. Ist der Vater nicht mehr, so schaue auf seinen Wandel. Drei Jahre lang nicht ändern des Vaters Weg: Das kann kindesliebend heißen. [LUNYÜ, I,11]

Wer drei Jahre nicht abweicht von seines Vaters Wegen, kann kindesliebend genannt werden. [IV,20]

Hier ist die Mutter von Gehorsam ausgeschlossen. Es gibt aber genauso Stellen, wo über die Behandlung der Eltern zusammen gesprochen wird. Vielleicht sollte ich hier darauf hinweisen, daß sowohl das »Wer« wie auch das »Man« im folgenden, aber auch schon in den meisten anderen Zitaten, immer einen Sohn, also einen Mann bedeutet. Im Chinesischen sind Frauen sprachlich in diesen Sätzen ausgeschlossen, was im Deutschen nicht zu imitieren ist.

Den Eltern dienend darf man ihnen in zarter Weise Vorstellungen machen. Wenn man aber sieht, daß sie nicht gewillt sind, darauf zu hören, so soll man fortfahren, ehrerbietig sich zu fügen, und auch die schwersten Anstrengungen ohne Murren tragen. [IV,18]

Solange die Eltern leben, soll man nicht in die Ferne ziehen. Und wenn man nach auswärts geht, so soll man einen bestimmten Wohnort wählen. [IV,19]

Das bedeutet, daß der pietätvolle Sohn sich jederzeit den Eltern zur Verfügung stellen muß. Auch hier ist offensichtlich die Tochter ausgeschlossen, denn sie heiratet ja in eine andere Familie und ist nicht mehr zur Stelle.

Aber auch der Tod der Eltern beendet nicht die Pflicht der Kinder, die »kindliche Pietät«: Sie muß in der Form des Ahnenkults gezeigt werden. Dieser beginnt mit den Trauerfeierlichkeiten, die sich bis auf drei Jahre ausdehnen konnten. Die meisten alten Konfuzianer lebten in dieser Zeit in einer Strohhütte neben dem Grab sehr bescheiden, nur mit dem Grundbedarf an Nahrung und ohne jede Sorgfalt in Kleidung und Körperpflege.[10] Es ist klar, daß auch dabei Frauen grundsätzlich ausgeschlossen waren, denn vor der Heirat durfte die Jungfrau einer streng konfuzianischen Familie das Haus nicht verlassen, und danach war sie ja in den Frauengemächern einer anderen Familie. Diese Sitte ist im heutigen Ostasien vor allem durch die Industrialisierung der Gesellschaft ausgestorben, bestand aber bis Anfang dieses Jahrhunderts fort.

Die heute immer noch geübte Form des Ahnenkults ist das Ahnenopfer. Am Neujahrs- und am Vollmondfest (1. 1., bzw. 15. 8. des Mondkalenders) bereiten die Kinder den Opfertisch vor der Namenstafel oder dem Foto der verstorbenen Eltern und beugen sich davor zum Kotau* nieder. Ebenso wird der Geburts- und Todestag des Vaters begangen, aber *nur in sehr wenigen Fällen der der Mutter.*

Die umfangreichen Vorbereitungen für diese Zeremonie werden – selbstverständlich in der patriarchalischen Gesellschaft! – von Frauen erledigt. Dazu gehört vor allem die Zubereitung des Opferessens. Um sich eine Vorstellung von der tagelangen Mühe und Plage zu machen, denen die Frauen der Familie unterworfen sind, muß man einmal einen der riesigen, bis zum Bersten beladenen Opfertische gesehen haben: ein dreitätiges Schuften von morgens bis abends ist das Mindeste.

Beginnt die Feier, darf aber in den Raum, wo der Kult zelebriert wird, keine Frau hinein. *Sogar der Ehefrau des verstorbenen Mannes ist der Zutritt während der Zeremonie verboten.* Nur die Brüder, Söhne, Enkelsöhne, männlichen Verwandten und Freunde des verstorbenen Mannes dürfen daran teilnehmen. Die weiblichen Mitglieder der Familie warten meistens in der Küche (!), bis diese Zeremonie vorbei ist. Dann öffnen die Männer die Zimmertür, und die Frauen bringen ihnen das Essen. Dann müssen sie weiter in der Küche warten, bis die Männer ihr Mahl beendet haben. Erst danach ist es ihnen auch gestattet, etwas zu essen, entweder in der Küche oder von den Resten der Männer im Zimmer.

Ich zweifle sehr daran, ob Konfuzius selbst in die Kategorie der Ahnen auch die weiblichen Vorfahren gedanklich eingeschlossen hat. Zu seiner Zeit war das offensichtlich nicht mehr der Fall, mag es auch im frühen China andere Verfahren gegeben haben.[11] Denn in den ganzen ihm zugeschriebenen Werken betont er stets die Beziehung zwischen Vater und Sohn, auch wenn er bei der Behandlung der Pietät das Wort »Eltern« benutzt, was aber in der Praxis nur eingeschränkte Bedeutung besaß, wie wir oben gesehen haben.

Völlig eindeutig wird die Lage, wenn wir die weitere Entwicklung des Ahnendienstes bis heute betrachten. In ganz Ostasien, wo er zum Zentrum der gesellschaftlichen Tätigkeit gehört, wurden weibliche Ahnen nur in ganz, ganz seltenen Fällen so verehrt wie männliche. Hat vielleicht noch Konfuzius bei den Vorschriften über

* Tiefe Verbeugung auf den Knien, bis die Stirn die Erde berührt.

Pietät ab und zu auch an die Mutter gedacht, so wurde sie in Wirklichkeit nicht entfernt so verehrt wie der Vater. Frauen haben also nicht nur zu Lebzeiten kein Recht in der konfuzianischen Gesellschaft, sondern auch nach dem Tode nicht. Bei den meisten Ahnenopfern werden die weiblichen Ahnen einfach ignoriert.

Unabhängig von den wirklichen Ursachen der Entstehung des Ahnenkultes, die in der westlichen und östlichen Wissenschaft noch heftig diskutiert werden, wird er in den konfuzianischen Gesellschaften heute immer mit der Pietät begründet. *Aber in Wirklichkeit hat der Ahnendienst noch eine andere, viel wichtigere Bedeutung.*

Es gibt in Ostasien keine einheitliche systematische Vorstellung über die Welt nach dem Tode. In aller Regel herrschen äußerst vage Vorstellungen von einem Totenreich, das aber keineswegs so abgeschlossen ist wie in europäischen Konzepten. Was also geschieht nach dem Tode? Die Leute glauben, daß die Seele auch materiell in einer Jenseitswelt lebe und ab und zu in Form eines Geistes in unsere Welt zurückkomme. Diese Geister haben magische Kraft, zu belohnen oder zu bestrafen. Da sie ja die Seelen der Abgeschiedenen sind, besuchen sie mit Vorliebe ihre Nachkommenschaft, bevorzugt an bestimmten Festtagen wie z. B. am Geburts- oder Todestag.

Dabei beobachten sie nach dem Volksglauben das korrekte Verhalten der Kinder und Kindeskinder und beurteilen die Form der Verehrung. Ist diese in ihren Augen nicht ausreichend, bestrafen die Ahnen ihre Nachkömmlinge in Form von Krankheit, Geburt von Töchtern oder behinderten Kindern, Verlust des Vermögens, Durchfallen bei der Eintrittsprüfung in die Uni oder in die Firma, Autounfall usw. Aber wenn die Opfergaben reichlich und die ehrerbietigen Verbeugungen zahlreich sind, dann belohnen sie mit Glück und Wohlergehen in jeder Familienangelegenheit.

Welche Bedeutung hat also der Ahnenkult heute in Ostasien? In Wirklichkeit beruht er *einerseits auf Angst und soll andererseits das materielle Glück und Wohl der Familie sichern.* Wir haben schon oben bei der Behandlung der »glücklichen« Heirat gesehen, wie wichtig auch die modernen Ostasiaten diese Dinge nehmen und wie tief der Volksglaube noch in ihnen wurzelt. Wer riskiert schon leichtsinnig seine Zukunft?

Ich glaube, kein Abendländer kann sich vorstellen, zu welchen Leistungen diese Angst und dieser Glaube im Extremfall führen kann. Hat eine Familie längere Zeit Pech – der Sohn fällt durchs Examen, die Tochter wird in der Ehe unglücklich, der Vater krank u. ä. –, dann werden WahrsagerInnen und GeomantInnen bemüht. Oft stellen sie fest, daß das ganze Unglück aus einer ungünstigen Lage des Grabes der Eltern resultiert, und somit wird der Erwerb einer neuen Ruhestätte und die Umbettung fällig. Ganz abgesehen von den seelischen Aufregungen können die Kosten für die Grabstätte und die betreffenden »ExpertInnen« ein *Jahreseinkommen der Familie* verschlingen.[12]

3. Konfuzianismus als Rassismus

Allgemein wird heute das Wort »Rassismus« im Fall der Diskriminierung von Weißen gegenüber Schwarzen angewandt; das ist meiner Ansicht nach ein viel zu enges Verständnis. Wie wir oben gesehen haben, kann Sexismus an sich auch Rassismus sein. Daß aber im Konfuzianismus ein ganz enger Zusammenhang zwischen dem sexistischen und chauvinistischen Rassismus besteht, möchte ich im folgenden zeigen.

3.1 Drei Gründe der alltäglichen Dankbarkeit für den Konfuzianer

Es gibt eine sehr bekannte Anekdote, daß ein Jude sich jeden Tag bei Gott dafür bedankt, daß er als Jude, als Mann und als Gebildeter geboren wurde.[13] Die gleiche Geschichte haben wir auch in Ostasien. Ein chinesischer (japanischer, koreanischer) Konfuzianer bedankt sich täglich »beim Himmel« dafür, daß er als Mann und dann als Chinese (Japaner, Koreaner) geboren ist. Patriarchalischer Stolz darauf, als Mann geboren zu sein, und nationalistischer/kultureller Stolz darauf, als Chinese (Japaner, Koreaner) geboren zu sein, sind immer noch heutzutage miteinander in der Familie, in der Gesellschaft, in der Religion und in der internationalen Politik zwischen diesen Ländern so verflochten, daß man diese beiden Elemente des

Stolzes überhaupt nicht trennen kann. Daß jeder Konfuzianer überdies auf seine Bildung, sein »Edelsein« stolz ist, wissen wir bereits.

Wenn die Männer schon direkt nach der Geburt anders als die Frauen behandelt werden und jeden Tag von Großeltern und Eltern hören und erfahren, wie ihr Dasein, das allein die Weiterführung von Namen und Wohlergehen der Familie garantiert, die Vorfahren beglückt – wie können sie darauf nicht stolz sein, ein Mann zu sein?

Schon zu Hause ist die Sprachanwendung der Eltern den Jungen und Mädchen gegenüber nicht gleich. Wenn ein Junge weint, dann schimpfen die Eltern mit folgenden Worten: »Warum weinst du wie ein Mädchen? Du bist ein Junge. Ein Junge darf nicht weinen!« Aber wenn ein Mädchen hartnäckig und selbstbewußt den eigenen Willen durchsetzen will und dabei nicht weint, dann schimpfen die Eltern ganz entsetzt: »Wie kann ein Mädchen so hartnäckig sein! Ein Mädchen muß bescheiden und zurückhaltend sein. Die Tugend eines Mädchens liegt darin, daß man manchmal den eigenen Wunsch aufgibt und den anderen Vorrecht gibt.« Zu sich selbst sagen sie dann sorgenvoll: Haben wir es falsch (= nicht weiblich genug) erzogen? Welcher Mann wird so ein Mädchen wie sie heiraten?

Wenn es einen Streit zwischen Schwester und Bruder gab, waren die häufigsten Worte, die ich seit meiner Kinderzeit in meiner Umgebung hörte, folgende: »Als jüngere Schwester mußt du den Willen deines älteren Bruders respektieren und ihm gehorchen!« Aber wenn einmal die Schwester älter ist, dreht sich das Argument andersherum: »Als ältere Schwester mußt du deinem jüngeren Bruder Vorrang und Vorrecht geben und dabei die Tugend der Frau zeigen, weil er noch jünger ist als du!« So war (und ist immer noch) die Position eines Mädchens schon in der Kinderzeit für die Privilegien der Brüder unterdrückt. Kann in einer solchen Situation ein Mädchen darauf stolz sein, eine Frau zu sein?

Wenn ein Junge seine Kleidung beim Spiel schmutzig macht, bedeutet das ein sehr positives Zeichen: Er wird wirklich ein kräftiger Junge! Aber wenn ein Mädchen so was machen würde, ist das gleiche sehr negativ: O weh, es wird schlecht erzogen und unweiblich sein! In der Schule sind die Lehrstoffe für Schüler und Schülerinnen unterschiedlich. Die Schüler lernen neben den gemeinsamen Fächern Agrarwissenschaft und Technologie, die Schülerinnen »Haushaltswissenschaft«, sprich Kochen und Nähen.

In der gemischten Schule ist der Klassensprecher *immer ein Junge.* Und Vize-Klassensprecher werden je ein Junge und ein Mädchen. Das ist ungefähr die Vorstellung der Schulbehörde von »Demokratie« und »Gleichberechtigung der Frau«. Die koreanische Regierung hat die UN-Charta dazu unterzeichnet und behauptet offiziell, es gebe keine Benachteiligung der Frau mehr. In Zusammenhang mit diesem Thema hatte ich selber eine unvergeßliche Erfahrung in meiner Schulzeit.

Die koreanische (wie die chinesische und japanische) Grundschule besteht aus sechs Jahren, wobei bis zum dritten Schuljahr die Klassen gemischt sind. Danach treiben die Jungen draußen Sport, während die Mädchen drinnen nähen und stricken. In jedem April findet eine Wahl für die Schülervertretung statt, bei der Sprecher und Stellvertreter gewählt werden. Nur die Schüler der letzten drei Klassen dürfen daran teilnehmen. In meinem Fall hatten je fünf Jungen und Mädchen kandidiert. Von etwa 2000 Stimmen gewann ich die Wahl mit rund 800, während der zweite ca. 600 bekam. Bis dahin hatten die Jungen mit ihrer kräftigen Stimme und mit von Politikern abgeschauten Gesten in der Wahlrede dominiert und den Mädchen keine Chance gelassen. Aber meine Mutter hatte mit mir eine Woche lang die Wahlrede geübt, und ich hatte mich mit allem Fleiß auf den Tag vorbereitet. Nach dem Wahlergebnis hatte ich natürlich geglaubt, daß ich Sprecherin werde, weil wir seit Anfang des Schuljahres im Soziologieunterricht vom begeisterten Lehrer, der des Lobes dafür voll war, über die »westliche Demokratie« gehört hatten.

Aber es war eine falsche Illusion. Am nächsten Tag wurde ich ins Lehrerzimmer gerufen. Zuerst gratulierten die Lehrer zu meinem Wahlsieg, aber danach versuchten sie mich davon zu überzeugen, daß eine solche Arbeit für ein Mädchen körperlich zu schwer und geistig zu schwierig sein könnte, allen voran der Lehrer der Soziologie. Sie waren sehr überrascht, daß ein Mädchen die meisten Stimmen bekommen hatte, denn das war zum ersten Mal in der

Geschichte meiner Schule vorgekommen, und man hatte dies eigentlich für unmöglich gehalten. Auf jeden Fall wünschten sie, daß ich meine Stelle dem Zweiten übergebe und selbst Stellvertreterin werde. Was konnte eine Elfjährige tun? Zitternd vor der Autorität der Lehrer, akzeptierte ich den Vorschlag, und eine Woche später wurde ich vom Schuldirektor zur stellvertretenden Sprecherin ernannt.

Meine Mutter und vor allem meine Großmutter waren sehr wütend darüber, aber was konnten sie tun? Aus Angst davor, daß die Lehrerschaft sich an mir rächen würde, mußten sie stillhalten. Damals wußte ich natürlich als kleines Schulmädchen nicht, was das Handeln der Lehrer bedeutete. Ich hatte nur ein ganz trauriges Gefühl gehabt. Erst mit der Zeit habe ich allmählich begriffen, was Demokratie in einer konfuzianischen Gesellschaft bedeutet.

Zwanzig Jahre später, als ich als Professorin unterrichtete, habe ich noch einmal gesehen und erlebt, daß die Demokratie in der konfuzianischen Gesellschaft immer noch keinen festen Platz gefunden hat. Jeder Mann spricht von Gleichberechtigung und lobt die Demokratie, aber vor allem nur in der Theorie. Denn *die Demokratie ist ja nur ein Gewand für die konfuzianische Gesellschaft,* das sie je nach Kälte und Wärme der ökonomischen, politischen und militärischen Umgebung an- oder ausziehen kann. Es ist zwar richtig, daß nach zwanzig Jahren viele Frauen im Beruf tätig sind. Aber die Situation der Frauen ist dadurch nicht verbessert, weil die meisten (auch als Hausfrauen) *arbeiten müssen, nicht um sich weiter zu entwickeln, sondern um zu überleben.* Alle wichtigen führenden Positionen sind immer noch eine feste Burg für Männer.

Nicht nur in der mehr oder weniger von Militärs gebildeten Regierung, sondern auch in den oppositionellen Bewegungen und Studentengruppen für Demokratie und »Gerechtigkeit« sind die führenden Positionen von Männern besetzt. Ab und zu werden ein paar Alibi-Frauen in eine meist unwichtige Stellung geschoben. *Der Kampf um die Menschenrechte ist nicht nur in Korea, sondern in ganz Ostasien in erster Linie ein Kampf um Männerrechte!* In den Propaganda-Zeitungen der Oppositionsparteien und Widerstandsgruppen werden überwiegend Not und Leiden der männlichen Arbeiter als Beispiele geschildert, nicht die der Arbeiterinnen, die nicht nur unter der Willkür der Unternehmer, sondern auch noch unter der Unterdrückung durch diese männlichen Arbeiter leiden.

In der Studentenbewegung ist die Situation nicht viel anders. Vor vier Jahren gab ich im Wintersemester ein Seminar über Christologie. Meine StudentInnen bildeten fünf Arbeitsgruppen, und ich brauchte eine Kontaktperson zwischen ihnen und mir. Im Unterricht fragte ich sie, wer diese Rolle übernehmen wolle. Eine Studentin aus der ersten Reihe hob ihre Hand und rief mit lauter Stimme: »*Ich möchte das.*« Ich war sehr zufrieden über diese selbstbewußte Entscheidung einer Studentin. Aber kaum war der Satz gesprochen, mußte ich andere Worte hören. Ein Student neben ihr sagte zu sich selbst, aber mit Absicht laut: »*Pfui, wie schändlich! Ein Mädchen wagt sowas!*« Ich war einfach schockiert. Schimpfworte, die ich in meiner Kindheit oft, aber auch während meiner Studienzeit in Deutschland nicht mehr gehört hatte, flogen mir als Begrüßung bei der Heimkehr nach Korea entgegen. Ein paar Minuten lang wußte ich nicht, wie ich reagieren sollte. Wie konnte ich diesen Satz eines Theologiestudenten verstehen? Inzwischen wurde der Seminarraum totenstill. Die Studentinnen (auch die Studenten) waren sehr verlegen, nicht von diesem unmenschlichen patriarchalischen Satz, sondern weil ich ein paar Minuten lang einfach ruhig und wortlos dastand. Ich beobachtete die Reaktion der Studentinnen. Es schien mir so, als ob diese abwertende Äußerung sie kein bißchen verletzt hätte. Warum wehrten sie sich überhaupt nicht? Weil sie von Kindesbeinen an solche Worte so oft gehört hatten, daß sie daran gewöhnt waren? Oder ignorierten sie sie einfach als die von einem Dummen? Mit vielen schmerzhaften Fragen in meinem Herzen ließ ich diesen Studenten aufstehen und fragte ihn, was er gerade gesagt habe und was es bedeuten solle. Er antwortete ohne Reue und Scham: »*Frau Professorin, ich habe nichts besonderes gesagt.*« Es war für ihn einfach »*nichts besonderes*«*!* Da sah ich keinen Sinn mehr, mit ihm darüber zu diskutieren.

Danach habe ich lange über dieses Ereignis nachgedacht. Ich kannte diesen Studenten persönlich sehr gut, weil er drei Semester lang meine Lehrveranstaltungen besucht hatte. Er war ein lieber und netter Kerl und lernte sehr fleißig, um ein guter Pastor zu werden. Aber auch er, ein künftiger Seelsorger, war ein Produkt und gleichzeitig ein Opfer der konfuzianisch-patriarchalischen Gesellschaft.

Solange die TheologiestudentInnen sich nicht von der Mentalität dieser Gesellschaft befreien, sehe ich keine große Hoffnung für Erneuerung im Christentum Ostasiens. Beide, Männer wie Frauen, müssen erst begreifen, was Praktizierung des wahren Evangeliums bedeutet, das die Lebensgemeinschaft zwischen Mann und Frau in Gott und die Versöhnung zwischen dieser Gemeinschaft und Gott verkündigt. Und solange es so bleibt, ist es kein Wunder, daß die Anträge für Frauenordination und für die Möglichkeit der Wahl von Frauen als Presbyterinnen in den meisten christlichen Denominationen Jahr für Jahr in der Vollversammlung der Kirche abgelehnt werden (s. a. III.2.2).

In einer konfuzianischen Gesellschaft haben die Männer, unabhängig davon, ob sie Christen, Buddhisten oder Atheisten sind, unabhängig von der Nationalität – Chinese, Japaner oder Koreaner usw. – eine Eigenschaft gemeinsam: nämlich daß sie die patriarchalische Mentalität schon mit der Muttermilch einsaugen und sie überwiegend bis zum Tode unverändert behalten und vor allem praktizieren, als ob diese Ausübung ihre von Gott oder dem Himmel gewollte Aufgabe wäre. Bis zum Tode? Nein, wir sahen ja oben, daß sie diese patriarchalische Position sogar nach dem Tode im Ahnenkult nicht aufgeben, noch im Jenseits vor den Frauen stehen wollen.

Der patriarchalische Stolz des Mannes, ein Mann zu sein, fügt sich nahtlos zum Chauvinismus. In einer konfuzianischen Gesellschaft nennt sich jeder Konfuzianer – wiewohl meist fälschlich – Nachkömmling einer Adelsfamilie und fühlt für die anderen, die das gleiche tun, nur tiefste Verachtung. Viele Volksstücke in China und Korea verspotten die Sucht der Konfuzianer, den Mit-Konfuzianer lächerlich und minderwertig zu machen. Jeder betrachtet seine Lebensweise als moralisch im Sinne des Konfuzianismus, so wie er die Lebensart des anderen als »unkonfuzianisch« verachtet. Das setzt sich natürlich auf nationalem Bereich fort. Wie überheblich spotten japanische Konfuzianer über chinesische, chinesische über koreanische, koreanische über japanische usw. usf. Es ist einfach lächerlich und absurd. Weniger Anlaß zur Belustigung bieten dann aber die Schimpfwörter, die sich die Konfuzianer der genannten Länder für die Konfuzianer der anderen ausgedacht haben. Die Aufzählung würde ein eigenes Buch füllen, aber ich glaube, ein paar

Kostproben werden den Rest ahnen lassen. Chinesen nennen die Koreaner »Ostbarbaren«, die Koreaner revanchieren sich mit der Bezeichnung der Chinesen als »Schweinekerle«. Die Koreaner bezeichnen die Japaner als »kleine Piraten«, die Japaner schlagen mit »Knoblauchfresser« zurück. Diese Beschimpfungen werden keineswegs nur privat, sondern auch in seriösen Veröffentlichungen benutzt.

Wenn ein Spitzengespräch zwischen Japan und Korea stattfindet, bezeichnet die japanische Zeitung es als »Spitzengespräch zwischen Japan und Korea« und die koreanische als »Spitzengespräch zwischen Korea und Japan«. Nicht nur in diesen Fällen nennt sich der Konfuzianer stets zuerst. Gastfreundschaft, die man in den europäischen Zeitungen von links nach rechts in solchen Fällen finden kann, gibt es nicht. Es wäre ja noch verständlich, wenn die Konfuzianer sich nur untereinander beschimpfen, wenn ihr Nationalismus und Chauvinismus sich auf die eigenen Beziehungen beschränken würde. Doch weit gefehlt: Er kommt so richtig erst gegenüber Nicht-Asiaten in Erscheinung. Von den »Butterstinkern« und »Mr. Monkeys« ganz zu schweigen (ganz allgemeine Bezeichnungen für Weiße) bilden die schwarzen Völker die beliebteste Angriffsfläche: traurige Form des ostasiatischen Rassismus. Hier kann ich nur einige wenige Beispiele geben, die in jüngster Zeit passiert sind.

Kurz nach Weihnachten 1988 berichteten viele ausländische Medien über eine große Schlägerei in der Universität von Nanking zwischen afrikanischen und chinesischen Studenten. Ich zitiere hier einen Artikel mit dem Titel »Chinesen mögen ›schwarze Teufel‹ nicht« [FRANKFURTER RUNDSCHAU vom 28. 12. 1988]:

Regierungsamtlich unterstützt die Volksrepublik China den Kampf gegen Apartheid in Afrika und pflegt Freundschaft mit den meisten afrikanischen Völkern. ... Die Behandlung durch die chinesische Bevölkerung sieht allerdings anders aus ...

Tatsächlich sehen viele Chinesen, die ohnehin die jahrhundertelange Tradition eines kulturellen Überlegenheitsgefühls des »Reichs der Mitte« verinnerlicht haben, in Schwarzafrikanern nur Menschen zweiter Klasse. Selbst bei gebildeten Chinesen hat sich festgesetzt, daß Afrikaner dreckig und sexuell ausschweifend seien und überhaupt ein Lotterleben führten.

Untereinander belegen Chinesen Afrikaner mit den deftigsten Schimpfwörtern, bezeichnen sie als »Wilde«, und der Ausdruck »Hei Guizi« (»Schwarzer Teufel«) gilt beinahe als salonfähig ...

In Nanking genügte am Heiligabend ein Funke, um die aufgestauten Spannungen explodieren zu lassen. Zwei dunkelhäutige Studenten wollten zur Weihnachtsfeier der Hehai-Universität chinesische Freundinnen mitnehmen. Als die beiden Mädchen ihre Ausweise zeigen und namentlich registriert werden sollten, brach der Konflikt offen aus. Afrikanische Studenten schlugen mit Bierflaschen und Stöcken auf chinesische Kommilitonen und Universitätsangestellte ein. Es gab 13 Verletzte.

Von Afrikanern geschlagen zu werden, das bedeutet für Chinesen eine Ehrverletzung. Die Schlägerei in der Universität von Nanking blieb deshalb nicht ohne Folgen. Rund 3000 chinesische Studenten zogen zum Ausländerwohnheim und bewarfen es mit Steinen und Flaschen. Bei Demonstrationen am Sonntag und Montag wurde in Sprechchören die Bestrafung der Afrikaner gefordert. Die solchermaßen Bedrohten hatten sich inzwischen schon in den Bahnhof geflüchtet, um notfalls mit dem Zug entkommen zu können ...

Daß die Behandlung der schwarzen Studenten in Nanking, denen ein Vertreter des Studentenausschusses der Hehai-Universität »schlechte Lebensmoral« vorwirft (»Immer sind einige Dutzend Frauen in ihrem Wohnheim«), kein Einzelfall ist, belegen Vorfälle aus den vergangenen Jahren ... Im Mai 1986 gab es in der Stadt Tianjin ebenfalls eine Schlacht mit Bierflaschen und Steinen sowie Verletzte auf beiden Seiten. Ähnliche Zusammenstöße mit anderen ausländischen Studentengruppen sind hingegen nicht bekannt.

Die Verachtung besonders gegenüber den Schwarzen ist in Korea und in Japan genauso schlimm wie in China. Falls ein Mädchen in diesen Ländern einen Schwarzen heiraten würde, wird es nicht nur von der Gesellschaft, sondern vor allem von der eigenen Familie und Sippe ausgeschlossen. Wie tief die Verachtung gegenüber Schwarzen z. B. in der Gesellschaft Japans verankert ist, soll uns die Entgleisung des ehemaligen Ministerpräsidenten Nakasone zeigen, die in der europäischen Presse fast unbeachtet blieb, aber in Japan und den USA um so größeren Wirbel verursachte.

Was war geschehen? Nakasone hatte auf dem Parteikongreß seiner »Liberalen Partei«, die seit über vierzig Jahren Japan beherrscht, angeblich nach einer Flasche Whisky gesagt, die Überlegenheit Japans gegenüber den USA beruhe gerade darauf, daß Japan rassisch rein, während die Vereinigten Staaten durch die schwarze Bevölkerung »rassisch verdorben« seien.[14] Die anwesenden japanischen Journalisten berichteten gehorsam natürlich nicht darüber, und von den ausländischen hatte der Ministerpräsident keine Gefahr erwartet. Doch viele der verachteten fremden Korrespondenten sprechen perfekt japanisch, und so konnte man in den Morgenausgaben der Zeitungen die durch den Alkoholgenuß gefärbte Rede nachlesen. Anfängliche Erklärungen, die Ausländer hätten wohl nicht gut genug japanisch verstanden, fruchteten nicht viel.

Die Verbände der schwarzen Bevölkerung in den USA protestierten heftig und riefen zum Boykott japanischer Waren auf, selbst die amerikanische Reagan-Administration mußte eine scharfe Verurteilung veröffentlichen. Vor dem Capitol wurden Toyota-Autos und Sony-Kassettenrekorder vor den Fernsehkameras zertrümmert, der Export Japans nach den USA sank innerhalb einer Woche um dreißig Prozent. Es war ein schönes Bild, als der Konfuzianer Nakasone sich im amerikanischen Fernsehen für seine rassistischen Bemerkungen entschuldigen mußte, angeblich nachdem ihn die Präsidenten der wichtigsten japanischen Konzerne besucht und über die Folgen für das Geschäft aufgeklärt hatten. Das nationalistische Verhalten zwischen ostasiatischen Ländern stammt nicht aus den politischen Beziehungen der Vergangenheit, obwohl dies auch eine Rolle spielt, sondern ganz kurioserweise aus der gemeinsamen Wurzel ihrer Gesellschaft, dem Konfuzianismus. Doch das wollen wir erst im nächsten Abschnitt genauer untersuchen.

Ich weiß nicht, wie viele Frauen in diesen Ländern darauf stolz sind, eine Frau zu sein. Aber ich weiß ganz genau, wie die meisten Frauen unter konfuzianisch-patriarchalischen Gesellschaftssystemen leiden. Bis jetzt habe ich keine Frau getroffen, die behauptete: »Ich bin Konfuzianerin.« Frauen lehnen den Konfuzianismus ab, ja hassen ihn, nicht nur weil er erst in der Adelsschicht und danach allmählich auch in den einfachen Volksschichten eine Ideologie nur für die Männer war, sondern da sie wissen, wie die Generation ihrer Großmütter und Mütter darunter gelitten hat und wie sie selber immer noch darunter leiden. Jede ostasiatische Frau, davon bin ich fest überzeugt, liebt ihr eigenes Land. Aber ob sie auf ein Land, wo das konfuzianische System die ganze Gesellschaft beherrscht, stolz sein kann, bezweifle ich.

3.2 Sippenzentrisches Denken

Julia Ching, eine moderne bedeutende Konfuzianismus-Forscherin, versucht die Unterschiede zwischen Konfuzianismus und Marxismus folgendermaßen zu definieren:

Der Konfuzianismus repräsentiert einen kulturellen Universalismus, der auf der Harmonie von natürlicher und sozialer Ordnung basiert, auf dem Respekt vor der Vergangenheit und auf der Unantastbarkeit des Familienlebens. Der Marxismus hingegen will mit menschlichen Anstrengungen die Welt beherrschen und die Arbeit als heilig erkennen. Anders als der Marxismus aber anerkennt der Konfuzianismus die Autonomie des Gewissens des Einzelnen, auch wenn die herkömmliche konfuzianische Gesellschaft – ähnlich der marxistischen Gesellschaft – dazu neigt, den Einzelnen dem Kollektiv unterzuordnen. [KÜNG/CHING 1988, S. 114f.]

Im weiteren behauptet sie, beide verkündeten, *»daß alle Menschen Brüder und Schwestern sind«*. Nach ihr ist der kosmopolitische Konfuzianismus in Ostasien nur falsch ausgenutzt worden:

In der Vergangenheit manipulierten und mißbrauchten japanische Militaristen den Konfuzianismus, um die Invasion in China zu rechtfertigen und ein »wohlhabendes Ostasien« zu schaffen. Gegenwärtig benutzen die Regierungen in Südkorea und Taiwan den Konfuzianismus, um ein patriarchalisches System aufrechtzuerhalten.

Mit anderen Worten: Der Konfuzianismus ist an sich gut, wurde aber immer wieder und in der Neuzeit von Militärregierungen mißbraucht. Er habe eigentlich von Anfang an eine humanistische Botschaft in der Art der Nächstenliebe des Christentums gehabt, die nur im geschichtlichen Rahmen nicht zur Wirkung kam. Es ist sicher wahr, daß die Lehre des Konfuzianismus auf Harmonie zielt und daß weiter der Respekt vor der Vergangenheit sehr betont wird.

Aber eine *humanistische Botschaft* hatte und hat der Konfuzianismus entgegen der Behauptung von Julia Ching eben *nicht*. Welche Ordnung er vertritt, wie es um den Zusammenhang von familiärer und sozialer Ordnung bestellt ist, müssen wir nun im folgenden untersuchen.

»Familie« ist die kleinste Einheit in der konfuzianischen Gesellschaft. *Sie und nicht das Individuum (»der Mensch«) ist die Grundlage der Gesellschaft.* Schon daher kann man die abendländischen humanistischen Theorien schlecht mit der konfuzianischen Lehre vergleichen. Diese stellt die Beziehung zwischen Familie und Staat in einer klassischen Stelle, die für die Diskussion des Themas sowohl von Konfuzianern als auch von westlichen Forschern stets herangezogen wird, folgendermaßen dar:

Things being investigated, knowledge became complete. There knowledge being complete, their thoughts were sincere.
Their thoughts being sincere, their hearts were rectified.
Their hearts being rectified, their persons were cultivated.
Their persons being cultivated, their families were regulated.
Their families being regulated, their States were rightly governed.
Their States being rightly governed, the whole kingdom was made tranquil and happy. [LEGGE, Ta-Hsüeh, S. 359]

Wie problematisch diese Stelle ist, zeigt sich in einer modernen Übersetzung der Sinologin Gudula Linck:

Ist die eigene Person in Ordnung, so ist die Familie in Ordnung;
Ist die Familie in Ordnung, so ist der Staat in Ordnung;
Ist der Staat in Ordnung, so ist die Welt in Ordnung. [LINCK 1988, S. 12]

Den aufmerksamen LeserInnen wird nicht entgangen sein, daß in ihrer Übersetzung zwei wesentliche Dinge geändert wurden: Es fehlt das Subjekt (auch bei Legge unklar; *wer* »regiert«?), und das Verb wird zu »in Ordnung sein« verharmlost, während es im Chinesischen transitiv ist, also mindestens »in Ordnung bringen« heißen muß. Es ist jedoch aus dem Zusammenhang ersichtlich, daß die »persons« bei Legge nur Männer sind, und die chinesischen Verben bedeuteten und bedeuten »regieren«, »verwalten«.[15]

Ich möchte hier nicht über die richtige Übersetzung diskutieren, denn diese Stelle ist, wie gesagt, in der Forschung sehr umstritten. Für unser Thema ist allein entscheidend, wie dieser Satz in der konfuzianischen Gesellschaft verstanden und praktiziert wurde. Wenn man seine Wirkungsgeschichte betrachtet, müßte dieser Satz ungefähr so übersetzt werden:

Wenn ein Mann sich ausgebildet hat, dann kann er seine Familie verwalten.
Wenn er sie verwalten kann, dann kann er den Staat regieren.
Wenn er ihn regieren kann, dann kann er in der Welt Frieden schaffen.

Die Harmonie zwischen familiärer und sozialer Ordnung ist nicht die humanistische Grundlage für »*einen kulturellen Universalismus*« im Konfuzianismus, wie Ching behauptet. Wir sehen, daß zumindest die Behauptung, daß auch »*Schwestern*« eingeschlossen sind, mehr als gewagt ist. In der ganzen konfuzianischen Lehre von der Mitte des ersten vorchristlichen Jahrtausends bis heute läßt sich das nirgends bestätigen. Aus der Sicht der Frauen beruht sowohl die konfuzianische Familie als auch Gesellschaft auf einer »Schein-Harmonie«, die den Frauen von den patriarchalischen Gesellschaftssystemen aufgezwungen wird. Die schöne »Harmonie« ist nur einerseits durch die Unterdrückung der Frauen und andererseits durch ihren Gehorsam und ihre Geduld möglich.

Wie eng die politische Unterdrückung mit dem Familien- und Sippensystem vermengt ist und wie das Ganze letztlich und wesentlich auf den Schultern der Frauen ruht, analysiert mit großem Scharfsinn der junge Mao Tse-Tung, der sich später nicht mehr so viele Gedanken über die Unterdrückung der Frau machte, in seinem berühmten »Untersuchungsbericht über die Bauernbewegung in Hunan« von 1927:[16]

Die Männer werden gewöhnlich von drei systematisch gegliederten Gewalten beherrscht: erstens vom staatlichen System, das sich von der Zentralregierung über die Provinz- und Kreisbehörden bis zu den Gemeindeverwaltungen aufgliedert (politische Gewalt); zweitens vom Sippensystem, das vom zentralen Ahnentempel über die Tempel der Sippenzweige bis zu den Familienvorständen hinunterreicht (Sippengewalt); drittens vom übernatürlichen System, das in der Unterweltshierarchie vom Höllenfürsten bis zu den Schutzgöttern der Städte und den lokalen Gottheiten und in der himmlischen Hierarchie vom Himmelskaiser bis zu den mannigfaltigen Göttern und Geistern absteigt (religiöse Gewalt). Die Frauen werden außer von diesen drei Gewaltensystemen auch noch von ihren Ehemännern beherrscht (Gattengewalt). *Diese vier Gewalten – politische Gewalt, Sippengewalt, religiöse Gewalt und Gattengewalt bilden die Verkörperung der Gesamtheit der feudalpatriarchalischen Ideologie und des feudal-patriarchalischen Systems* ... [Hervorhebung v. d. Verf.]

Das war die Situation in China am Ende der dreitausendjährigen Monarchie des »Himmelssohnes«, aber sie unterschied sich nicht wesentlich von der in anderen ostasiatischen Ländern. Aber es war eben nicht nur das verunglückte Ende eines besseren Anfanges. Schon Konfuzius selbst und dann seine Schüler haben die Frauen von allen machtausübenden gesellschaftlichen Funktionen ausgeschlossen. Worum ging es ihnen denn? Um ein hierarchisches System, das eine Ordnung der Familie (zwischen Vater und Sohn) und eine des Staates (zwischen Herrscher und Untertan) *aus praktischen Gründen* zementieren sollte. Frauen haben darin nur insoweit einen Platz, als daß sie dieser Ordnung dienen können. Menzius, der Hauptvertreter dieser Lehre, drückt das in seinen »Fünf Beziehungen« so aus:

1. Die Beziehung zwischen Herrscher und Untertan.
2. Die Beziehung zwischen Vater und Sohn.
3. Die Beziehung zwischen Mann und Frau.
4. Die Beziehung zwischen älterem und jüngerem Bruder.
5. Die Beziehung zwischen Freund und Freund.

[LEGGE, Mencius, S. 251 f.]

Man bemerkt, daß hierbei weder die Beziehung zwischen Vater und Tochter noch die zwischen älterer und jüngerer Schwester ihren Platz findet. Es geht hier um die Pflicht (1), die Pietät (2), den Gehorsam der Frau gegenüber dem Mann (3), den Vorrang des Älteren (4) und schließlich um die Geschlossenheit der Gesellschaft durch den Zusammenschluß von Mitgliedern im gleichen sozialen Status (5). Dabei steht »Pflicht« vor dem »Gewissen«. Sie wird in

Form des *absoluten Gehorsams* erfüllt. Dabei spielt weder eine inhaltliche Diskussion noch das eine Rolle, was wir heute »individuelle Eigenschaften« nennen würden. Man kann nicht einfach nach eigenem Gutdünken diesen oder jenen als Freund betrachten. Nur mit Männern im gleichen sozialen Status darf man Freundschaften schließen, wie Konfuzius seine Anhänger belehrt: *»Habe keinen Freund, der dir nicht gleich ist«* [LUNYÜ, I,8]. Freundschaft zwischen Mann und Frau erwähnt er erst gar nicht, da sie für ihn undenkbar ist.

Warum gibt es diese Vorschrift? Wenn es den Familien- und Gesellschaftsmitgliedern erlaubt wäre, durch persönliche Beziehungen den eigenen Status in Frage zu stellen, dann würde das die Ordnung der Familie und der Gesellschaft zerstören, die auf der *Basis der Trennung des Geschlechts und der Klasse gegründet ist.* Das alles wäre aber nur für ein Geschichtsbuch interessant, wenn diese scharfe Klassentrennung nicht heute noch in der ostasiatischen Gesellschaft aktuelle Wirklichkeit wäre. Genau das ist sie aber, bittere, Tag für Tag greifbare Realität, und daran haben die schön klingenden Verfassungen dieser Länder nichts geändert.[17]

Der Fürst von Schä erzählte Konfuzius sehr stolz von den aufrechten Leuten in seinem Lande: *»Bei uns zulande gibt es ehrliche Menschen. Wenn jemandes Vater ein Schaf entwendet hat, so legt der Sohn Zeugnis ab (gegen ihn).«* Doch diese Art von Ehrlichkeit entsetzte den Meister, weil er davon eine andere Auffassung hatte. Darum erwiderte er dem Fürst: *»Bei uns zulande sind die Ehrlichen verschieden davon. Der Vater deckt den Sohn und der Sohn deckt den Vater. Darin liegt auch Ehrlichkeit.«* [LUNYÜ, XIII, 18] Nach seiner Meinung ist es also nicht wichtig, ob die Handlung des Vaters richtig oder falsch ist. Darüber hat sich der Sohn keine Gedanken zu machen: Allein weil es sein biologischer Vater ist, muß er aus Pietät dessen Fehler, Schwächen, ja sogar Verbrechen decken. Das ist *»auch Ehrlichkeit«*. Warum weicht der Meister, der sonst die Moral in jedem Spruch auf den Lippen hat, hier plötzlich vom »rechten Pfad der Tugend« ab? Der Grund liegt darin, daß der Name der Familie in den Schmutz gezogen werden würde, falls die Irrtümer oder Schandtaten des Vaters, des Hauptes der Familie, in der Außenwelt enthüllt werden, weil es sich um seinen biologischen

Sohn, den Fortführer der Familie handelt. Ebenfalls wäre der Name der Familie in der Gesellschaft entehrt, würden Fehlverhalten oder Kriminalität des Sohnes nicht verheimlicht.

Es geht also um den Erhalt der Familie, für den jede Schandtat zu rechtfertigen ist, im Prinzip ein ganz ähnliches »Familienbewußtsein« wie bei der Mafia. Die Familie repräsentiert jede Person, nicht umgekehrt. Rang und Ehre kommen von der Familie, nicht durch die individuellen Eigenschaften des Einzelnen. Jede Familie ist in sich die kleinste, total abgeschlossene Einheit gegenüber den anderen, der Außenwelt. Ein Konfuzianer muß für die Aufrechterhaltung seiner Familie alles tun, z. B. sich scheiden lassen und eine andere Frau nehmen, falls die erste keinen Sohn gebiert. Und die Frauen müssen in den Brunnen springen, um die Familienehre zu retten.[18]

Nach der Familie ist die Sippe die zweite Einheit. Sie ist ebenso nach außen abgeschlossen wie die Familie. Die starke Bindung zwischen den Mitgliedern einer Sippe wird durch den gemeinsamen Ahnenkult immer wieder verstärkt. Nach Konfuzius darf man nur die eigenen Ahnen verehren, auch wenn er sonst die Hochachtung der Jüngeren gegenüber den Älteren lehrt: *»Andern Geistern als den eigenen (Ahnen) zu opfern ist eine Schmeichelei.«* [LUNYÜ, II,24]

Erweitern läß sich die Familie und die Sippe nur durch den Freundeskreis, der – wie wir schon oben sahen – vollständig auf die Angehörigen der eigenen Klasse beschränkt ist. Praktisch äußert sich heute, wo die alte feudale Gesellschaft durch Revolutionen und Kriege gründlich zerschlagen ist, dieses Phänomen auf der Schule, in der Universität und in der Firma (oder im kommunistischen China z. B. in der Partei, auf der Parteiakademie usw.). Es ist für Europäer sehr schwer zu verstehen, daß auch heute noch ein Asiate zu den Studienkameraden (die auch als »Bruder« und »Schwester« angeredet werden) oder den Kollegen in der Firma ein herzlicheres Verhältnis hat als zu der Ehefrau.

Bei einer normalen Begrüßung zwischen Männern in Ostasien wird sofort nach der Familie, der Sippe, der Schule, Universität, Firma und augenblicklichen Stellung des anderen gefragt. Zwischen jeder Frage findet eine Verbeugung statt, die um so tiefer ausfällt, je schlechter man selbst gerade in der betreffenden Position im Vergleich zum Gegenüber dasteht. Am Schluß weiß man, ob ein Gespräch untereinander möglich ist oder ob der soziale Unterschied so groß ist, daß der Unterlegene sich sofort zurückzieht.

Für die Konfuzianer ist die eigene Sippe »das Zentrum des Landes und der Nabel der Welt«. Das Interesse der eigenen Familie und Sippe geht immer dem der Gesellschaft vor. Die Blutsverwandtschaft ist der zentrale Begriff des Konfuzianismus, gerade noch eingeschränkt durch die geschilderte Art der Freundeskreise, die aber stets den verwandtschaftlichen Beziehungen nachgeordnet sind. Es gibt also keinen eigentlich Begriff »Nächster« oder »Nächstenliebe« im christlichen Sinne. *In der konfuzianischen Gesellschaft bedeuten »die Nächsten« immer zuerst die Verwandten, dann die Leute, die den Interessen der eigenen Familie und Sippe Vorschub leisten können.*

Die Auffassung Jesu über die »wahre Verwandtschaft« steht im diametralen Gegensatz zur konfuzianischen. Als er die Schrift lehrte, wollten Mutter, Brüder und Schwestern ihn wegholen. Jemand teilte ihm mit, daß seine Familie warte. Die Antwort Jesu war für die meisten Leute um ihn herum etwas ganz Revolutionäres:

> Wer ist meine Mutter, und wer sind meine Brüder? Und er streckte die Hand aus über seine Jünger und sprach: Siehe da, das ist meine Mutter, und das sind meine Brüder! Denn *wer den Willen tut meines Vaters im Himmel, der ist mir Bruder und Schwester und Mutter.* [Mt 12,46–50; Mk 3,31–35; Lk 8,19–21]

Ein Schriftgelehrter fragte Jesus, wie man das ewige Leben erben könne. Jesus fragte ihn zurück, was das Gesetz darüber lehre. Die Antwort bestand aus dem, was er als Jude von Kindheit an auswendiggelernt hatte [Lk 10,25ff.]:

> Du sollst den Herrn, deinen Gott, lieben von ganzem Herzen, von ganzer Seele, von allen Kräften und von ganzem Gemüt, und *deinen Nächsten wie dich selbst.* [5. Mose 6,5; 3. Mose 19,18]

In der Liebe zu Gott und zu den Nächsten wird man das ewige Leben erben. Diesen Satz kannte er ganz genau. Aber er hatte nie erfahren, wie man seine Nächstenliebe *praktizieren* kann, *wer denn der Nächste ist.* Auf seine verwirrte, aber ehrliche Frage antwortete Jesus mit dem Beispiel vom barmherzigen Samariter: *Der Nächste ist immer der Fremde, der Verachtete, der Arme, der Ausgestoßene.*

Die Botschaft Christi von der Nächstenliebe findet ihren Höhepunkt in der antijüdischen Auseinandersetzung über die Feindesliebe:

Ihr habt gehört, daß gesagt ist [3. Mose 19,18]: »Du sollst deinen Nächsten lieben« und deinen Feind hassen. Ich aber sage euch: *Liebt eure Feinde und bittet für die, die euch verfolgen, damit ihr Kinder seid eures Vaters im Himmel.* [Mt 5,44–45a; Lk 6,27–28]

Die biblische Lehre, daß, *wer Gottes Willen tut, mein Bruder und meine Schwester und meine Mutter* ist, war für Konfuzianer schlichtweg unverständlich, als das Christentum nach Ostasien kam, durchbrach diese Auffassung doch die fundamentale ideologische Basis der Gesellschaft. Aber bei den Frauen, die in der konfuzianischen Gesellschaft nicht einmal als Mensch akzeptiert, und den Männern der Unterschicht, die von den Herrschern unmenschlich – nämlich als »Un-Menschen« – behandelt worden waren, fiel das Evangelium auf fruchtbaren Boden. Die Verkündigung Jesu, daß alle Menschen vor Gott gleich sind, war die Frohe Botschaft, durch die sie ihre menschliche Identität wiederherstellen konnten. Das erklärt, warum das Christentum in Ostasien gerade bei den Frauen und in der Unterschicht zuerst seine Wurzeln schlagen konnte.

Aber das Christentum mußte sich dem konfuzianisch-patriarchalischen Charakter angleichen, damit es auch in der Oberschicht erfolgreich sein konnte. Das läßt sich z. B. im Bereich des sippenzentrischen Denkens deutlich aufzeigen. Die Rolle der Sippe in der konfuzianischen Gesellschaft hat heute kurioserweise die Kirche übernommen. Das ist aber nicht ganz so erstaunlich, wenn man bedenkt, daß im Wachsen der industriellen Gesellschaft der Zusammenhalt der Sippe allein durch die räumliche Trennung sowie die zunehmende Fluktuation der Bevölkerung geschwächt war und ein

Ersatz gefunden werden mußte. Das äußert sich nun darin, daß jede Kirche sich nur um eigene Kirchenmitglieder kümmert, die anderen höchstens als lästige Konkurrenz betrachtet (wie früher unter den Sippen). Zwischen *den Kirchen einer Denomination* gibt es kaum Zusammenarbeit, so wie es keinen Dialog *zwischen den verschiedenen Denominationen* gibt.

Die Ökumenische Bewegung für die Einheit der Kirchen, die in ihrer Geschlossenheit eine Erneuerung der menschlichen Gesellschaft erreichen soll, ist für die meisten Kirchen eher ein Hindernis, da sie die Neuwerbung von eigenen Kirchenmitgliedern erschwert. Denn die meisten Christen sind durch die Predigten des Pastors und durch die Bibelkreise zur falschen Überzeugung gebracht worden, daß die Art des Glaubens in der eigenen Gemeinde die beste sei, daß sie selbst den Weg zum ewigen Leben wüßten, die anderen aber nicht. Nicht erstaunlich, daß sie die Mitchristen anderer Kirchen und Denominationen zumindestens mit Bedauern, wenn nicht mit noch schlimmeren Gefühlen betrachten.

Dieses sippenzentrische Denken ist nur ein einziges Moment des konfuzianischen Erbes von vielen, unter denen die Kirchen in Ostasien leiden. Es ist jetzt an der Zeit, daß sie sich auf das Einssein aller Christen in Jesus Christus besinnen, damit sie sich von dieser Last befreien können. Sonst sind sie nicht in der Lage, ihren Beitrag bei der Errichtung einer neuen, freieren und gücklicheren Gesellschaft zu leisten.

3.3 Der Rang als Kriterium der menschlichen Beziehungen

Es ist die grundlegende Regel in der konfuzianischen Gesellschaft, daß *der Mann immer vor der Frau Vorrang hat.* Das nennt man »*die Geschlechtsordnung*«. Es gibt da nur eine einzige Ausnahme, beschränkt auf die Beziehung der Mutter zu ihren Kindern. Die Mitglieder der konfuzianischen Gesellschaft erzählen den westlichen Besuchern immer sehr stolz, daß bei ihnen die Älteren dank den Lehren des Meisters von den Jüngeren respektiert und damit anders als im Westen geachtet werden. Aber diese »*Altersordnung*« gilt nur *innerhalb von Leuten gleichen Rangs und gleichen Geschlechts.*

Denn es gibt eine noch wichtigere Regel, die man »*die Rangordnung*« nennt. Diese geht sowohl der Geschlechts- als auch der Altersordnung stets vor. *Somit ist die Rangordnung das entscheidende Kriterium der menschlichen Beziehung sowohl in der Familie als auch in der Gesellschaft.*

Im Grunde ist die Einhaltung der Rangordnung das Hauptanliegen des Konfuzianismus. Der Meister selbst antwortete auf die Frage, was er denn zuerst in Angriff nehmen würde: »*Sicherlich die Richtigstellung der Begriffe.*« [LUNYÜ, XIII,3] Damit meinte er, den Herrn als Herrn, den Untertan als Untertan usw. zu behandeln, also niemals aus der vorgegebenen und durch das Alter heiligen Rangordnung auszubrechen.

Es ist heute noch eine überall praktizierte Sitte, daß die Leute denen im höheren Rang entsprechende Vorrechte geben. Ein Beispiel dafür: Wenn ein hochgstellter Mann in einen Raum eintritt, stehen schnell die im niedrigeren Rang auf, verbeugen sich vor ihm, geben ihm den eigenen Platz usw. Niemals wird in der Unterhaltung ein Untergeordneter seinem Vorgesetzten widersprechen. Die Kabinettssitzungen in Ostasien bestehen hauptsächlich darin, daß die Minister in gehorsamer Stellung und schweigend die Befehle des Präsidenten entgegennehmen. Je nach dem Rangunterschied wird die Anredeform anders gewählt. Ein klassisches Beispiel dafür ist die Bezeichnung einer Landesfürstin [LUNYÜ, XVI,14, vgl. oben XIII,3]:

Die Gattin eines Landesfürsten nennt der Fürst: »Gattin«. Sie selbst nennt sich: »Kleines Mädchen«. Die Leute des Landes nennen sie: »Gattin des Fürsten«, gegenüber von anderen Ländern nennen sie sie: »Unsere verlassene kleine Fürstin«. Die Leute anderer Länder nennen sie auch: »Gattin des Fürsten«.

Natürlich wird diese Sitte auch innerhalb der Männergesellschaft benutzt, manchmal noch viel komplizierter. Heute noch werden so viele verschiedene Anredeformen verwendet, daß selbst Ausländer, die die Landessprache perfekt beherrschen, erst nach vielen Jahren immer die richtige Bezeichnung wählen können. Aber, so wird man fragen, damals in der feudalen Gesellschaft unter der strengen

Klassentrennung konnte man die Rangordnung leicht feststellen. Doch heutzutage, in den mehr oder weniger demokratischen, bürgerlichen Industriestaaten – wie soll das gehen? Welche Kriterien gelten da? Wie schon oben erwähnt, ist die Aristokratie in ihren gesellschaftlichen Funktionen teilweise durch neue Formen ersetzt worden. Heute ist in den konfuzianisch-kommunistischen Ländern – in der VR China und in Nordkorea – die eigene Position in der Partei das erste Kriterium. In den konfuzianisch-kapitalistischen – in Japan, Taiwan und Südkorea – ist es die Position auf der Arbeitsstelle. Im Prinzip ist es in beiden Fällen das gleiche.

Welche Schule und welche Universität hat ein Mann besucht? Das ist das wesentliche Kriterium für die spätere Anstellung, sei es im Staatsdienst, sei es in einer Firma. Das zweite Kriterium ist also der Rang der Ausbildungsstätte, denn in diesen studieren stets *Angehörige derselben sozialen Kategorie.*[19] Aber innerhalb der gleichen Schule oder Universität ist der Eintrittsjahrgang das wichtigste Indiz für den Rang. Die Schüler vom späteren Jahrgang nennen den früher Eingetretenen »älterer Schulbruder«; umgekehrt heißt es »jüngerer Schulbruder«. Diese Benennung ist für immer gültig, auch nach der Absolvierung der Schule: *bis zum Tode.*

In der Universität geht es dann munter so weiter: »Jüngerer Unibruder«, »Jüngere Unischwester«, »Älterer Unibruder« und »Ältere Unischwester«. Bei der Anrede gebrauchen die Studenten im niedrigeren Semester den Honorativ, den man nur mit unbeholfener deutscher Übersetzung etwa so ausdrücken kann: »Sehr geehrter Herr Kommilitone«. In jedem Fall wird die Rangordnung gewahrt, »Freund« oder »Freundin« kann man nur die Mitstudentinnen *im selben Jahrgang* nennen. Noch einmal: Freundschaft ist nur zwischen Ranggleichen, d. h. exakt auf der gleichen Stufe Stehenden möglich; ein Jahr später auf die Uni, keine Chance dafür!

Wozu braucht man überhaupt solche komplizierten Benennungen? Kann man nicht einfach FreundIn, KollegIn, KommilitonIn sagen? In der konfuzianischen Gesellschaft, wo die Rangordnung die Grundlage von Familie und Gesellschaft bildet, ist das unmöglich! So wie diese explizit ausgearbeitete Struktur die Rangunterschiede befestigt, so zementiert sie eben gleichzeitig die Gesellschaft. Daß diese Ideologie einerseits gewaltsam eingetrichtert, andererseits von

Abbildung 3
Schulausflug. Der gemeinschaftliche Zusammenhalt wird gestärkt, ein Bund fürs Leben geschlossen.

den Angehörigen der konfuzianischen Gesellschaft verinnerlicht wird, ist klar. Wie man sie in der Praxis heute erleben kann, soll das Beispiel meines jüngeren Bruders zeigen. Dies ist aber überhaupt nichts besonderes und einmaliges, sondern die Normalität in Japan und Korea:[20]

Mein Bruder wechselte in die »High School«, die letzten drei Klassen vor der

Universität. Einen Monat danach kam er mit dick geschwollenem Hinterteil nach Hause; er konnte kaum laufen. Was war los? Er wollte aus Stolz oder Scham nichts sagen, aber ich ließ nicht locker. Er war mit allen seinen Klassenkameraden von den »Älteren Schulbrüdern« mit Stöcken völlig zerschlagen worden. Wo? Auf dem Sportplatz der Schule. Und die Lehrer? Blickten weg, da sie die Zeremonie des Schlagens der »Jüngeren Schulbrüder« akzeptierten, wenn nicht sogar guthießen. Der Tag hieß dann auch ganz offiziell »Tag der Bestätigung der Rangunterschiede« und findet meistens im März statt. Mein Bruder gestand mir weinend, daß er so etwas nie machen würde, weil es demütigend sei.

Aber ein Jahr später war er »Älterer Schulbruder« und führte die brutale Zeremonie genauso aus wie alle vor ihm. Ganz stolz erzählte er mir, daß einige »unhöfliche Frischlinge« (so heißen sie wirklich!) sich gewehrt hätten, die habe man dann »natürlich« völlig zusammengeschlagen.

Neun Jahre später, im März letzten Jahres, nach dem Militärdienst und am Ende des Studiums, erzählte er mir die gleiche Geschichte. Nur waren diesmal die »Frischlinge« der Universität von ihren älteren Kommilitonen auf dem Sportplatz öffentlich geschlagen worden.

Weder die Demokratisierung, die Diskussion um die Menschenrechte, der Einfluß des Christentums und des abendländischen Humanismus konnten bis jetzt diesen demütigenden Ausdruck der konfuzianischen Rangordnung abschaffen! Heutzutage im modernen Asien!

3.4 Menschen außerhalb der Gesellschaft

Es gibt eine ziemlich dunkle Stelle über das Benehmen von Konfuzius selbst vor Rang und Unglück:

»Wenn der Meister jemand in Trauer sah, jemand im Hofgewand oder einen Blinden: so stand er bei ihrem Anblick auf, auch wenn sie jünger waren; mußte er an ihnen vorbei, so tat er es mit raschen Schritten.« [LUNYÜ, IX,9]

Es ist aus dem Zitat nicht ersichtlich, warum er einfach an den Traurigen oder Behinderten vorbeilief, ohne sie zu trösten oder ihnen zu helfen. Die Überschrift »Ehrfurcht vor Rang und

Unglück«, die Wilhelm hinzufügt, scheint eher seinem christlichen Wunsch als dem chinesischen Text zu entsprechen. Egal, wie man die Stelle interpretieren kann, die Lage im heutigen Ostasien zeigt klar, welche negativen Auswirkungen sein Verhalten bewirkt hat.

Die meisten Leute versuchen so schnell wie möglich am Ort des Unglücks oder am Trauerhaus vorbeizugehen, wie Konfuzius es mit raschen Schritten machte. Denn sie haben davor Angst, daß die Geister des Unglücks oder des Todes sie überfallen würden. So wird das ganze persönliche Besitztum der Toten meistens verbrannt, damit die bösen Geister in diesen Sachen keinen Schaden mehr anrichten können. Es gibt schon einige Christen, die die Hinterlassenschaft der Verstorbenen den Armen schenken, aber sie sind eine kleine Minderheit.

Sind die Behinderten auch Menschen? Wenn ich diese Frage im vollen Ernst im Westen stellen würde, dann würden die Leute mich für verrückt oder unmenschlich halten. Denn diese Frage ist an sich unmenschlich, auch wenn es Verbrecher wie die Nazis gegeben hat, die eine »Euthanasie« für Behinderte durchführten. Traurigerweise werden die Behinderten in Ostasien immer noch wie Untermenschen behandelt, die der eigenen Familie und Sippe Unglück bringen und deren Namen in der Gesellschaft entehren.

Es gibt da kaum einen Unterschied in den verschiedenen ostasiatischen Staaten. Vielleicht kommt die Tötung von behinderten Kindern in dem unterentwickelten Rotchina am häufigsten vor, doch ist die Stellung der erwachsenen Behinderten wohl in Japan am schlimmsten. Es war ein großer Trost, daß die koreanische Regierung und das Nationale Olympische Komitee 1988 durch die Paralympics (die Behinderten-Olympiade direkt nach der »richtigen«) zeigten, daß sie große Anstrengungen unternommen hatten, um auch diesem Bevölkerungsteil zu seinem Recht zu verhelfen. Davor schon, aber seitdem mit neuem Elan, haben die koreanischen Behörden für Behindertenschulen und -telefonzellen usw. gesorgt. Immerhin ein Anfang.

Ich scheue mich nicht, von meiner eigenen Erfahrung zu berichten. Auch ich, eine Frau der konfuzianischen Gesellschaft, war in der Verachtung von Behinderten erzogen. Als ich 1980 in meiner Studienzeit in Tübingen an einer dreiwöchigen archäologischen

Reise nach Israel teilnahm, war in unserer Gruppe eine blinde Theologiestudentin. Einerseits war es für mich ein Schock, wie sie den »öffentlichen Auftritt« wagen konnte, zudem war ihre Teilnahme mir auch unverständlich. Welchen Sinn hatte diese Reise für sie, wenn sie sowieso nichts sehen konnte?

Aber diese Frage wurde während dieser Reise beantwortet, als ich sah, wie sie von den anderen Teilnehmern behandelt wurde. Jeden Tag waren zwei Leute im Wechsel für sie zuständig. Sie haben versucht, ihr zu erklären, wie die historische Ruine oder der touristische Ort aussieht, wie groß sie sind und welche Farbe sie haben, so als ob sie auf ein Zeichenbrett malten. Manchmal brachten sie ihre Hände an die Steine, damit diese Studentin sie fühlen konnte. Von dieser menschlichen Wärme war ich total begeistert. Und dabei habe ich auch diese Blinde beneidet, als ich an die Behinderten in meinem Land dachte.

Dort gab es in meiner Umgebung auch einige Behinderte. In meiner Kinderzeit habe ich gesehen, wie sie behandelt wurden. Heute ist es wie gerade geschildert bereits etwas besser, aber überall noch schlimm genug. Die meisten behinderten Kinder werden nicht in die Schule geschickt, sondern sie werden wie ein Haustier in das kleinste Zimmer des Hauses eingesperrt und ernährt.[21] Die Familie versucht ihr Dasein zu verheimlichen, weil sie ihr nur Schande und Demütigung in der Gesellschaft bringen. Das behinderte Kind beeinträchtigt vor allem die berufliche Karriere seines Vaters und die Heiratschancen seiner Geschwister. Die Ehevermittlung – ca. 80% der Ehen in Ostasien werden noch vermittelt – wird sofort abgebrochen, wenn die andere Partei herausfindet, daß es einen Behinderten in der Familie des Ehekandidaten gibt.

Die meisten Leute wollen nicht gerne Behinderte auf der Straße sehen. Wenn man frühmorgens einen Blinden sieht, wird es als Zeichen verstanden, daß dieser Tag rabenschwarz wird. Wenn bei der Öffnung des Ladens ein Behinderter, besonders ein Blinder, vorbeigeht, dann streut der Besitzer gleich Salz vor die Tür, damit sein Geschäft an dem Tag nicht »blind« verläuft. Ist ein Behinderter der erste Kunde, wird die gleiche Reinigungsaktion durchgeführt. »Natürlich« verkauft er diesem Kunden nichts.

Vor zehn Jahren berichtete eine in Korea sehr bekannte

Geschichte, daß ein populärer blinder Sänger nicht mehr im Fernsehen singen durfte, weil viele Geschäftsleute jahrelang die Fernsehgesellschaft bedroht hatten, damit er Auftrittsverbot bekam. Die Begründung war, daß sie schlechte Geschäfte machten, wenn sie ihn morgens im Fernsehen gesehen hatten. Das Fernsehen gab schließlich nach, seitdem singt er nur noch im Radio, aber auch da selten!

Die völlig unmenschliche Behandlung der Behinderten in Ostasien kann man natürlich nicht einfach mit der »Unmenschlichkeit« der Ostasiaten erklären. Sie ist eine Auswirkung des religiösen Denkens, das alles Unglück als von einem bösen Geist verursacht sieht. Aus Angst vor ihm und vor Ansteckung, sei es mit einer »bösen Aura«, sei es mit Viren oder Bakterien (diese »medizinischen« Ängste sind meist genauso irrational wie die alten magischen) – aus dieser Angst schließt man die Behinderten vollständig aus der Gesellschaft aus.

Es ist eine unbestrittene Tatsache, daß die konfuzianischen Gesellschaften nie karitative Einrichtungen wie Spitäler oder Armenhäuser hervorgebracht haben. Die eigenen »Schwachstellen« suchte man zu verstecken, die der anderen verachtete man, schloß sie aus oder kümmerte sich nicht darum. Die ganze Bildungseuphorie der Konfuzianer, denen doch angeblich die Erziehung über alles ging, hat nicht einmal öffentliche Schulen hervorgebracht,[22] diese wurden vielmehr erst unter modernem westlichen Einfluß eingeführt.

Wir konnten also feststellen, daß der Konfuzianismus in der gesellschaftlichen Wirklichkeit keine humanistische Konzeption entwickelt hat, selbst auf Gebieten nicht, die ihm angeblich am Herzen lagen. Im Grunde ging es und geht es stets um das Wohl der eigenen Familie, Sippe oder Gruppe. Das Leid und die Verzweiflung der anderen interessieren den Konfuzianer nicht. Ganz besonders gilt das für die Lage der Frauen, die er am Ende der Rangordnung sieht. Das Leid, das Elend, die Unterdrückungen, die die Frauen Tausende von Jahren erleiden mußten, existieren im Bewußtsein des Konfuzianers überhaupt nicht. Dennoch sind sie Wirklichkeit, grausame Wirklichkeit, damals und heute.

Anmerkungen

Kapitel I

1. Es ist also die Aussage, daß man eine bestimmte Auffassung oder Ideologie vertritt, für richtig hält. Ich will hier damit natürlich nicht sagen, daß man Humanismus und Konfuzianismus *inhaltlich* gleichsetzen kann.
2. Zum Ritenstreit s. CHINAHANDBUCH, S. 235ff. EICHHORN 1973, S. 364ff.
3. Dieses Verhalten (chin. Jen) wird fast immer in europäischen Quellen mit »Menschlichkeit« übersetzt, obwohl es in der damaligen Zeit eher »Etikette«, »vornehme Haltung« bedeutet.
4. Vgl. Teil II. 3.1.1; s. a. WITKE 1979.
5. Vgl. dazu LEE-LINKE 1988, S. 68ff.
6. Es gibt fast tausend Übersetzungen des I-Ching, die z. T. erheblich abweichen. Für unsere Zwecke reicht aber die im Deutschen meistgebrauchte von R. Wilhelm (er transkribiert I Ging) aus. Das Schema dort auf S. V.
7. Zum Thema »Christentum und Patriarchalismus« vgl. Teil III.2.
8. Man kann nicht oft genug wiederholen, daß alle »privaten« Emotionen, die im Abendland ein positives Konnotat haben, im Konfuzianismus negativ gewertet werden: Liebe, Freundschaft, Gefühl, Freiheit, Unabhängigkeit, Selbständigkeit sind *schlecht.* Anpassung, Unterordnung, Duckmäusertum, Gleichförmigkeit usw. sind *gut.*
9. Zu diesem Thema s. a. ROGATE 1987, S. 30.
10. Auch an solchen Einzelheiten wird klar, daß der Konfuzianismus auf die Oberschicht zugeschnitten war, denn die »arbeitende Bevölkerung« konnte natürlich nicht drei Jahre lang sich ausruhen. Sie mußte ihre Pietät in weit schwächerer Form zeigen, was dann von den »richtigen Konfuzianern« verachtet wurde.
11. EICHHORN 1973, S. 19ff. GRANET 1980, S. 37, 51ff. Beide berichten von einem in der Shang-Zeit ursprünglich für männliche und weibliche Ahnen gleichzeitig durchgeführten Dienst, aus dem dann allmählich die »Großen Ahninnen« entfernt worden sind. Es ist dann auch recht bezeichnend für den Konfuzianismus, der ja vorgab, die korrekten Sitten der »Alten« wiederherstellen zu wollen, einfach die Rechte der lebenden und toten Frauen zu »vergessen«.
12. Es fehlt der Platz, den ganzen Komplex der Wahrsagerei und Geomantik in Asien zu erklären. Für Interessierte: VOS 1977 hat ein Kapitel über

Geomantik (S. 127–32). Die verschiedenen Methoden der Wahrsagerei sind bei ihm wie auch bei EICHHORN nur bei Gelegenheit, nicht aber systematisch dargestellt.

13. Rabbi Juda ben Elia (2. Jah. n. Chr.) sagt genauer: »Wir haben für drei Dinge täglich zu danken: ›Gepriesen sei der Herr, der mich nicht zum Heiden machte; gepriesen sei der Herr, der mich nicht zur Frau machte, weil die Frau nicht verpflichtet ist, alle Vorschriften der Tora zu halten; gepriesen sei der Herr, der mich nicht zum Ungebildeten machte, weil der Ungebildete die Sünde nicht fürchtet‹.«

14. Der Unsinn ist kaum eine wissenschaftliche Erklärung wert. Es sei aber trotzdem darauf hingewiesen, daß nach völlig unbestrittenen Ergebnissen der Forschung die Japaner eine *Mischrasse* aus Paläoasiaten, Altaiern und malaiischen Völkern sind.

15. Der Text des Ta-Hsüeh fährt auch fort: From the Son of Heaven down to the mass of the people, all must consider the cultivation of the person the root of everything besides.

    Es ist offensichtlich, daß hier über Männer gesprochen wird, denn der »Himmelssohn« war einer, genau wie nur Männer als »Edle« ihre »Person kultivieren« konnten.

16. Ausgewählte Schriften, Bd. I, Peking 1968, S. 45f.

17. Z. B. gehören den verschiedenen Militärregierungen, aber auch der japanischen Regierung fast nur ehemalige Klassenkameraden von Schule, College oder Militärakademie an. Bei den Parteien ist es nicht viel anders, und Frauen spielen dabei nach wie vor überhaupt keine Rolle.

18. Wenngleich auch heute das nicht mehr von den Mädchen verlangt wird, wenn sie »Unehre« gebracht haben, so wird doch auch *heute noch* eine Verlobung sofort gelöst, wenn die Verlobte ohne eigene Schuld vergewaltigt worden ist: Sie ist eben nicht mehr »rein« und »unschuldig«!

19. Im Unterschied zu Deutschland, wo es keine wesentlichen Rangunterschiede bei Schulen und Universitäten gibt, sind dieselben in *allen ostasiatischen Ländern* sehr groß. Wer nicht eine der wenigen Elite-Universitäten besucht hat, wird nie einen bedeutenden Posten erlangen.

20. Japan hat überhaupt die höchste Selbstmordrate von Gymnasiasten in der ganzen Welt. Der Grund ist fast ausschließlich die Quälerei von »Ranghöheren«, gefolgt von schlechten Noten, was Versagen im System der Rangordnung bedeutet.

21. Natürlich gibt es in allen ostasiatischen Ländern eine allgemeine Schulpflicht. Aber die Behörden drücken alle Augen zu, wenn die Eltern das behinderte Kind nicht zur Schule schicken.

22. Die zahlreichen konfuzianischen Schulen waren stets nur für die Kinder der Oberschicht. Eine Aufnahme von »gewöhnlichem Volk« auf die Akademien, die die Beamten ausbildeten, wurde manchmal mit praktischen Maßnahmen verhindert (z. B. durch immense Kosten), manchmal per Gesetz verboten.

Literaturangaben und Leseempfehlungen zu Kapitel I

Bei allen Büchern über Ostasien gibt es das Problem der Umschrift: Chinesisch ist eine Zeichenschrift, die natürlich auch »romanisiert« geschrieben werden kann; leider sind viele Systeme im Umlauf. Heute wird im deutschen Sprachraum meist die Pinyin-Umschrift benutzt, im englischen die modifizierte nach Wade-Giles. Daneben gibt es nicht nur in älteren Werken viele andere: Rüdemberg, Couvreur usw. Da es sich hier nicht um ein sinologisches Werk für den Fachwissenschaftler handelt, wurde in der Regel die Umschrift der Quelle beibehalten, bzw. die übliche Namensform verwandt: also nicht *Mao Zedong*, sondern *Mao Tse-Tung*.

Die japanische Schrift besteht aus der chinesischen Zeichenschrift und zwei *Silbenschriften:* Hiragana und Katakana. Ihre Transkription wird nach Reischauer durchgeführt und ist relativ problemlos, nur die Unterscheidung von langen und kurzen Vokalen ist für Abendländer schwierig. Koreanisch besteht ebenfalls aus der chinesischen Zeichenschrift und einer *Buchstabenschrift:* Eigentlich ist der heutige Standard die McCune-Reischauer-Umschrift (Beispiel: Sôul), aber es sind noch viele andere wie die MOE im Umlauf (Seoul); Koreaner umschreiben selbst meist nach Gehör (Rhee, Rhie, Lee, Li, Lie, usw. sind ein Name, nämlich korrekt nach McCune-Reischauer Yi; im Deutschen wie ein einfaches langes »i« gesprochen.

Für *erste Informationen* gibt es drei gute Quellen:

CHINA-HANDBUCH. Hrsg. von Wolfgang Franke u. a., Düsseldorf 1974. Dort besonders: Ahnenkult S. 11, Familie S. 339ff., Frau S. 370ff., Heiratsbräuche S. 495ff., Konfuzianismus S. 656ff.

JAPAN-HANDBUCH. Hrsg. von Horst Hammitzsch u. a., Wiesbaden 1981. Dort besonders: Familie S. 546ff., Geschlecht S. 568ff., Religion, S. 1515ff.

HANDBOOK OF KOREA. Hrsg. von Ministry of Culture and Information, Seoul 1983. Dort besonders: Religion, S. 192ff., Customs and Traditions, S. 340ff.

Für China und Japan gibt es Bändchen in der FISCHER WELTGESCHICHTE: Bd. 19 u. 20.

Ein Überblick über die *Religionen* z. B. in:

EICHHORN 1973
Eichhorn, Werner: Die Religionen Chinas. Stuttgart 1973.
PYE 1990
Pye, Michael: Die Religionen Japans. Stuttgart 1990 (in Vorbereitung)
VOS 1977
Vos, Frits: Die Religionen Koreas. Stuttgart 1977.

Die konfuzianischen und taoistischen *Quellen* liegen in vielen Übersetzungen vor; die meistgebrauchten sind die von Richard Wilhelm (LUNYÜ, MONGDSI, I GING usw., Leipzig 1921 ff.) und James Legge (The Chinese Classics, Hongkong 1861 ff.), beide sind vielfach nachgedruckt.

BAKER 1979
Baker, Hugh D. R.: Chinese Family and Kinship. London 1979.
BÖX 1941
Böx, Arno: Das japanische Familiensystem. Diss. Marburg 1941.
CHAO 1983
Chao, Paul: Chinese Kinship. London 1983.
CHOI 1961
Choi, Min-Hong: Der Einfluß der konfuzianischen Ethik in Korea. Diss. München 1961.
COHEN 1976
Cohen, Myron L.: House United, House Devided. The Chinese Family in Taiwan. New York und London 1976.
EBREY 1984
Ebrey, Patricia Buckley: Family and Property in Sung China: Yüan Ts'ai's Precepts for Social Life. Princeton 1984.
EICHHORN 1964
Eichhorn, Werner: Kulturgeschichte Chinas. Urban Bücher Bd. 76, Stuttgart 1964.
GILES 1898
Giles, Herbert A.: A Chinese Biographical Dictionary, Cambridge 1898.
GRANET 1980
Granet, Marcel: Die chinesische Zivilisation. Familie, Gesellschaft, Herrschaft. Von den Anfängen bis zur Kaiserzeit. dtv 4361, München 1980.
GRANET 1985
Granet, Marcel: Das chinesische Denken. Inhalt, Form, Charakter, stw 519, Frankfurt 1985.

HEILER 1976
Heiler, Friedrich: Die Frau in den Religionen der Menschheit. Berlin 1976.
KÜNG/CHING 1988
Küng, Hans und Ching, Julia: Christentum und Chinesische Religion. München 1988.
LEE-LINKE 1988
Lee-Linke, Sung-Hee: Frauengestalten im Alten Testament aus der Perspektive asiatischer Frauen. In: Moltmann-Wendel: Weiblichkeit in der Theologie, GTB Bd. 494, S. 69–92. Gütersloh 1988.
MÖLLENDORFF 1896
Möllendorff, P. G. von: The Family Law of the Chinese. Shanghai 1896.
ROGATE 1987
Evangelisches Missionswerk im Bereich der BRD (Hrsg.): Mit anderen Augen sehen. Frauen-Magazin zur Rogate-Aktion 1987. Berlin 1987.
SCHICKEL 1976
Schickel, Joachim: Konfuzius. Materialien zu einer Jahrhundert-Debatte. Insel TB, Bd. 87, Frankfurt 1976.
STECKEL 1988
Steckel, Helmut (Hrsg.): China im Widerspruch. Mit Konfuzius ins 21. Jahrhundert? Rororo Sachbuch Bd. 8457. Reinbek 1988.
WITKE 1979
Witke, Roxane: Genossin Tschiang Tsching. Die Gefährtin Maos erzählt ihr Leben. Frankfurt 1979.

II. Historische Darstellung der Rolle der Frauen in der konfuzianischen Gesellschaft

1. Frauengeschichte vor 1945

Welche Bedeutung hat das Jahr 1945 für Asien, für die ostasiatischen Frauen? Nun, eine Jahreszahl für eine geschichtliche Entwicklung anzugeben, bedeutet stets, nur ein Schlaglicht auf ein Geschehen zu werfen, das eine Vor- und Nachgeschichte hat. Wir werden jedoch gleich sehen, daß in dieser Zeit Ereignisse stattgefunden oder ihren Ursprung haben, die für ganz Ostasien, für die ganze Welt entscheidende Bedeutung gewinnen.

Japan, der Alliierte des Dritten Reichs, wurde von den USA besiegt. Einerseits endete dadurch das kaiserliche Reich, das die Militärregierung in Tokyo unter dem Schutz des Tenno von der Mandschurei bis Neu-Guinea, von Samoa bis Burma durch unzählige Kriege aufgebaut hatte; andererseits erlebte Japan durch die Niederlage einen unglaublichen Schock, da die moderne »industrialisierte« Samuraikultur von der eigenen Unfehlbarkeit und Unbesiegbarkeit bis dahin überzeugt war.

Durch die Niederlage Japans wurde *Korea,* das seit 1910 japanische Kolonie war, befreit. Leider gab es aber gleich zwei Befreier: Russen und Amerikaner, die dann jeweils eine Hälfte besetzten und in ihrem Teil eine ihnen genehme Regierung installierten. Dies führte direkt zum Koreakrieg (1950–53), der dem Volk ungeheure Opfer abverlangte, aber militärisch ergebnislos blieb und die Teilung zementierte.

In *China* bedeutete die Niederlage Japans ebenfalls die Befreiung von der japanischen Kolonialherrschaft. Dort gab es bereits seit langem zwei starke Widerstandsbewegungen, die kommunistische unter Mao Tse-Tung und die »republikanische« unter Chiang Kai-Schek. Dieser besaß die Legitimität einer anerkannten Regierung, aber die Kommunisten hatten die Hauptlast des Kampfes gegen die Japaner getragen und besaßen eine militärische Überlegenheit, die

1949 zum Sieg und zur Gründung der Volksrepublik China führte. Chiang floh mit vielen Anhängern nach Taiwan, wo er die Republik China, allerdings auf die Insel beschränkt, weiterführte.

Die Teilung beider Länder bedeutete eine Tragödie für die Völker, eine Bestrafung ohnegleichen, die wesentlich schlimmer als die Folgen für die europäischen Staaten war. Das Unglück war um so größer, als Korea und China Opfer des Krieges, Angegriffene waren, nicht Aggressoren wie Deutschland oder Japan.

Meine Familie gehört auch zu den Opfern dieser Teilung, denn die Eltern sind Flüchtlinge aus Nordkorea. Besonders mein Vater leidet unter dieser Trennung, da er seine Eltern und die sechs Geschwister 44 Jahre lang nicht mehr sehen durfte. Der persönliche Kontakt zwischen den beiden koreanischen Staaten wird von den Regierungen in Nord und Süd mit strengsten Strafen untersagt, selbst Schreiben oder Telefonieren ist verboten, sogar ein Treffen in einem anderen Land. So weiß mein Vater nicht, ob seine Verwandten überhaupt noch am Leben sind. Er kann sich kaum an die Gesichter der Eltern erinnern, an die der Geschwister nicht so gut, weil er deren Gesichter nur aus der Kindheit in Erinnerung hat. Und alle seine Kinder wissen natürlich nicht, wie die Großeltern, die Tanten und Onkel überhaupt aussehen. Mein Vater seufzt manchmal bei dem Gedanken, daß er seine Geschwister nicht wiedererkennen würde, falls sie auf der Straße an ihm vorbeiliefen. Dieser Fall gilt für Millionen und Abermillionen von Chinesen und Koreanern und ist leider Normalität in beiden Völkern.

Wie aber selbst die schlechtesten Geschehnisse doch auch ihr Gutes haben können, gibt es auch hierzu Positives zu erkennen. In den ostasiatischen Ländern wurden durch die Kriegswirren die alten verfaulten Gesellschaften gründlich zerschlagen, und so wurden auch viele neue, schöne Errungenschaften aus dem Chaos geboren. Das gilt neben einer Reihe von politischen und kulturellen Entwicklungen, die wir hier nicht behandeln können, ganz besonders für die Stellung der Frauen. Aus der frauengeschichtlichen Perspektive gesehen, war das Ende des Zweiten Weltkriegs in diesen Ländern auch das Ende ihrer alten Frauengeschichte und gleichzeitig der Anfang der neuen.

Die chinesischen Frauen hatten genauso Anteil an dem antijapanischen Kampf und dem Sieg der kommunistischen Revolution wie die Männer. So konnten sie die konfuzianische häusliche Gefangenschaft verlassen und ihren Platz auf dem Schlachtfeld und in der Fabrik Schulter an Schulter mit den Männern einnehmen. Jetzt dürfen sie als freie Personen auf der Straße laufen, arbeiten, sehen, hören und reden. In dieser Revolution begann China, auch die Frauen als »vollwertige Menschen« zu akzeptieren, selbst wenn immer noch viele Frauen unter dem konfuzianisch-patriarchalischen Gesellschaftssystem, das auch in der Volksrepublik noch seine dunklen Schatten wirft, leiden.

Auch die japanischen Frauen wurden aus dem Haus in die Gesellschaft geholt, weil sie wie die Männer für den Wiederaufbau des zerstörten Landes arbeiten mußten. Nach der Kriegszeit wurde das alte konfuzianische Motto »weise Mutter und gute Ehefrau« nicht mehr als Tugend für die Frau propagiert, sondern durch »fleißige, opferbereite Arbeiterin für das Vaterland« ersetzt. Die Frauen schufteten in den Fabriken, wo die Waffen für den Koreakrieg produziert wurden, denn man brauchte sie dringend. Überdies hatte Japan sich in der Kapitulationsurkunde zu einem demokratischen Neuaufbau unter amerikanischer Leitung verpflichtet, und dazu gehörten z. B. auch die Gründung von Mädchenschulen und Frauenuniversitäten sowie die Einführung der allgemeinen Schulpflicht auch für Mädchen. So kam die japanische Frau schon von Kindesbeinen an aus dem konfuzianischen Haus in die moderne Gesellschaft.

In Korea kamen mit der Befreiung von Japan viele ideologische Strömungen in die Öffentlichkeit, die sich während der kolonialen Unterdrückung gebildet hatten. Durch die Konfrontation der beiden Supermächte auf der Halbinsel wurde ihre Teilung in einen kommunistischen und antikommunistischen Flügel verschärft, was zu blutigen Straßenkämpfen und schließlich zum Krieg führte. Aber in diesem politischen Chaos lockerte sich ebenfalls die konfuzianisch-patriarchalische Kontrolle über die Frauen. Durch den Krieg wurden die Sippensysteme gründlich zerstört und die strenge konfuzianische Klassentrennung in den Grundfesten erschüttert. Auch hier mußten die Frauen in den Fabriken arbeiten, aber durch die schreckliche Armut, die aus der totalen Zerstörung des Landes resultierte, waren sie oft die einzigen, die die Familie vor dem Hungertod bewahren konnten. Auch waren die Männer oft gefallen, verschleppt oder verkrüppelt, so daß die ganze Last der Verantwortung für das Leben der Familie auf den Schultern der Frauen ruhte.

So brachte das Ende des Zweiten Weltkriegs für alle ostasiatischen Frauen die Befreiung aus der häuslichen Gefangenschaft, wenn auch aus z. T. unterschiedlichen Gründen und in unterschiedlichen Formen. Doch war der Umbruch so stark und so bedeutend, daß dieses Datum ganz sicher für die Teilung der Frauengeschichte in eine alte und eine neue genommen werden kann.

1.1 Begrenzung der Forschung über Frauengeschichte in alter Zeit

Bei der historischen Darstellung der Frauen vor 1945 stoßen wir auf viele Schwierigkeiten. Gibt es eigentlich Frauengeschichte vor 1945? Können wir sie so schreiben, wie wir politische, Wirtschafts- oder Kulturgeschichte schreiben würden? Oder ist es bereits so, daß eine spezielle Frauengeschichte am Konzept und am Material scheitern würde?

Das führt direkt zur zweiten Frage: Welches Material ist vorhanden? Es gibt viel zu wenige Quellen zu diesem Thema aus der Zeit vor 1900. Die seltenen, die für diese Forschung nützlich sein könnten, haben aber stets ein Problem, das die dritte Frage bildet: Wer hat die Geschichte der Frauen geschrieben? Diese Frage ist gleich mit der vierten verbunden: Wessen Geschichte war sie eigentlich? Und schließlich natürlich auch: Warum und wofür wurde sie geschrieben? Die Antwort auf die erste Frage kann eigentlich erst gegeben werden, wenn man von der letzten bis zur ersten Frage zurückgeht.

Warum und wofür wurde die Frauengeschichte geschrieben?
Sie wurde geschrieben, um den Frauen ein Rollenbild zu vermitteln. Was für eine Rolle sollten sie spielen? Die einer Dienerin in der konfuzianischen Familie. *Die Ausrichtung auf Unterordnung ist der Hauptzweck.* Daher kommen auch die Inhalte: Es sind Lebensgeschichten von Frauen, die sich selbst geopfert haben, vor der Heirat

ihren Eltern und Brüdern, nach der Heirat ihren Schwiegereltern, Ehemännern und Kindern. Dem entsprechen auch die Tugenden, die an ihnen gelobt werden: Jungfräulichkeit, Gehorsam, Geduld, Treue, Zurückhaltung, Schweigen, Sittenreinheit, Selbstmord bei oder nach der Vergewaltigung, keine neue Heirat nach dem Tod ihres Mannes, Geburt von vielen Söhnen, keine Eifersucht gegenüber den Konkubinen des Mannes usw. Das Ziel dieser Darstellung ist die Beibehaltung des patriarchalischen Systems durch eine Art Gehirnwäsche mit der konfuzianischen Lehre. Diese Erstarrung des Systems, beruhend auf der Unterdrückung der Frauen, war grundlegend für die familiäre und soziale Ordnung der konfuzianischen Gesellschaft, wie wir im ersten Teil gesehen haben.

Wessen Geschichte war sie eigentlich?
Inhaltlich gesehen war sie nicht eigentlich die Geschichte der Frauen, *sondern eher die der Männer.* Warum? Weil die Frauen darin keine selbständige Rolle spielten, sondern immer nur ihr Verhältnis zu Männern dargestellt wurde. (Beispiel: die Mutter, die alles für den Sohn tut). Selbst wenn sie in dem Bericht Hauptdarstellerinnen waren, führten sie nur die von der patriarchalischen Gesellschaft verlangte ideale Rolle aus wie die Marionetten im Puppentheater. In diesem Sinne kann die Frauengeschichte vor 1945 eher als Geschichte der Gängelung der Frauen durch die Männer verstanden werden.

Wer hat die Frauengeschichte vor 1945 geschrieben?
Natürlich waren die Schreiber fast immer Männer; denn Frauen hatten selten Ausbildung zum Schreiben und Lesen bekommen. Aber nicht nur ihnen wurde eine allgemeine Bildung im Konfuzianismus verwehrt, auch den Männern der Unterschicht. So ist es selbstverständlich, daß die Verfasser nur zu oft der Oberschicht angehörten, die über das Leben der Unterschicht, aber auch der Frauen keine Ahnung und darum kein Verständnis dafür hatten. Infolgedessen handeln die Themen oft von den vorgenannten Rollen der Frau in der Aristokratie (»die verführte Jungfrau«, »die treue Gattin« usw.) oder spielen in der Halbwelt der Bordelle, wo der »Edle« in der konfuzianisch-patriarchalischen Gesellschaft noch die meisten Kontakte mit Frauen hatte.

Welche Materialien sind vorhanden?
Leider gibt es zu wenig Materialien. Frauen und Frauengeschichten kommen kaum in der offiziellen Geschichtsschreibung vor.[1] Eigentlich kennen wir Geschichten über Frauen nur in der Form der Literatur, meist der des Romans. Erst in der Neuzeit gibt es allmählich zunehmendes Material von ausländischen Missionaren (!), aber diese Quellen, die über das Leben auch der unteren sozialen Schichten und eben der Frauen anschaulich berichten, fließen erst ab der zweiten Hälfte des 19. Jahrhunderts reicher. So werden viele Beispiele in diesem Buch aus Romanen oder ausländischen Berichten stammen und stammen müssen, ergänzt von lebendigen Erzählungen aus der Generation meiner Großmutter und Mutter.

Gibt es eigentlich Frauengeschichte vor 1945?
Nein, es gibt eigentlich keine Frauengeschichte vor 1945 in dem Sinne, daß Frauen selbst darin eine eigenständige Rolle gespielt haben. *Ja,* aber es gibt doch eine Frauengeschichte, nämlich als *Leidensgeschichte,* die die Unterdrückung der Frauen in den konfuzianisch-patriarchalischen Gesellschaftssystemen mit viel Mühe und leider lückenhaft erschließen kann. *Diese Geschichte müssen wir Frauen schreiben!*

1.2 Die Frau als namenloses Lebewesen (als Un-Person)

Was für einen Unterschied gibt es zwischen einem Lebewesen und einer Person? Diese Frage zielt nicht auf irgendeine philosophische oder religiöse Definition, sondern auf das einfache und allgemeine Verständnis »des Mannes (oder sagen wir lieber: der Frau) auf der Straße«.

Nach dem Wörterbuch (WAHRIG) wird *Lebewesen* als »Organismus, lebender Körper, lebende Zelle(n)« definiert; *Person* als »der Mensch als lebendes Wesen, im Unterschied zur Sache; der Mensch in seiner bes. Eigenart; ›Gramm.‹ Mensch als Träger eines Geschehens; der Mensch im Gefüge von Staat u. Gemeinschaft«. Welche Kriterien gibt es also aufgrund dieser Definitionen, die dem allgemeinen Sprachgebrauch entsprechen?

Die *Subjektivität,* die in der eigenen Entscheidung und in der Selbstverantwortung dieser Entscheidung verwirklicht ist, und die *Identität,* die durch die soziale und juristische Position eines Menschen gekennzeichnet ist.

Die Frauen in der alten Zeit waren keine »Subjekte«, weil sie nicht über die alltäglichsten Dinge oder gar ihr Leben selbst entscheiden konnten, nicht nur wegen des Verbots solcher Entschlüsse, sondern vor allem aus Unfähigkeit. Sie waren ja von Jugend an zur Unselbständigkeit erzogen, hatten keine Ausbildung gehabt und lebten von der Außenwelt abgekapselt. Die meisten Frauen haben vor der Heirat den Wohnort ihrer Eltern und nach der Heirat den Wohnort ihres Mannes nicht verlassen. Ihre Familien waren ihre Welt. Woher und wie konnten die Frauen Erfahrungen für eigene Entscheidungen sammeln?

Ohne eigene Entscheidung gibt es auch keine Verantwortung. Wenn jemand selbstverantwortlich sein will, dann muß er zuerst eine eigene Identität gewinnen, die von der Gesellschaft sowohl gesetzlich als auch praktisch akzeptiert ist. Die primitivste Form der Identität eines Menschen ist sein Name. Solange ein Mensch keinen eigenen Namen hat, hat er keine Identität. Und solange ein Mensch keine Identität hat, ist er keine Person, sondern nur ein »lebender Körper«.

Bis Anfang des 20. Jahrhunderts besaßen die meisten Frauen in China, Japan und Korea keine eigenen Namen, weil der Vater den Töchtern keine gegeben hatte. Als Mädchen wurde sie meistens »Tochter des (Namen des Vaters)« genannt: z. B. »Herrn Kims erste Tochter«, »Herrn Kims zweite Tochter« usw. Als Ehefrau wurde sie dann mit dem Namen ihres Mannes oder später des Sohnes gerufen: »Herrn Park's Frau« oder »Kil-Dong's Mutter«. Hat sie weder Mann noch Sohn, so wird der Name ihrer Heimat oder ihres Wohnorts als Ersatz genommen: »Frau aus Pusan«, »Frau in Seoul«.

Im ersten Kapitel (I.3.3) sahen wir am Beispiel einer Landesfürstin, wie die Selbstbezeichnung und die Anrede einer Frau je nach ihrer Stellung zu anderen sich ändert. Es war schlimm genug, daß sogar eine Fürstin vor ihrem Mann sich »Kleines Mädchen« nennen mußte; die Stellung der einfachen Frauen kann man sich danach denken. Aber es gibt noch Schlimmeres: die völlig normale Selbstbezeichnung der Frau als »Niemand«. Fragte man früher, ob jemand zu Hause war, antwortete die Frau, wenn Vater, Mann oder Sohn nicht anwesend waren: »Nein, es ist *niemand* zu Hause.« Nur Frauen, also niemand![2]

Es gibt noch eine Reihe von anderen Selbstbezeichnungen, mit denen Frauen sich erniedrigen mußten: »Ich unnützes Ding«, »Ich wertloses Mädchen«, »Ich unbedeutendes Weib«. Frauengeschichte? Nein, diese Bezeichnungen werden heute noch benutzt!

Im Koreakrieg waren die meisten Familienregister verbrannt, mußten also nachher wiederhergestellt werden. Inzwischen war durch amerikanischen Einfluß per Gesetz festgelegt, daß Frauen genau wie Männer registriert werden sollten. Gesagt, getan! Aber wie? Viele Frauen hatten ja gar keinen Namen, wie sollte der arme Beamte denn *keinen Namen* eintragen? So kamen sehr viele komische Formen zustande (die Übersetzung ist frei und geht nach dem Sinn): »Kleines Dummchen«, »Anstandsfrau«, »Märzmaid« (weil sie im März geboren ist) usw. Die Spitze bilden dann Namen wie »Letzttochter«, weil es schon die zweite oder dritte war und man sich beim nächsten Mal endlich einen Sohn wünschte. Es ist keine Frage, daß die Jungen dagegen »sprechende Namen« (wie in Asien üblich) bekamen, die Reichtum, Glück, langes Leben, Mut, Licht, Herrlichkeit, Reich, Macht usw. bedeuteten. Gehört dies der Vergangenheit an? O nein! Ganz urplötzlich wurde ich damit konfrontiert, als bei meiner Heirat das deutsche Standesamt meine Papiere verlangte, natürlich in englischer Übersetzung. Diese wurden 1988 angefertigt, und ich gebe den Ausschnitt, der über die Mutter, bzw. Großeltern meines Vaters handelt, hier wortwörtlich wieder (Seoul District Court of Family Affairs):

Family Census Register	
Mother:	*Oh, Kil Bang (removed)*
Date of birth:	*10. May 1900*
Sex:	*Female*
Father:	*Oh, Choon Sam (deceased)*
Mother:	*Park, Si (deceased)*
Origin:	*Haeje*

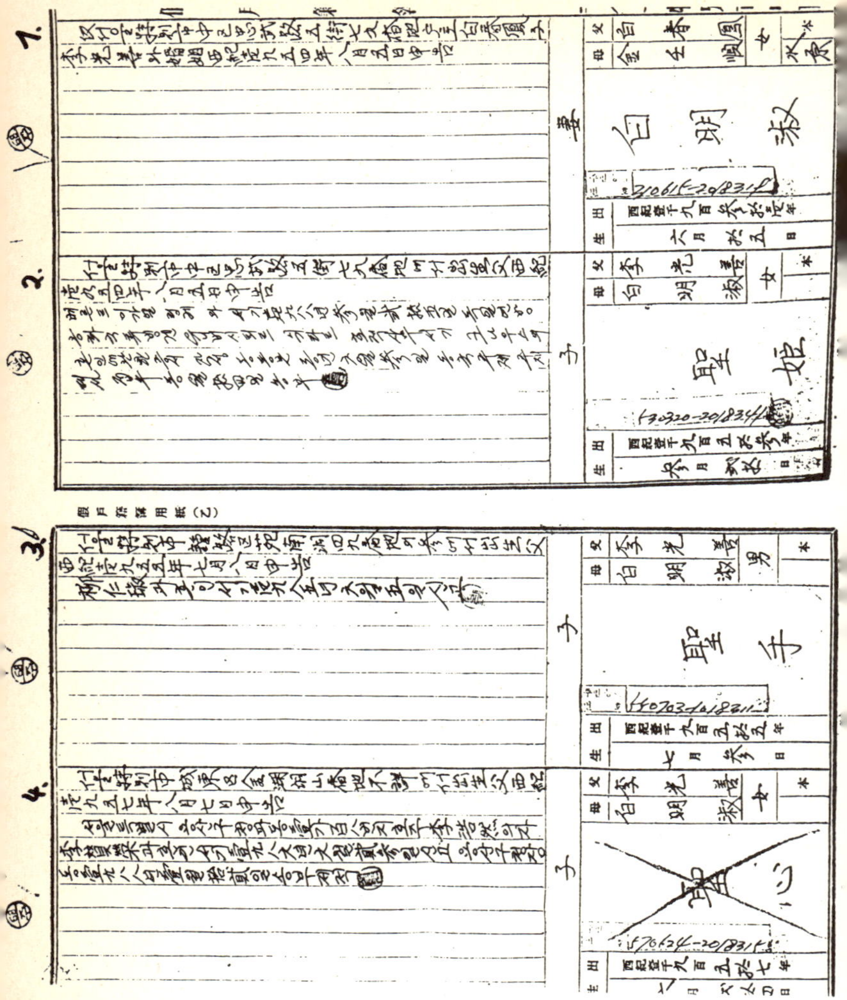

Abbildung 4
Familienregister. 1. Meine Mutter, 2. von mir, 3. mein ältester Bruder, 4. meine jüngere Schwester. Letztere ist wegen Heirat »removed« (durchgekreuzt), ich nicht, weil ich einen Ausländer geheiratet habe (vgl. Fußnote 3).

Die Großmutter meines Vaters heißt also Park. »Si« ist kein Name, sondern bedeutet hier »Frau aus der Familie«. Sie hatte also gar keinen Vornamen, keinen persönlichen Namen, ging in den Hunderttausenden gleichen Familiennamens (ca. 10% der Koreaner heißen *Park*) unter. Ihr Vater hatte ihr keinen Namen gegeben, und ihr Familienname wurde auch nach ihrer Heirat benutzt, wie es in ganz Ostasien üblich ist. Auch heute noch bekommt keine Chinesin oder Koreanerin (früher auch nicht die Japanerin) bei der Heirat den Namen des Mannes.

Fortschrittlich? Emanzipatorisch? Gar feministisch? Weit gefehlt! Das war nur das äußere Zeichen, daß sie nicht eigentlich der Familie des Mannes angehörte. Aber die Kinder bekamen natürlich den Familiennamen des Vaters; der der Mutter verschwand (aus diesem Grund steht in der Urkunde hinter dem Namen der Frau »removed« = »aus dem Familienregister getilgt«). Diese juristischen Regeln gelten heute genauso wie seit Jahrtausenden in Ostasien.[3] In solchem Sinne kann man behaupten, daß die Familie dort nur aus dem Vater und den Kindern besteht. Konfuzianisch-patriarchalisches Paradies!

1.3 Das Idealbild der Frau im Konfuzianismus

Ein Standardwerk über das Frauenideal im Konfuzianismus ist das Buch Nü-chieh (Gebote für Frauen), das von Pan Chao etwa im Jahre 100 geschrieben sein soll.[4] Sie war Erzieherin der Kaiserin, der Nebenfrauen des Kaisers und auch anderer Damen am kaiserlichen Hof der Han. Pan Chao schrieb dieses Buch mit der Absicht, daß es der Frauenerziehung späterer Generationen als schriftliche Grundlage diene. Im Inhalt wird vorgeschrieben, wie ein Mädchen sich vor der Heirat auf das Leben in ihrem schwiegerelterlichen (!) Haus vorbereiten muß und wie eine Ehefrau zuerst ihren Schwiegereltern und dann ihrem Ehemann dienen soll. Da die Aussage dieses »Knigge für Frauen« mit der konfuzianischen Gedankenwelt über Geschlechts-, Rang- und Altersordnung (die wir schon kennengelernt haben) voll in Einklang stand, wurde es als Kanon für die

Frauenerziehung in der konfuzianischen Gesellschaft bis heute benutzt.

Es gibt noch andere normativ-literarische Traditionsgrundlagen dafür, die dem Buch von Pan Chao inhaltlich ähnlich sind: Nü-lunyü (Frauengespräche), Nei-hsün (Anweisungen für die Inneren Gemächer) und das Nü-fan Chieh-lu (Auswahl vorbildlicher Frauen). Die Autoren (-innen?) dieser Bücher sind aber nicht bekannt. Auch das Ku-lieh-nü-chuan (Biographien vorbildlicher Frauen des Altertums) von Liu Hsiang, einem hohen Beamten und Gelehrten, hat als ein Standardwerk für die Frauen der Oberschicht gedient.[5]

Alle diese Bücher loben gemeinsam *bestimmte ideale weibliche Eigenschaften:* Gehorsam, Geduld, Schweigen, Anständigkeit, Bescheidenheit, Keuschheit, Selbstaufopferung, Fleiß, Sauberkeit und, nicht zuletzt, Witwentreue, also Verzicht auf Wiederverheiratung. Die *geistigen Fähigkeiten* der Frau sind dagegen nicht nur sehr negativ dargestellt, sondern *ihre Dummheit wird eher als Tugend betrachtet:* in einer patriarchalischen Gesellschaftsform verständlich, denn eine unausgebildete Frau hat vor anderen Leuten nichts Vernünftiges zu sagen, muß also automatisch schweigsam und gehorsam sein. So galt eine Familie in Ordnung, solange die weiblichen Familienangehörigen den Mund halten. Ein sehr häufig zitierter Spruch dafür lautet: »*Wenn eine Henne kräht, geht das Haus zugrunde.*« Diese »Weisheit« stammt von den Ansichten des »Konfuzius des Westens« (so sein Spitzname) Yang Chen:[6]

Würde man den Frauen Aufgaben übertragen, die einen Kontakt mit der Außenwelt voraussetzen, so würden sie bald Unordnung und Verwirrung im Reich, Schaden und Schmach am kaiserlichen Hof und Beschämung für die Sonne und den Mond (das heißt Kaiser und Kaiserin) stiften. Das Buch der Dokumente warnt uns vor dem Huhn, das an Stelle des Hahns den Tag ausruft; das Buch der Lieder berichtet von einer Frau, die in geschickter Weise den Sturz eines Staatswesens bewirkt (...). Man sollte daher den Frauen keine Beteiligung an Regierungsgeschäften gestatten. [KRISTEVA 1982, S. 56]

Als ob die Männer gerade in dieser Zeit nicht genug für Kriege, Revolutionen und Massaker gesorgt hätten. Aber, so meint der »Edle«, Frauen würden es ja noch schlimmer machen! Jedenfalls bewirkte diese Meinung Yang Chen's, die von allen »aufrechten Konfuzianern« geteilt wurde, ein absolutes Verbot einer weiblichen Teilnahme nicht nur an »Regierungsgeschäften«, sondern auch an jeder Angelegenheit in Familie oder Gesellschaft.

Darum zielt auch die Frauenerziehung nur darauf, wie eine Frau nach der Heirat ihre häuslichen Aufgaben als Schwiegertochter, Ehefrau und Mutter perfekt erfüllen kann. Den Mädchen wurden Kochen, Nähen, Waschen, Bügeln, Schneidern, Putzen usw. beigebracht, wofür man keine geistige Fähigkeit braucht. Die traditionelle Mädchenerziehung in der konfuzianischen Gesellschaft fing mit dem siebten Lebensjahr an (im Westen erst das sechste, da das Kind in Asien bei der Geburt als ein Jahr alt betrachtet wird). Danach werden Jungen und Mädchen streng getrennt und »geschlechtsspezifisch« erzogen nach der alten konfuzianischen Sittenlehre: *»Mann und Frau dürfen ab dem 7. Jahr nicht zusammen sein.«*

Zusammenspielen, Zusammenessen, Zusammensprechen, Zusammensitzen waren für Jungen und Mädchen also verboten. In der Familie aßen die Männer an einem Tisch und die Frauen an dem anderen. Eine Frau durfte nicht auf dem Sitz sitzen, wo ein Mann vorher gesessen hatte. Sogar das direkte Gespräch zwischen Schwester und Bruder war unter bestimmten Umständen verboten.

Seit den berühmten Forschungen von Norbert Elias wissen wir, daß die Struktur des Hauses, der Wohnung tiefe Rückschlüsse auf die Organisation der Gesellschaft gibt.[7] In der konfuzianischen Gesellschaft waren die Wohnräume so konstruiert, daß die männlichen und weiblichen Familienmitglieder nicht einfach zusammentreffen konnten. Das Haus der Vornehmen war in zwei Quartiere geteilt: Im Inneren Gemach wohnten die Frauen und im äußeren die Männer. Zwischen beiden befand sich eine dicke Mauer.

Diese Form wurde wie gesagt anfangs von der Aristokratie benutzt, aber das Volk ahmte sie je nach den finanziellen Mitteln nach. So kann man die Struktur noch heute bei vielen alten traditionellen Häusern in China, Japan und Korea deutlich sehen. Sind die modernen Appartements auch ganz nach westlichem Stil gebaut, so gibt es noch heute diese Trennung, zum Beispiel bei gewissen Festen wie Ahnenopfer, Geburtstage usw.

Wie sah nun der Alltag der Ehefrau aus? In einem »Frauenklassiker« wird dies folgendermaßen beschrieben:

Die Schwiegereltern sind die Familienoberhäupter im Hause des Ehemannes. Wenn eine Frau in eine Familie eingeheiratet hat, muß sie ganz wie eine neue Schwiegertochter sich benehmen. Die Schwiegereltern werden wie die eigenen Eltern bedient und versorgt. Mit Respekt bedient sie den Schwiegervater, dem sie nicht ins Gesicht schauen darf; sie darf es nicht wagen, hinter ihm her zu gehen, sich von Angesicht zu Angesicht mit ihm unterhalten. Wenn er einen Befehl gibt, hat sie diesen zu befolgen. Wenn die Schwiegermutter sitzt, hat sie zu stehen. Wenn die Schwiegermutter befiehlt, eilt sie schon auf den Weg. Morgens früh macht sie die Tür auf, achtet darauf, daß sie die Schwiegereltern nicht erschreckt aus dem Schlaf reißt. [MARTIN-LIAO 1983, S. 105]

Der Selbstmord einer Ehefrau wurde als der Beweis ihrer Treue zu ihrem Mann betrachtet. Falls ihr Mann von einem Räuber überfallen und dabei getötet wurde, mußte sie ihre Trauer mit dem Freitod zeigen. Manchmal mußten die Frauen sich bei der Beerdigung ihrer Ehemänner mitbegraben lassen, und dies betrachtete man als »Tugend der Witwe«. Obwohl es die konfuzianische Geschichtsschreibung, die gern mit der »Menschlichkeit« kokettiert, stets abgeleugnet hat, wissen wir aus modernen archäologischen Ausgrabungen, daß es eine ganz normale Sitte der Aristokratie war, die Frauen und Konkubinen bei der Beerdigung der Männer mitzuverbrennen, sowohl in China wie auch in Korea.

Manchmal war es vielleicht sogar für die Frau besser, sich ehrenhaft zusammen mit der Leiche ihres Mannes begraben zu lassen als zu überleben. Denn alle Schuld am Tode ihres Mannes wurde von den Schwiegereltern und der Gesellschaft ihr gegeben. Sie wurde von allen Seiten als unglückbringendes Wesen abgestempelt und verachtet ...

Werfen wir schnell einen Blick auf die Lage der Witwe im Alten Testament. In der jüdischen Gesellschaft gab es viele verschiedene Formen von Witwentum: Die »wirkliche Witwe«, deren Mann gestorben war (2 Sam 14,5); die Quasi-Witwe, die zu Lebzeiten des

Mannes aus besonderen Gründen in einem Haus bis an ihren Tod eingesperrt war und wie eine Witwe leben mußte, wie im Beispiel der zehn Nebenfrauen Davids (2 Sam 20,3); die Jungfrau-Witwe, die den Tod ihres Verlobten lebenslang betrauern und ledig bleiben mußte (Joel 1,8); und schließlich die Mädchen-Witwe wie Abisag von Sunem, die in den Armen eines alten Mannes ohne sexuellen Verkehr schlief, nur um ihn zu wärmen und nach seinem Tod nicht heiraten durfte (1 Kön 1,1–4).

Diese ganzen Formen des Witwentums existierten auch in der alten konfuzianischen Gesellschaft. Fast alle Mädchen hatten vor der Hochzeit ihre zukünftigen Ehemänner nie gesehen, geschweige denn die Verlobten. Sogar nach dem Tode eines nie gesehenen Verlobten fand die Hochzeit zwischen dem Mädchen und dem Toten vor der Ahnentafel statt. Nach dieser Trauung mit einem Verstorbenen zog diese Jungfrau-Witwe in das Haus ihrer neuen Schwiegereltern und pflegte sie bis zu ihrem Tode. Kann man sich noch eine Steigerung der »Opferbereitschaft« vorstellen?

Witwe, 19 Jahre alt, pflegt nach dem Tode ihres Gatten die Stiefmutter desselben; als diese Fleisch wünscht und das Schlachten gerade amtlich verboten ist, schneidet sie sich selbst ein fünf Zoll langes Stück Fleisch aus den Rippen. [BRANDT 1900, S. 82]

Bevor man die Wahrheit dieser Geschichte in Frage stellt, sollte man weiter untersuchen, wie weit die Selbstaufopferung einer Frau von der konfuzianischen Gesellschaft verlangt wurde. Vor der Hochzeit gaben die Verwandten der Braut viele Ratschläge. Einer davon hieß »Drei Jahre blind, drei Jahre taub und drei Jahre stumm.« Das heißt, eine Frau muß sich nach der Heirat drei Jahre lang wie eine Blinde benehmen, als ob sie die Verhältnisse in ihrer neuen Familie gar nicht gesehen hätte. Noch drei Jahre weiter wie eine Taube, als ob sie von den Familienangelegenheiten gar nichts gehört hätte. Und dann noch weitere drei Jahre wie eine Stumme, die in der Familie nichts sagen darf. Insgesamt neun Jahre lang! Zu dieser Zeit heirateten die meisten Mädchen im Alter von 16 bis 20, und in diesem Alter wird die Persönlichkeit gebildet. Wenn aber gerade dann von einer

Frau verlangt wird, blind, taub und stumm zu sein, also nicht zu denken, was dann aus ihr wird, kann man sich gut vorstellen. Und ist sie schließlich über dreißig, gilt sie sowieso als alt und unattraktiv.

Die *zweitwichtigste* Rolle der Frau neben der ersten als Schwiegertochter ist die als Ehefrau. Das Verhalten gegenüber dem Ehemann ist genauso wie das zu den Schwiegereltern auf absoluten Gehorsam und vollen Respekt ausgerichtet, aber es gibt dabei noch eine interessante Pointe: »keine Eifersucht«. Wenn eine Frau keinen Sohn geboren hat, muß sie eine andere Frau für ihren Mann suchen; das wird als Pflicht von ihr verlangt, bevor Mann oder Schwiegereltern eine Bemerkung darüber machen. Die konfuzianische Gesellschaft betrachtet das als einen selbstverständlichen Sühneakt einer Sünderin, die durch ihre »Unfähigkeit« die Fortsetzung von Namen und Ahnenkult der Familie gefährdet.

Aber die Regel »keine Eifersucht« gilt nicht nur in diesem speziellen Fall, sondern ganz allgemein. Sie darf nie auf die Nebenfrauen oder Konkubinen ihres Mannes eifersüchtig sein, auch wenn sie ihm zehn Söhne geschenkt hätte. Natürlich auch nicht, wenn er mit seinen Freunden Züge durch die Freudenhäuser macht oder sich eine »kleine Ehefrau« (die Bezeichnung einer Mätresse in Ostasien) zulegt – damals nicht und heute nicht, wo moderne Gesetze die Einehe fordern und versprechen!

Denn in der konfuzianischen Gesellschaft ist es für die Männer ganz natürlich, daß sie mehrere Frauen haben und »benutzen«: Es gilt als ein Zeichen der Männlichkeit und des Reichtums. Dabei können wir wieder die Vermischung der konfuzianischen Lehre mit dem Taoismus – wie schon öfters in diesem Zusammenhang – beobachten. Noch heute werden im kapitalistischen Teil der konfuzianischen Staaten horrende Preise für eine Jungfrau bezahlt, denn die erste Nacht mit ihr wird in der Yin-Yang-Theorie als »gesundheitsfördernd« betrachtet. Da bleibt außer der Empörung über den Mißbrauch der meist sehr jungen Mädchen eigentlich nur eine gewisse Schadenfreude übrig, da die »Jungfrau« von den BordellwirtInnen durch spezielle Chirurgen immer wieder neu präpariert wird. Wie gesagt, keine Geschichte der Vergangenheit, sondern tausendfache Praxis jetzt in diesem Jahr 1991!

Weil eine Frau nicht so gut und weit denken kann wie ein Mann, muß sie als Erde ihrem Himmel-Mann nur gehorchen. Sonst gibt's keine Ordnung in der Familie, wie die konfuzianischen Moralapostel nicht müde werden zu lehren. Eine ideale Ehefrau darf nie sich selbst erlauben, daß ihr Mann sein Gesicht vor anderen verliert; mit allen Mitteln muß sie das verhindern. Ich kann eine Geschichte mit dem Titel »Die gute Ehefrau« nicht vergessen, die vor zwanzig Jahren in meinem Schulbuch stand. Sie war nur ein Beispiel von vielen, die uns jungen Mädchen das konfuzianische Idealbild der Frau vermitteln wollten. Diese Geschichten waren seit dem 17. Jahrhundert in Korea sehr verbreitet.

In einem Dorf lebte ein Gelehrter mit seiner Familie sehr arm, denn er arbeitete nicht wie die anderen Männer. Nach konfuzianischer Lehre widmete er sich nur den Studium, um die Beamtenprüfung zu bestehen. Nie kümmerte er sich um den Haushalt, um seine Würde nicht zu verletzen. Seine Frau machte alles ohne Klagen und arbeitete draußen noch als Schneiderin und Putzfrau, um die Familie zu ernähren.

Eines Tages kam ein Freund ihres Mannes zu Besuch. Nach der Sitte mußte ihr Mann ihm etwas anbieten, aber zu Hause gab es einfach nichts. Das wußte er auch, aber trotzdem befahl er mit lauter Stimme seiner Frau, die in der Küche ängstlich wie eine Sünderin stand: »Frau, wir haben einen sehr würdigen Gast. Bring doch etwas Schönes zum Trinken und Essen!« Nach kurzer Zeit trug seine Frau höflich den Eßtisch ins Zimmer hinein: darauf waren Reiswein und gute Speisen. Die beiden Männer haben sich gemütlich amüsiert, und sein Freund kehrte gutgelaunt nach Hause zurück.

Nachdem sein Freund gegangen war, fragte er seine Frau, woher sie das Geld für Reiswein und Speise beschafft hatte. Sie zog das Kopftuch aus und sagte: »Wie Ihr wißt, hatten wir zu Hause nichts gehabt. Aber ich wollte nicht, daß Ihr Euer Gesicht vor Eurem Freund verliert. Darum ging ich zu unserer Nachbarin, die schon lange Zeit für eine Perücke lange Haare suchte. Ich habe meine Haare ihr verkauft und dafür das Geld bekommen. Bitte, verzeiht meine häßlichen kurzen Haare.« Ihr Mann tadelte sie aber nicht.

Die *dritte wichtige Rolle* der Frau ist die der Mutter. Das Ideal wird in der Selbstaufopferung für die Ausbildung der Kinder gesehen. Nicht nur im Altertum, sondern auch in den Schulbüchern des modernen Asiens wird die Mutter von Menzius als Prototyp dafür dargestellt. Der Inhalt der berühmten Geschichte vom »Dreimaligen Umzug« ist abgekürzt wie folgt:[8]

Da Menzius' Vater sehr früh starb, mußte die Mutter die Ausbildung des Sohnes übernehmen. Natürlich war sie als Frau ohne Ausbildung nicht in der Lage, ihren Sohn zu unterrichten. Aber sie war weise genug, ihrem Sohn eine günstige Umgebung für seine Erziehung zu schaffen.

Zuerst lebte sie mit ihrem Sohn in der Nähe eines Friedhofs. Doch der kleine Menzius sah öfters die Beerdigungszeremonie und ahmte sie nach. Da dachte die Mutter, das sei nichts Rechtes, und zog um. Die neue Wohnung lag aber in der Nähe des Marktplatzes, und ihr Sohn lernte von den Händlern. Wieder entschloß sich die Mutter und wählte diesmal einen Platz in der Nähe der Schule. Dort sah Menzius jeden Tag das würdige Betragen der Lehrmeister, und dank dieser Weisheit der Mutter wurde er später ein großer konfuzianischer Gelehrter.

Nun ist es in der Tat sehr wichtig, den Kindern schon früh eine günstige Umgebung für ihre geistige Entwicklung zu schaffen. Aber wie kann eine Frau diese Aufgabe erfüllen, wenn sie selbst diese Entwicklung nicht hatte? Es ist absurd, daß man in der konfuzianischen Gesellschaft die »weise Mutter« als Ideal verlangt, aber gleichzeitig die Ausbildung der Frauen nicht erlaubt. Wie sollen sie, abgekapselt in den »Frauengemächern«, den Kindern ein vernünftiges Weltbild vermitteln?

Menzius ist der konfuzianische »Weise«, der die »Drei Regeln des Gehorsams« (gegenüber Vater, Ehemann und Sohn) formuliert hat. Jedes Mal, wenn ich diese Geschichte höre, frage ich mich, welchen Einfluß seine Mutter auf ihn hatte und ob er wirklich seine Mutter hoch respektierte. Wenn ja, warum stellte er solche total frauenfeindlichen Regeln auf? Sprechen daraus Liebe und Achtung gegen die Mutter?

2. Die Stellung der Frau vor 1945: Beispiele

2.1 China

Die Säuglingssterblichkeit durch Krankheit und Mangel an Hygiene war im alten China sehr hoch. Darum wurde der einhundertste Tag nach der Geburt als die erste Überlebensphase des Neugeborenen groß gefeiert (als »Erster Geburtstag«, denn neun Monate im Bauch der Mutter plus hundert Tage ergeben ziemlich genau ein Jahr). Das zweite, noch größere Fest war dann der erste Jahrestag der Geburt als »Zweiter Geburtstag« (Asiaten sind also immer ein Jahr älter als Europäer). Diese Sitte gibt es immer noch, damals aber war sie nur wohlhabenden Familien vorbehalten.

Wenn die Geburt eines Kindes so gefeiert wurde, wie konnte es dann auch grausamen Kindesmord geben? Und doch hat die Kindestötung, über die die Presse in unseren Tagen so oft berichtet, eine sehr lange Tradition, deren Ursache man in zwei Kategorien einordnen kann: Armut und Geburt eines unehelichen Kindes. In armen Familien töteten die Eltern das neugeborene Kind durch Aussetzen, Begraben oder Ertränken, um den anderen Familienmitgliedern eine Überlebenschance zu lassen. Für die verzweifelten unehelichen Mütter war der Kindesmord ebenfalls die einzige Möglichkeit, ein halbwegs »normales« Leben führen zu können, manchmal um überhaupt überleben zu können, da sie bei bewiesener »Unzucht« meist von der Familie zum Selbstmord gezwungen wurden.

Sicher wäre es sehr ungerecht, wenn wir als Mitglieder der Wohlstandsgesellschaft uns moralisch über Eltern, die aus bitterster Armut das Kind töten, ereifern. Den Aspekt, daß der Konfuzianismus nie eine humanistische Hilfe für diese Ärmsten der Armen gefordert und entwickelt hat, haben wir schon oben erwähnt. Er betrachtet aber Kindestötung keinesfalls als ultima ratio, als den Ausdruck letzter Verzweiflung, sondern als *Pflicht des Kindes, den Eltern das Überleben zu sichern,* sei es auch mit dem eigenen Tode. Das heißt, die Kindestötung ist nichts anderes als eine Seite der »kindlichen Pietät«. So einfach macht der »konfuzianische Weise« sich das! Nehmen wir ein Beispiel aus den »24 Pietätsgeschichten«:

Zur Zeit der Han-Dynastie lebte ein gewisser Ko Keu mit seiner Familie in großer Armut. Er hatte nur ein einziges Kind, und das war drei Jahre alt. Keus Mutter, die im selben Haushalt lebte, gab dem Kind gewöhnlich etwas von ihrem eigenen Essen ab, damit es nicht zu hungern brauchte. Eines Tages meinte Ko Keu zu seiner Frau: »Wir sind so arm, daß wir nicht einmal meine Mutter ernähren können. Sie teilt ihr Essen sogar noch mit dem Kleinen. Wir sollten das Kind in die Erde legen und begraben. Wir können wieder Kinder bekommen; aber wenn die Mutter sterben sollte, kriegen wir sie nicht zurück.« Seine Frau wagte nicht zu widersprechen. So begann er, für das Kind ein Loch zu graben. Doch als er ungefähr zwei Fuß tief gegraben hatte, stieß er plötzlich auf eine goldene Vase. Darauf entdeckte er die Inschrift: »Dieses Gold gewährt der Himmel Ko Keu, dem pflichteifrigen Sohne.« [WANDEL 1987, S. 147]

Diese Geschichte stand auch in meinem Schulbuch, allerdings war aus dem Chinesen ein Koreaner geworden, und auch der Handlungsort war nach Korea verlegt. Solche Geschichten werden also in vielen Varianten von Lehrern den Schülern und ganz besonders den Schülerinnen erzählt. Man muß schon lange darüber nachdenken, um wirklich zu begreifen, welche »Moral« der Konfuzianismus uns als vorbildlich hinstellen will.

Aber vom Kindesmord waren die Söhne als Stammhalter der Familie meist verschont. Die bäuerlichen Eltern lösten ihre finanziellen Überlebensprobleme einfach dadurch, indem sie *die Töchter töteten,* wie der Bericht von Miss Fielde aus dem China des späten 19. Jh. uns anschaulich zeigt:

Ich fand heraus, daß 160 chinesische Frauen, alle über fünfzig, 631 Söhne und 538 Töchter geboren hatten. Von den Söhnen hatten 366 oder fast sechzig Prozent mehr als zehn Jahre überlebt, während von den Töchtern nur 205 oder achtunddreißig Prozent das zehnte Lebensjahr erreichten. Die 160 Frauen hatten ihrer eigenen Aussage zufolge 158 ihrer Töchter getötet, aber keine einen Sohn. Da nur vier Frauen mehr als drei Töchter geboren hatten, ist es wahrscheinlich, daß die Zahl der gestandenen Kindestötungen erheblich höher ist als zugegeben. Mir wurde gelegentlich von einer Frau gesagt, daß sie vergessen hatte, wie viele Töchter sie gehabt hat, mehr als sie wollte. Die größte Anzahl von Kindestötungen einer einzigen Frau betrug elf. [SIU 1982, S. 79; SMITH 1900, S. 308f.; Ü. d. Verf.]

In der konfuzianischen Gesellschaft, wo die Jungfräulichkeit vor der Heirat und die Witwentreue nach dem Tod des Ehemannes wie heilige Gebote galten, hatte natürlich das Kind aus einer unehelichen Beziehung kein Recht zum Leben. Auch für Frauen, die »Kinder ohne Vater« gebaren, gab es keinen Platz, an dem sie weiterleben konnten. Kein Wunder, daß sie versuchten, die Kinder gleich nach der verheimlichten Geburt zu töten, falls die Abtreibung vorher nicht gelungen war. Ein altes Lied aus der Sammlung von Feng Meng-lung (1574–1646) beschreibt die Schmerzen einer Mutter, die ihr uneheliches Kind ertränkt hat:

Ach, mein Geliebter hat mir eine kleine Frucht unserer Liebe hinterlassen.

Wie sollte ich sie behalten, solange ich hinter den Bettvorhängen keinen Gatten habe?

Deshalb habe ich sie in die Schilfmatte eingerollt, zum Lotosteich getragen und hineinfallen lassen.

Aber unter wieviel Gedanken krümmt sich nun immer wieder mein Herz!?« [TÖPELMANN 1973, S. 139]

In der konfuzianischen Gesellschaft *muß jeder heiraten.* Ohne Heirat wurde niemand als Erwachsener anerkannt und von der Umgebung ernstgenommen. Besonders ein Mädchen, das nicht rechtzeitig (bis ca. 18) verheiratet wurde, wurde als Last für die Familie betrachtet und behandelt. Man fragte öfters ihre Eltern, wann sie endlich die Tochter zur Heirat geben wollten. Man vermutete, daß die Verspätung an einer »Schandtat« wie dem Verlust der Jungfräulichkeit läge.

Ein äußeres Zeichen, das die Jungfräulichkeit demonstrieren sollte, war das Fußeinbinden, das nur in China ausgeübt wurde. Seit wann diese Sitte üblich wurde, ist unklar, aber sie soll am kaiserlichen Hof der Späteren Tang-Dynastie im 10. Jh. entstanden sein. Eine der Konkubinen des Kaisers hatte sie sich für den Tanz ausgedacht, um erotischer zu wirken.[9]

Wollen wir hier auch nicht darüber spekulieren, auf was für eine Art von Männern humpelnde Frauen erotisch gewirkt haben, so müssen wir doch konstatieren, daß sich diese Sitte zwar langsam, aber stetig in China verbreitete. Daran konnte auch die Tatsache, daß sie von der fremden Mongolen- und Mandschuherrschaft nicht geteilt, teilweise sogar bestraft wurde, nichts ändern. Immer mehr Schichten ahmten sie, die zuerst auf einen winzigen Teil der Oberschicht begrenzt war, nach; ab dem 15. Jh. war sie allgemein verbreitet.

Aber mit der Zeit änderte sich auch Sinn und Zweck: Das Fußeinbinden wurde als Mittel zur Beschränkung der freien Bewegung der Frauen ausgenutzt. *»Die Füße wurden nicht eingebunden, um sie so schön wie einen Bogen zu machen, sondern um die Frauen einzuschränken, wenn sie nach draußen gehen.«* [JOHNSON 1983, S. 16] Noch heute gilt der allgemeine Volksglaube, daß die Frauen damit gehindert werden sollten, mit dem Vermögen der Familie zu verschwinden. Aber wie gesagt, wer nicht laufen konnte, war auch nicht in der Lage, heimlich sexuelle Beziehungen zu haben.

Wie konnte sich Jungfräulichkeit sonst noch zeigen? Wesentlich war die Aussage der Nachbarn, das Mädchen nie gesehen zu haben. Wer draußen nicht herumlief, hatte keine Chance zur »Unzucht« gehabt. Eine chinesische Frau, die am Ende des vorigen Jahrhunderts in einer relativ aufgeschlossenen Familie aufwuchs, gibt uns ein deutliches Bild, welche Rolle dies damals spielte:

Wir, meine Schwester und ich, durften nicht auf die Straße, nachdem wir dreizehn wahren. Dieses Verbot war damals bei den Leuten von Penglai üblich. Wenn eine Familie mehr über ein Mädchen, das als Schwiegertochter in Frage kam, wissen wollte und nachfragte, was für ein Mädchen sie war, würden die Nachbarn antworten: »Wir wissen das nicht. Wir haben sie nie gesehen.« Und das war ein Lob. [JOHNSON 1983, S. 14; Ü. d. Verf.]

Ein ausländischer Missionar, der das abgekapselte Leben der chinesischen Frauen beobachtete, verglich ihr Leben mit dem eines Frosches im Brunnen: »never go anywhere to speak of, and live … the existence of a frog in a well.« [SMITH 1899, S. 262] Aber zum Glück waren die Frauen der armen Unterschicht, die zum Überleben ihrer Familie mitarbeiten mußten, von dieser barbarischen Sitte befreit. Und arm war damals der weitaus größte Teil des chinesischen Volkes.

Im alten China gab es keine Heirat aus Liebe. Denn Heirat in der konfuzianischen Gesellschaft ist ein Vertrag zwischen zwei Familien, der von beiden Familienhäuptern geschlossen wird.[10] Diese arrangierte Heirat berücksichtigt natürlich nicht die persönlichen Gefühle der beiden, über die verhandelt wird. Traditionell war die Vermittlerin eine alte Frau, die oft von beiden Familien bestochen wurde, um die Kandidaten schöner, besser, klüger darzustellen, als sie wirklich waren. Auch dies ist keine Vergangenheit, denn nach vorsichtigen Schätzungen sind heute noch sowohl in Taiwan wie in der Volksrepublik ca. 80 % der Heiraten vermittelt, in letzterer allerdings zunehmend kostenlos von der Partei oder der Kommune. In den kapitalistischen Staaten ist das schon teurer, da die Angaben öfters durch spezielle Detektivbüros nachgeprüft werden oder besser werden müssen.

Exogamie und *Polygamie* bestimmten den Charakter der Ehe. Exogamie bedeutete, daß stets zwei verschiedene Sippen sich verbanden. Verwandte bis zum achten Grad waren ausgeschlossen, aber in der Praxis war es eher so, daß die Eheleute überhaupt nicht verwandt waren.[11]

Die Frau heiratet in die Familie des Mannes, nicht umgekehrt. *»Eine Frau geht in das Haus der Schwiegereltern.«* In ganz, ganz seltenen Fällen, wenn z. B. eine Familie keine Söhne hatte, kam auch der andere Fall vor, aber eine solche Heirat in die Familie der Frau wurde von der Gesellschaft allgemein verachtet. Diese Tatsache, daß die Tochter nach der Heirat in das schwiegerelterliche Haus einzog und dadurch der Familie ihres Mannes »gehörte«, bewirkte, daß sie ein finanzieller Verlust für ihre Eltern war. Noch heute gilt der alte konfuzianische Spruch: *»Eine Tochter aufzuziehen ist so nutzlos wie Wasserschöpfen mit einem Sieb.«*

Da besonders die Frauen der wohlhabenderen Schichten das Haus nicht verlassen durften, hieß das auch, daß sie ohne Freundinnen und ohne Vertraute leben mußten. Sie sahen ihre Verwandten sowie die Geschwister oft nie mehr wieder, geschweige denn andere Personen, mit denen sie trotz der vielen Beschränkungen vielleicht zwischenmenschliche Beziehungen aufgebaut hatten. Kann man sich die Einsamkeit dieser Frauen vorstellen? Aber das war nicht das Schlimmste, was sie ertragen mußten.

Polygamie ist nicht nur eine typisch konfuzianische Heiratsform.

Auch in der jüdischen und islamischen Gesellschaft war sie häufig und kommt auch heutzutage besonders in arabischen und afrikanischen Ländern oft vor. Aber in allen Ländern stammt sie aus der gemeinsamen Wurzel der patriarchalischen Gesellschaftssysteme. In der ostasiatischen Gesellschaft war sie schon lange vor Konfuzius, der sie allerdings ideologisch zu begründen versuchte, üblich und unumstritten, aber es gibt doch auch Beispiele von Kritik, und ein schönes und merkwürdiges davon möchte ich den LeserInnen nicht vorenthalten:

Bisher hatte Liu erfolgreich ihrem Ehemann Singmädchen und Nebenfrauen verwehrt. Als die Neffen des Mannes ihr daraus einen Vorwurf machen mit dem Hinweis, daß weibliche Eifersucht in den alten Liedern als eine Untugend gegeißelt werde, will sie wissen, wer denn der Verfasser dieser Lieder sei. Auf die Antwort: »Der Herzog von Zhou!« erwidert die Geborene Liu unbeirrt: »Der Herzog war ein Mann und hat die Lieder für sich geschrieben. Wäre es die Herzogin gewesen, so wäre die Tradition anders ausgefallen! [GRUBE 1902, S. 115f.]

Aber trotz des Bewußtseins, das wir in dieser Geschichte erkennen, hatten die Frauen weder die wirtschaftliche noch die politische Macht, um die Polygamie abzuschaffen; sie litten nur darunter. Aber dieses Leiden bewirkte einen Teufelskreis, denn es gab in der Polygamie ja mehrere Frauen: Die erste Ehefrau unterdrückte die zweite, die zweite die dritte, die Ehefrauen die Nebenfrauen, die Nebenfrauen die Konkubinen, die Konkubinen die Sing- und Tanzmädchen und so weiter und so weiter! Eine Kette des Leidens, an die jede Frau gefesselt war. Zwischen den unterdrückenden und unterdrückten Frauen konnte es gar keine menschliche Harmonie in der Familie geben, eine Harmonie, die der Konfuzianismus ja scheinheilig als Grundlage der sozialen Ordnung lehrte und verlangte. Es gab nur gegenseitigen Haß und Intrigen. Diese tragischen menschlichen Beziehungen der Frauen untereinander in den Fesseln der Polygamie kann jeder in vielen alten chinesischen Romanen nachlesen. Das Unverschämte daran aber ist, daß die Konfuzianer sich arrogant über die Frauen erhoben und die Haremsintrigen zum Beweis nahmen, daß »Weiber« für die wirklichen »menschlichen Beziehungen« unfähig seien.

Auch die Position einer Ehefrau, die oben in der Hackordnung der Frauengemächer stand, war nie sicher. Der Mann konnte sie jederzeit verstoßen, wenn sie gegen eine der sieben Scheidungsbedingungen verstoßen hatte, die im Lichi, dem »Buch der Riten« aufgeführt waren:[12]

1. Ungenügende Pietät gegenüber den Schwiegereltern
2. Sterilität (auch nur Töchter, keinen Sohn!)
3. Eifersucht (gegenüber den anderen Frauen ihres Mannes)
4. Unmoralischer Lebenswandel
5. Unheilbare Krankheit
6. Geschwätzigkeit
7. Diebstahl

Daß diese Bedingungen willkürlich sind, brauche ich wohl nicht zu betonen. Wie kann man z. B. die Grenze zwischen genügender und ungenügender Pietät feststellen? In der Praxis hieß das nur, wenn die Schwiegertochter den Schwiegereltern nicht gefiel. Dabei wurde nicht einmal der Mann gefragt, denn der mußte ja als gehorsamer Sohn aus »kindlicher Pietät« gehorchen. Und das Kriterium der Geschwätzigkeit kann man ja beliebig definieren. Aber wir wollen nicht die Willkür in den Mittelpunkt stellen: Ist es nicht zutiefst unmenschlich, die Frau wegen mangelnder Gebärfähigkeit (oft verursacht durch die Impotenz des Mannes!) oder unheilbarer Krankheit zu verstoßen? Gibt es denn im Konfuzianismus überhaupt kein Mitleid? Wo ist denn hier der humanistische Zug dieser Lehre?

Es gibt drei Ausnahmen, wann ein Mann sich nicht scheiden lassen darf:

1. Wenn die Ehefrau die dreijährige Trauerzeremonie für die Schwiegereltern nach den konfuzianischen Vorschriften richtig eingehalten hat.
2. Wenn die Familie des Mannes vor der Heirat sehr arm war, daß man sich von Hirse ernähren mußte, und nach der Heirat durch Unterstützung der Ehefrau reich wurde.
3. Wenn die Ehefrau weder Eltern noch Brüder hat, wohin man sie zurückschicken kann.

Diese drei Ausnahmen wurden in vielen Veröffentlichungen über den Konfuzianismus als eine »humanistische Grundlage« öfters zitiert. Eigentlich ist es fast lächerlich, darüber nach dem Vorgesagten zu argumentieren, aber betrachten wir doch einmal diese »Einschränkungen« in der Wirklichkeit, oder im »Sitz des Lebens«, wie man in meiner Heimat sagt.

Erstens: Beim Tode der Eltern trauerten die »echten Konfuzinaner« drei Jahre neben dem Grab. Wer aber sollte sich dann um den Haushalt kümmern? Natürlich die Ehefrauen. Sie führten in dieser Zeit die notwendigen Geschäfte der Familie weiter. Dafür konnten sie zur »Belohnung« für die Hilfe, die sie dem Mann gegeben hatten, einfach ausgestoßen werden. Aber das hatte der Mann ja nicht einmal nötig, da er nach der Trauerzeit nach Belieben Nebenfrauen oder Konkubinen nehmen konnte. Vielleicht traf dann noch zusätzlich der Scheidungsgrund »Eifersucht« zu!

Zweitens: In der konfuzianischen Gesellschaft, wo die Fähigkeit einer Frau sehr negativ beurteilt wurde, war es völlig unwahrscheinlich, daß jemand zugab, Reichtum und Erfolg durch die Unterstützung seiner Frau erlangt zu haben, selbst wenn es die Wahrheit war. Ganz abgesehen von der Schwierigkeit, dies aus der Abgeschlossenheit der Frauengemächer zu vollbringen.

Drittens: In der konfuzianischen Gesellschaft ist ein Mensch, wie wir oben gezeigt haben, genauso viel wert wie die eigene Familie. Hat eine Frau keine eigene mehr, ist sie vollkommen rechtlos, und die Familie des Mannes kann mit ihr machen, was sie will. (Nur ein männliches Mitglied ihrer Familie könnte eine Klage einreichen.) So ist es für den Mann bzw. seine Familie völlig egal, ob sie im Haus bleibt oder nicht: Sie ist ja als Putzfrau oder Dienstmädchen noch ganz gut zu gebrauchen!

Vielleicht könnte ein Konfuzianer mir vorwerfen, daß ich die »Drei Ausnahmen« zu negativ sehen würde und damit die »humanistische Grundlage« nicht entdecken könne. Aber wie immer in unserer Untersuchung entscheidet nicht das edle Anliegen, sondern die Wirkungsgeschichte. Dies um so mehr, wenn man die andere, meist unerwähnte Regel nicht vergißt: *in der konfuzianischen Gesellschaft konnte sich ein Mann jederzeit scheiden lassen, eine Frau aber nie!*

Wir haben im vorigen gesehen, daß die Frauen der Oberschicht manchmal mehr unter den Bedingungen des Lebens litten, wie z. B. dem Fußeinbinden oder der Polygamie, die sich der Arme ja nicht leisten konnte. Aber auch in der armen Familie war es möglich, daß die Stellung der Ehefrau fürchterlich war; so konnte sie wie eine Ware von ihrem Mann verkauft werden. Die folgende Erzählung der Bäuerin Chia Ying-Lan, die Anfang der zwanziger Jahre in der Provinz Shensi geboren wurde, über ihr leidvolles Leben ist nur eine von unzähligen gleichen Geschichten:

Ich bin aus dem hsien (Kreis) Hengshan. Chia Fu-lan, die Frau von Li Hai-yüan, ist meine Schwester. Unsere Familie war arm, und als ich sechzehn war, wurde ich an einen Hausierer und Kesselflicker verheiratet, der mich mit nach Ho-pei nahm. Er fing an, Opium zu rauchen und ließ sein Land verkommen. Deshalb mußte er es aufgeben. Nun begann er, durch die Dörfer zu ziehen und Töpfe zu flicken. Oft war er längere Zeit unterwegs. Ich hielt unser Haus im hsien Wuan in Ordnung. Ich weiß nicht, was er für sein Opium bezahlt hat, aber ich bekam immer weniger von ihm, und zuletzt kriegte ich gar nichts mehr. Weil ich nicht wollte, daß ich und unsere Tochter verhungern sollten, nahm ich bei einem Ackerbauern namens Sung eine Stellung an ... Lohn habe ich nicht bekommen, aber meine Tochter und ich hatten nun zu essen.

Als ich zweiundzwanzig Jahre alt war, wurde ich verkauft. (Weint.) Mein Mann kam eines Tages und holte mich und meine Tochter und brachte mich zu einem Sklavenhändler, der Yang hieß. (Weint.) Er verkaufte uns, um Geld für sein Opium zu bekommen. Ich habe ihn danach nie wiedergesehen. Vor einigen Jahren habe ich aber erfahren, daß er gestorben ist. Nachdem ich zwei Tage beim Sklavenhändler gewesen war, wurde ich wieder verkauft. Yang verkaufte mich und meine Tochter für 220 Silberdollar an einen Ackerbauern, der He Nungkung hieß.

Ich war sehr unglücklich. Herr He war ein alter Mann. Er war dreiundzwanzig Jahre älter als ich. Wir liebten einander nicht ... Eigentlich war er ein lieber alter Mann. (Weint.) ... Ich gebar ihm einen Sohn, und alle waren freundlich zu mir.

Dann wurde er krank und starb ... Ich hatte eine Tochter und einen Sohn, ein Kind aus jeder Ehe ... Im Januar des folgenden Jahres brachte ich eine Tochter zur Welt. Die starb dann im Alter von sieben Jahren. (Weint.) Als Herr He starb, war ich gerade schwanger gewesen, so daß sie mich nicht so schnell wieder verheiraten konnten.

Ich war ja nun Witwe und eine Last für das Dorf. Der Grundbesitzer wollte mich verheiraten. Die Verwandtschaft meines Mannes ... wollte mich auch verheiraten, um das Haus und die Kinder zu bekommen. Da war auch ein Mann im Dorf, der mich kaufen wollte. Ich weiß nicht, wie sie es eingefädelt hatten und wer es war. Aber nun wollte ich nicht mehr. Ich wollte nur noch mit meinen Kindern zusammen sein. (Weint.) Um dieser neuen Ehe zu entgehen, log ich und sagte, daß ich schon einundvierzig Jahre alt sei. Da glaubte der Mann, daß ich nicht mehr fruchtbar sei, und ließ von mir ab ... [MYRDAL 1969, S. 186f.]

Diese Sitte des Verkaufs durch Ehemann oder Eltern war keine Ausnahme, sondern durchaus üblich. So ist es ohne weiteres möglich, »Preislisten« für die Zeit vom Beginn unseres Jahrhunderts an zu erstellen. Diese Durchschnittspreise bewegen sich von einigen zehn bis einigen hundert (Hongkong-)Dollar, je nach Alter und »Fähigkeit« [JASCHOK 1988].

Was haben die chinesischen Frauen in der Zeit des Kaiserreichs unter Ehe verstanden? Welche verschiedene Arten von Ehen gaben es damals? Der anonyme Roman »Der Ölverkäufer und das Freudenmädchen«, aus dem 16./17. Jahrhundert zeigt uns die Vorstellungen über die Ehe. Ein Mädchen namens Yao Chin, die in ein Freudenhaus verkauft wurde, will sich nicht prostituieren, sondern lieber »einen guten Mann zum Heiraten finden«. Aber eine gewisse Frau Liu, die im Auftrag der Bordellwirtin steht, versucht das zu verhindern. Sie belehrt Yao über die verschiedenen Arten der Ehe:

»Zu heiraten ist recht und gut, mein Kind«, erwiderte Frau Liu. »Doch es gibt verschiedene Arten von Ehen.«

»Was versteht Ihr unter den verschiedenen Arten von Ehen?«

»Nun, es gibt eine richtige Ehe, dann eine Scheinehe, eine beklagenswerte Ehe und eine glückliche Ehe; es gibt Ehen, die rechtzeitig und solche, die aus Notwendigkeit geschlossen wurden, und es gibt Ehen, die gut und solche, die schlecht enden. Hab' Geduld, Kind, bis ich dir das alles erklärt habe.

Was verstehen wir unter einer richtigen Ehe? Nun, eine ideale Ehe ist die zwischen einem glänzenden Scholaren und einem schönen Mädchen; doch solche Ehen sind selten [...]

Was aber ist eine Scheinehe? Bei einer solchen Ehe liebt ein junger Mann ein Mädchen, das ihn nicht liebt, ihn aber durch List dazu bringt, eine

Menge Geld für sie auszugeben. Wenn der Tag der Eheschließung festgesetzt ist, will sie auf einmal nicht heiraten. Obwohl nun der Narr weiß, daß sie ihn nicht liebt, besteht er darauf, sie zu heiraten, besticht ihre Kupplerin, und die Wünsche des Mädchens zählen nicht mehr. Da sie gegen ihren Willen in sein Haus getragen wird, bricht sie absichtlich alle Regeln des Hauses, macht Skandale oder treibt es mit anderen Männern, bis ihm klar wird, daß er sie in seinem Haus nicht halten kann. Nach etwa sechs Monaten oder einem Jahr läßt er sie ins Bordell zurückgehen. Eine solche Ehe ist nichts als ein Weg, zu Geld zu kommen, deshalb nennen wir sie eine Scheinehe.

Was ist eine beklagenswerte Ehe? Sie kommt dann zustande, wenn ein angesehener Mann ein Mädchen liebt, dem er vollkommen gleichgültig ist. Er aber benützt seine offizielle Stellung, um die Kupplerin – sie hat Angst vor Unannehmlichkeiten – zu zwingen, dieser Ehe zuzustimmen. Mit verweinten Augen siedelt das Mädchen in sein Haus um. Doch wenn sie einmal dort ist, hat sie das Gefühl, sich auf dem Grund eines Ozeans zu befinden, denn die Familienregeln sind so streng, daß sie es nicht wagt, den Kopf zu heben; und später führt sie ein elendes Leben, halb als Konkubine und halb als Dienerin. Das ist eine beklagenswerte Ehe.

Und was schließlich ist eine glückliche Ehe? Wir nennen die Ehe glücklich, in der sich ein Mädchen selbst seinen Mann erwählen kann und auf einen reichen und zärtlichen Mann trifft, dessen Frau gütig ist, aber keine Kinder hat. Er nimmt das Mädchen zu sich in der Hoffnung, daß sie ihm einen Sohn gebiert; tut sie das, so wird sie in seinem Haus wie eine der Herrinnen behandelt. Sie führt also ein angenehmes Leben und hat eine wunderschöne Zukunft vor sich. Das ist eine glückliche Ehe.

Was ist nun eine Ehe, die rechtzeitig geschlossen wurde? Sie kommt zustande, wenn ein Freudenmädchen, das noch auf dem Höhepunkt seines Ruhmes steht, einen zufriedenstellenden Ehemann findet. Auf diese Weise kann sie sich vor Mißerfolgen durch verblühende Schönheit und vor der Verachtung aller absichern. Eine solche Ehe ist eine rechtzeitig geschlossene Ehe.

Und wie sieht die Ehe aus Notwendigkeit aus? In dieser Ehe hat das Mädchen nicht heiraten wollen, wurde aber entweder von einer Behörde zur Ehe gezwungen, wurde also erpreßt, oder sie mußte mit ihrer Person eine Schuld bezahlen. Sie hatte also keine Wahl, unabhängig davon, ob der Mann gut ist oder schlecht. Sie kann nur noch Frieden und ein Dach über dem Kopf erhoffen. Das ist die Ehe aus Notwendigkeit.

Was meine ich mit einer Ehe, die gut endet? Sie kommt zustande, wenn ein nicht mehr ganz junges Freudenmädchen, das allerhand erlebt hat, einen ehrlichen Burschen trifft und sich beide ineinander verlieben. Dann kann sie die Segel setzen, in den Hafen der Ehe segeln und mit ihm bis ins hohe Alter hinein leben. Das ist eine Ehe, die gut endet.

Was schließlich verstehe ich unter einer Ehe, die schlecht endet? Bei dieser Ehe hat sich ein Paar leidenschaftlich verliebt, die Liebe ist dann aber bald abgekühlt. Oder aber die Eltern des Mannes sind schwierig oder seine Frau ist eifersüchtig, so daß er das Mädchen nach einigen Streitereien zurück zu seiner Familie schickt und sein Geld zurückverlangt. Oder aber der Mann wird so arm, daß er sie nicht mehr unterhalten kann, sie aber vermag die Schwierigkeiten eines solchen Lebens nicht zu ertragen, verläßt ihn und nimmt ihren Beruf wieder auf. Das sind die Ehen, die schlecht enden.« [BAAR 1980, S. 100ff.]

Diese Darstellungen über die verschiedenen Ehearten sind in diesem Roman mit dem Fall eines Freudenmädchens, das allerdings noch nicht »gearbeitet« hat, verbunden. Aber der Dichter schildert die Sitten seiner Zeit so anschaulich, daß wir sie getrost verallgemeinern können. Es ist die verbreitete Ansicht über Ehen in der damaligen konfuzianischen Klasse.

2.2 *Japan*

Ein japanischer Schriftsteller, Kazuyuki Kitamura, versucht in seinem Buch »Japan – im Reich der mächtigen Frauen« die stark matriarchalische Tradition der alten Zeit darzustellen und ihre Wirkung in der heutigen Gesellschaft Japans zu beweisen. Er fragt: »Woher kommt das im Abendland verbreitete Klischee von der ›vom Mann beherrschten und unterdrückten‹ japanischen Frau?«[13] Wir könnten ihm seine Frage ganz einfach beantworten: Es stammt schlicht aus der Realität! Aber da er selbst als Beweis anführt, »es [das Klischee] entspricht nur noch teilweise [!] der Wahrheit und entbehrt jeglicher historischen oder psychologischen Begründung«, sollten wir uns, wenn nicht seine männliche Seelenkunde, so doch immerhin die Geschichte der japanischen Frauen genauer ansehen. Die bei den Patriarchen so beliebte Rede vom »Haremsdrachen« beweist nämlich keineswegs, wie Kitamura behauptet, ein irdisches Paradies für Frauen, sondern nur die Furchtbarkeit ihrer Unterdrückung.

Es gibt zwar die Legende über eine Königin Himiko von Yamato, die im 3. Jahrhundert mit ihrem Bruder zusammen das damalige Japan regiert hatte. Aber ob diese Gestalt irgendeine Andeutung über die hohe Stellung der Frauen beinhaltet, weiß niemand. Im Grunde ist außer der Vermutung, daß die Frau in alter Zeit wie überall auch eine höhere Position hatte, daß es eine gewisse Zeit der Matrilinearität gab, bis zum 11. Jh. in Japan nichts Genaues darüber bekannt.

Im Gegenteil: Einige Erzählungen zeigen das Leiden der Frauen unter der Polygamie, das endlose Warten auf ihren Mann, die Frustration und Resignation bis zum Selbstmord. Z. B.: »Geschichten aus Ise«, »Geschichten aus Yamato«, »Kopfkissenhefte von Sei Shonagon«, »Tagebuch von Murasaki Shikibu« und »Die Tochter des Sugawara Takasue: Sarashina-Tagebuch«. [ZAUBERSCHALE 1973]

Seit Anfang des 12. Jhs. begann sich der Konfuzianismus, der schon früher bekannt war, auch in Japan zu etablieren; dadurch wurde das japanische Gesellschaftssystem noch patriarchalischer. Das Ideal der Frau und das Ziel der Mädchenerziehung wurden in chinesischer Weise nach der konfuzianischen Lehre festgesetzt. Besonders das Buch »Onna daigaku takarabako« (Schmuckkästchen der Hohen Schule für die Frau) von 1716 zeigt uns, daß die Frauenerziehung in Japan noch viel strenger als die in China gehandhabt wurde. Doch die LeserInnen sollen selbst entscheiden, welches Modell sie bevorzugen würden:

1. Töchter sollten mehr zur Selbstlosigkeit erzogen werden als Söhne, denn ihre Bestimmung ist es, durch die Heirat Mitglied einer anderen Familie zu werden und den Schwiegereltern zu Diensten zu sein. Werden sie durch eine nachsichtige Erziehung unfähig zu dieser Unterwerfung, so sind die Eltern und nicht etwa die Schwiegereltern dafür verantwortlich, wenn die junge Frau aus dem Hause des Ehemannes verstoßen wird.

2. Tugend ist wichtiger als Schönheit, und die eigentlichen Qualitäten einer Frau sind edler Gehorsam, Keuschheit, Mitleid und ein ruhiges Gemüt.

3. Von Jugend auf sollte ein Mädchen von der Welt der Männer getrennt sein und weder das Bad noch andere Dinge gemeinsam mit ihnen benutzen. Die Frauen der Unterschicht verdienen Tadel wegen der Mißachtung dieser Regel.

4. Wie schwach und ärmlich auch die Position ihres Mannes sein mag, eine Frau hat kein Recht, etwas zu bemängeln. Sollte sie geschieden werden, so ist das eine lebenslange Schande für sie. Berechtigte Gründe für die Scheidung sind: 1) Ungehorsam der Frau gegenüber den Schwiegereltern, 2) Unfruchtbarkeit, außer wenn Kinder von Nebenfrauen existieren und die Frau dies ohne Eifersucht akzeptiert, 3) Unkeuschheit, 4) Eifersucht, 5) ansteckende Krankheit, 6) Geschwätzigkeit, 7) Stehlen. Diese Gründe sind deutlich von chinesischen Vorbildern abgeschrieben.

5. Das Mädchen im Elternhaus soll kindliche Ehrfurcht gegenüber den Eltern zeigen. Aber nach der Heirat soll die junge Frau die Schwiegereltern mehr ehren als die eigenen Eltern [!]. Murren gegen die Schwiegereltern ist auch dann nicht erlaubt, wenn die Schwiegertochter von ihnen eine schlechte Behandlung erfährt.

6. Außer ihrem Mann hat eine Frau keinen Herrn. Die größte, lebenslange Pflicht einer Frau ist Gehorsam. Sie soll ihrem Mann höflich, demütig und versöhnlich begegnen. Eine Frau möge auf ihren Mann schauen, als wäre er der Himmel. [!]

7. Die Geschwister des Gatten sowie deren Ehegatten verdienen allen Respekt der Frau, nicht minder als ihre eigenen Geschwister.

8. Vor Eifersucht muß jede Frau sich hüten. Sie entfremdet damit nur ihren Mann von sich. Wenn ihr Mann etwas Schlechtes und Unvernünftiges tut, darf sie ihm nur mit sanfter Stimme Vorhaltungen machen. Geht er nicht darauf ein, muß sie warten, bis sein Herz sich besänftigt hat.

9. Eine Frau sollte nichts Unnützes sprechen. Hört sie Schmähungen anderer, so soll sie diese für sich behalten.

10. Morgens soll die Frau früh aufstehen und abends spät zur Ruhe gehen. Beaufsichtigung von Spinnen, Weben, Nähen sind ihre Haushalts-

pflicht. Tee und Alkohol soll sie nur spärlich genießen, ebenso Theateraufführungen usw. Selten sollte sie große Zusammenkünfte besuchen, sei es bei shintoistischen oder buddhistischen Tempeln, bevor sie das Alter von 40 Jahren erreicht hat.

11. Vor Schamanismus soll die Frau sich hüten und auch nicht zu viel Zeit mit Beten verbringen. Wenn sie nur ihre menschlichen Pflichten erfüllt, kann sie ohne Gebet des göttlichen Schutzes gewiß sein.

12. Als Ehefrau soll sie ihres Mannes Haushalt in Ordnung halten und nicht dem Ruin ausliefern. Luxus und Stolz muß sie meiden.

13. Solange sie jung ist, soll die Frau Vertraulichkeiten mit männlichen Verwandten und Freunden ihres Mannes meiden und die Regel der Trennung der Geschlechter streng beachten.

14. Frauen sollen keine attraktive Kleidung oder Schmuck tragen, sondern zugleich nützliche und unauffällige Kleidung bevorzugen.

15. Die eigenen Eltern vorzuziehen, ist Selbstsucht. Am Neujahrstag und den anderen großen Festtagen hat die Frau zuerst den Mitgliedern der Familie ihres Mannes ihre Ehrfurcht zu erweisen. Ohne die Erlaubnis ihres Mannes darf die Frau nicht ausgehen oder Geschenke verteilen.

16. Die Besuche im Elternhaus sollen nach der Heirat selten sein. Jeden Stolz auf ihre Herkunft muß die Frau vermeiden.

17. Wieviele Dienerinnen sie auch hat, die Frau bleibt verantwortlich für die Versorgung der Schwiegereltern mit Speise und Kleidung, für die Bedürfnisse ihres Mannes und der Kinder. Sie darf sich nie entfernen, außer wenn es unbedingt notwendig ist.

18. Mit den ungebildeten Dienerinnen aus der Unterschicht muß die Frau weise umgehen, darf nicht auf ihre Schwatzhaftigkeit hören oder gar die Aufmerksamkeit für ihre Schwiegereltern dadurch beeinträchtigen lassen. Eine allzu schmähsüchtige Magd sollte entlassen werden. Im übrigen soll die Frau ihre Mägde zu bessern versuchen und geringere Fehler übersehen. Innerlich von Mitleid ergriffen, soll die Frau nach außen hin mit Strenge mahnen.

19. Die fünf schlimmsten Krankheiten des weiblichen Charakters sind Unbelehrbarkeit, Unzufriedenheit, üble Nachrede, Eifersucht und Torheit. Sieben oder acht von zehn Frauen sind von diesen Übeln befallen. Sie sind der Grund für die Unterlegenheit der Frau. Die Natur der Frau ist schattenhaft (im Sinne von passiv), der Nacht verwandt, dunkel. Dies macht sie unfähig, ihre Pflichten zu begreifen und ein drohendes Unheil für Mann und Kinder abzuwenden. Sie sieht nicht, daß sie ihr eigener Feind ist, wenn sie aus Eifersucht gegen andere sich selbst erheben will, aber dadurch deren Haß provoziert. In der Erziehung ihrer Kinder treibt die blinde Liebe sie zu manchem Irrtum.

20. Die Frau muß sich ohne Empörung der Kritik stellen und in Geduld und Demut ihr Gewissen erforschen. Dann wird ihre Ehe dauerhaft sein und ihr Haus eine Stätte von Harmonie und Frieden. Eltern sollen nach diesen Prinzipien ihre Töchter unterweisen. Besser als eine aufwendige Aussteuer ist eine solche Erziehung, welche die Mädchen sicher durch ihr Leben geleiten wird. [GÖSSMANN 1984, S. 27ff.]

Ich glaube, die LeserInnen sind nach dieser Lektüre vollständig davon überzeugt, daß Japan wirklich »das Land der mächtigen Frauen ist«. Welch ein Glück, unter den Bedingungen der aufgeführten zwanzig Punkte eine Ehe zu führen! Das Traurige daran ist jedoch, daß hier nicht über Geschichte, über Relikte vergangener Jahrhunderte berichtet wird, sondern daß diese Erziehungsgrundsätze – natürlich in angepaßter Form – heute noch Wirklichkeit sind in der supertechnisierten »neuzeitlichen« Gesellschaft (vgl. 3.1.2).

Wir haben gesehen, daß auch in der konfuzianischen Gesellschaft Japans der Frau nur Pflichten gegeben sind, fast keine Rechte. Sie ist geboren, um die *größte, lebenslange Pflicht einer Frau, d. h. absoluten Gehorsam gegenüber den Schwiegereltern und gegenüber dem Ehemann* einzuhalten. Sie darf ihre Meinung nie äußern. Alle Mißhandlungen der Schwiegereltern muß sie ohne Erwiderung akzeptieren, damit sie von ihrem Mann (eigentlich von ihren Schwiegereltern!) nicht geschieden wird, was für sie eine lebenslange Schande bedeutet.

Der Wert der Frau liegt auch in ihrer Arbeitsfähigkeit. Sie muß von frühmorgens bis spätabends wie eine Sklavin arbeiten. Sogar die

Zeit des Gebets wird als Zeitverschwendung betrachtet. Das Gebet einer Frau soll eher die Erfüllung ihrer Pflichten in der schwiegerelterlichen Familie sein (s. Regel Nr. 11). Auch wenn die Frau so fleißig wie eine Maschine arbeitet, sind ihr »Trinken« und schöne Kleider nicht erlaubt. Natürlich darf sie »ohne die Erlaubnis ihres Mannes« nie ausgehen. Sogar bis zum 40. Lebensjahr (danach ist sie offensichtlich häßlich genug!) darf sie nicht den Tempel zum Gebet besuchen und die eigenen Brüder nicht treffen. Schenken wir also dem »Reich der mächtigen Frauen« Kitamuras eine Gedenkminute und fragen uns wie er ganz verzweifelt, warum in aller Welt nur das dumme Abendland dem Klischee anhängt, daß die japanische Frau unterdrückt sei. In so einer konfuzianischen Gesellschaft, wo alles Menschenrecht und jede geistige, ökonomische, politische, kulturelle, religiöse Würde den Frauen total geraubt ist, in so einer Gesellschaft soll sich eine Frau darüber freuen, »eine Frau zu sein«? Welche Frau wünscht sich eine Tochter, die nach der Heirat genauso wie sie selbst leiden wird?

Mit der Meiji-Restauration (1868) fing die Modernisierung Japans an.[14] Mit der gewaltsamen Öffnung der Häfen Japans für ausländische Handelsschiffe durch die USA begann der Aufstieg Japans zur Industriemacht. Diese Öffnung hatte als Folge den Zusammenbruch des feudalistischen Gesellschaftssystems und führte zum Import einer dem Westen nachgeahmten neuen Sozialstruktur. Im Jahr 1873 wurde das Besuchsverbot der shintoistischen und buddhistischen Tempel für Frauen aufgehoben, ebenso auch das Verbot der Heirat mit einem Ausländer. Die Stellung des Scheidungsantrags durch die Frau wurde gesetzlich erlaubt, auch wenn lange Zeit keine Frau dieses Wagnis einging. Von den vielen Reformen war die Einführung der allgemeinen Schulpflicht (am 5. 9. 1872) sicher die wichtigste für die Befreiung der Frauen aus ihrer häuslichen Gefangenschaft. Wie die Jungen sollten nun auch die Mädchen in die Schule geschickt werden, also aus der Hut der Familie kommen. Viele Grundschulen wurden gegründet und viele Lehrer und Lehrerinnen ausgebildet.

Aber in der Praxis wurden sehr wenige Mädchen in die Schule geschickt, denn die Töchter der armen Familien mußten arbeiten, manchmal schon im Kindesalter. Seit der Meiji-Zeit wurden viele

Fabriken gebaut, besonders Spinnereien und Webereien, in denen mehr als 80 % der Arbeitskräfte junge Frauen meist im Alter zwischen 14 und 20 waren. Sie haben durchschnittlich 14 Stunden in Tag- und Nachtschicht gearbeitet; aber ihr Lohn betrug nur etwa 30 % des männlichen Entgelts. Wegen Überarbeitung, unhygienischer Umgebung und Unterernährung erkrankten viele Mädchen, besonders an Tuberkulose. Dann wurden sie in ihre Dörfer zurückgeschickt; viele starben dann in der Heimat daran – ein typisch frühkapitalistisches Phänomen.[15]

Die Meiji-Reform modernisierte nicht nur die Wirtschaft, sondern auch das politische und militärische System. Japan begann nach dreihundert Jahren der Isolation seine Angriffskriege. Der chinesisch-japanische (1894/95) und der russisch-japanische Krieg (1904/05) beschleunigte die Industrialisierung Japans wesentlich. So wurde auch die Rolle der Frau als »gute Ehefrau und weise Mutter« nicht mehr so stark betont wie früher; stattdessen wurde sie »patriotische Arbeiterin«. Die Richtung des Gehorsams wurde von Schwiegereltern und Ehemann zu Direktor und Vaterland gewechselt. Die Frauen wurden wegen des Staatsbedarfs für die Kriegsführung vom Haushalt zur Fabrikarbeit geholt. Es war also keine eigentliche Befreiung, sondern doppelte Belastung für sie.

Parallel zur gestiegenen Aktivität der Frauen im Leben wurden einige Frauenorganisationen gegründet, aber die meisten waren sehr konservativ und rein karitativ. Sie setzten sich eher für die Aufklärung der Frauen ein als für die Frauenrechte. Beispiele sind Dai Nihon fujin eiseikai (Frauenvereinigung Großjapans zur Förderung der Hygiene, gegr. 1887), Nihon kirisutokyo fujin kyofukai (Japanisch-christlicher Frauenverein für Sittenreform, gegr. 1893) und Aikoku fujinkai (Patriotische Frauenvereinigung, gegr. 1901). Die Führerinnen dieser Organisationen waren privilegierte und relativ gut ausgebildete Frauen der Oberschicht oder Ehefrauen von hohen Beamten. Darum haben sie in der ganzen Gesellschaft auch kein großes Echo gehabt.

Als die erste eigentliche Frauenbewegung in Japan zählt man die Seitosha (Blaustrumpf-Gesellschaft). Unter der Führung der Frauenrechtlerin Raicho Hiratsuka wurde eine Frauenzeitschrift mit dem Namen Seito (Blaustrumpf) zum ersten Mal im Jahre 1911 veröffentlicht. Große Sensation und viel Echo brachte das programmatische Gedicht Hiratsukas, die daran erinnert, daß die »Geschichte« Japans mit der Sonnengöttin beginnt: »Im Anfang war die Frau die Sonne, war wahrer Mensch …«

Aber die Mitglieder wurden von der Gesellschaft im negativen Sinne *»neue Frauen«* genannt, weil einige Frauen der Seitosha in der Öffentlichkeit Alkohol tranken und über ihre Beziehungen zu Männern sprachen, was als »unmoralisch« betrachtet wurde.[16]

Nach der Seitosha wurden noch viele Frauenorganisationen und Verbände zum Schutz der Arbeiterinnen gegründet, die alle ihre Erfolglosigkeit gemeinsam hatten. Die gewerkschaftliche Organisation blieb so niedrig, daß z. B. im Jahr 1925 nur 9196 von rund einer Million Fabrikarbeiterinnen in den Gewerkschaften eingetragen waren. Darum war es kein Wunder, daß die meisten der gewerkschaftlich Organisierten von den Fabriken einfach entlassen wurden.[17]

Ab 1930, als die Kolonialkriege Japans in ganz Asien langsam ihren Höhepunkt erreichten, entstanden viele neue patriotische Frauengruppen, die den Sinn hatten, die Kriegspolitik des Landes durch Versammlungen und Sammlungen ideologisch und materiell zu unterstützen, und die deswegen auch vom Kultus- bzw. Kriegsministerium geleitet wurden. Ab 1940 existierte nur noch eine offizielle Organisation, die Dai Nihon fujinkai (Großjapanische Frauenvereinigung), in der alle Frauen über 21 Jahre automatisch Mitglieder werden mußten. Sie ging mit der Niederlage Japans 1945 unter.

Hat sich die Situation der Frau zu Hause wegen ihrer Arbeit »draußen« verbessert? Es ist wahr, daß nun auch den Frauen die Chance für eine Ausbildung gegeben wurde. Aber die meisten litten unter dem konfuzianisch-patriarchalischen Familiensystem genauso wie vor dieser Entwicklung, die mit der Meiji-Zeit begann.

Es gab in Japan kein Fußeinbinden wie in China. Aber die Bekleidung der Frau, besonders der Kimono, funktionierte wie eine Verhinderung des Gehens. Im Westen wird immer nur die »romantische« Seite gesehen, aber die modernen japanischen Frauen haben ihn nicht ohne Grund verworfen. Nicht ganz umsonst tragen nur noch die Geishas und Prostituierten die traditionelle Kleidung, wo sie immer noch als Zeichen der Unterwerfung unter die Männer gilt. Ebenso war die massenhafte Töchtertötung in Japan nicht bekannt. Man brauchte und braucht sie als Arbeitskräfte, und die Regierung hatte sie seit der »Modernisierung« auch für die Kriege fest eingeplant. Trotzdem war die Freude der Eltern bei der Sohn-Geburt ungleich größer, als wenn es »nur« eine Tochter gegeben hatte. Unter dem Titel »Unequal Joy« erzählt daher Keiko Higuchi Erinnerungen einer Vorläuferin der japanischen Frauenbewegung nach:

Sie hatte [immer schon] einige Zweifel über die Geisteshaltung ihrer Eltern bei ihrer Geburt gehabt. Eines Tages erhielt sie einen Schock, als sie ihren Verdacht durch das Tagebuch ihres verstorbenen Vaters bestätigt sah. Sie war die Erstgeborene von zehn Kindern einer alten Familie in der Präfektur Nagano. Am Tag, als sein erstes Kind Hideko geboren wurde, schrieb ihr Vater nur vier Worte in sein Tagebuch: »Ein Mädchen wurde geboren.« Sie fand kein Anzeichen, was ihr Vater dabei gefühlt hatte. Ziemlich enttäuscht, blätterte sie weiter und fand die Seite mit der Geburt ihres Bruders. Da las sie: »Ein Junge wurde geboren. Ich war so froh, daß ich persönlich [!] losging, um meine Frau zu sehen.« Sie war sprachlos und begriff, daß sie mit dieser Diskriminierung vom Tag der Geburt an aufgezogen worden war. [HIGUCHI 1985, S. 43f.; Ü d. Verf.]

Higuchi, die viele Beispiele dieser Zeit gesammelt hat, beurteilt dieses Tagebuch als »exakte Widerspiegelung der Rechtsprechung und Moral dieser Tage«. Sie stellt uns auch die Autobiographie von Fusae Ichikawa (1893–1981), einer anderen Pionierin, vor. Diese beginnt mit den ersten Eindrücken des Kindes:

Wenn ich auf meine achtzig Lebensjahre zurückblicke, dann kommt zuerst meine Mutter in mein Gedächtnis; die Mutter, die, als ich sehr jung war, regelmäßig von meinem tyrannischen Vater mit einem Scheit Feuerholz geschlagen wurde und dies schweigend ertrug. Ich versuchte weinend, ihr zu helfen, und nachher tatschelte sie meinen Kopf mit Tränen in ihren Augen und sagte: »Wie oft dachte ich daran, nach Hause zurückzugehen! Aber ich erdulde das, weil ich euch Kinder liebe. Das ist das Unglück, eine Frau zu sein.«

Das mag eine normale Szene in einem armen Bauernhaus gewesen sein, aber ich war tief beeindruckt über die Sorge meiner Mutter, eine Frau zu sein.

»Warum müssen Frauen so etwas erdulden? Warum ist es ein Unglück, als Frau geboren zu sein?« Diese Fragen waren eingeprägt in mein junges Gedächtnis.

So, wie man nie den Geschmack der mütterlichen Küche vergessen kann, kann man nicht die Erfahrungen und Erinnerungen der Kindheit vergessen. Es sieht so aus, daß ich die Qual meiner Mutter zum Ausgangspunkt für meine lange Karriere genommen hatte ... [HIGUCHI 1985, S. 65f.; Ü. d. Verf.]

Higuchi hatte in ihrer Familie die gleichen Erfahrungen gemacht und schildert die eigene Jugend:

Die Mutter meiner Mutter lebte in genau denselben Verhältnissen ... Ihr Mann, der Bauer war, setzte sich selbst immer auf einen Platz eine Stufe über die anderen Familienmitglieder, wenn er aß. Für ihn war seine Frau nur eine Sklavin zum Anschreien. Alles Gute war für ihn und alles Schlechte für seine Frau. Er schlug seine Frau jeden Tag. Unter solchen bitteren Bedingungen klagte sie nie, sondern duldete nur schweigend. Sie sagte kein Wort. Mein Großvater pflegte zu seiner Tochter zu sagen:

»Die Tugend einer Frau ist Gehorsam. Deine Mutter ist gehorsam und darf deswegen in meinem Haus bleiben. Frauen müssen gehorsam sein.« [HIGUCHI 1985, S. 66f.; Ü. d. Verf.]

Auch hier wird nicht über ferne Vergangenheit, sondern über den Beginn unseres Jahrhunderts berichtet. Doch während viele Ehemänner heute noch die Frauen, wie in den beiden Berichten geschildert, als Sklavinnen behandeln, hat sich die Beziehung der Väter zu den Töchtern langsam verbessert; zum Beispiel haben jene oft die Ausbildung auch der weiblichen Kinder gefördert. Higuchi hat dieses Phänomen in vielen Interviews mit prominenten Frauenrechtlerinnen untersucht und herausgefunden, daß dieses unterschiedliche Verhalten daraus resultiert, daß der Vater die Tochter nicht als Frau, sondern als ein Teil von sich selbst (»an extention of himself«) betrachtet.

Um dieses gegensätzliche Verhalten zu Ehefrau und Tochter bildhafter zu machen, hören wir noch die Geschichte von Mumeo Oku (geb. 1895):

Ihr Vater war Kaufmann. Er war ein nicht überheblicher Vorgesetzter für seine Angestellten, aber als Ehemann war er zu feudalistisch, um von der Meinung seiner Frau Notiz zu nehmen. Obwohl er keineswegs schöne Kleider liebte, fuhr er sie einmal, als ihm sein Hemd nicht gefiel, das sie die Nacht durch genäht hatte, wütend an, trampelte darauf und zerriß es. Er nahm es als gegeben, daß die Familie der Frau ihm öfters Geschenke brachte und die medizinische Versorgung seiner Frau bezahlte, selbst als die Kinder schon ziemlich alt waren. Aber er ermunterte üblicherweise seine Tochter genauso wie seinen Sohn, manchmal mit Tränen in den Augen und mit diesen Worten: »Lernt hart. Ich werde euch beim Schulbesuch unterstützen, so lange ihr wollt.« [HIGUCHI 1985, S. 77f.; Ü. d. Verf.]

Heute ist es in Japan selbstverständlich, daß die Töchter fast die gleichen Ausbildungschancen bekommen. Aber das Problem ist, daß die Stellung als Ehefrau im Prinzip nicht so furchtbar viel verbessert ist. Sieht man auf den Umstand, daß eine Frau etwa 25 Jahre als Tochter und dann ungefähr 50 Jahre als Ehefrau lebt, erscheint mir eine wesentliche Veränderung der frauenfeindlichen Mentalität der Ehemänner noch wichtiger als die Töchterausbildung.

2.3 *Korea*

Wenn man die Stellung der Frau in Korea vor 1945 untersucht, drängt sich ganz natürlich eine Dreiteilung der Geschichte auf: die Zeit vor dem Beginn der Yi-Dynastie, diese Dynastie selbst (1392–1910) und die Periode der japanischen Kolonialherrschaft. Wegen des Mangels an Material kann man eine historische Darstellung über die Situation der Frauen vor der Yi-Dynastie nicht geben. Es ist nur möglich, sie durch spätere mündliche und schriftliche Überlieferungen indirekt zu rekonstruieren.

Es ist allgemeine Meinung der Wissenschaftler, daß die Frauen in dieser Zeit, vor der Einführung des Konfuzianismus als Nationalethik, relativ frei gelebt hätten. Die Wiederverheiratung der Witwe war in der Koryŏ-Dynastie (918–1392) von der Gesellschaft akzeptiert, und die Frauen durften jederzeit frei die Tempel besuchen. Über diese Tatsachen gibt es nicht nur viele Berichte, sondern sie lassen sich durch die späteren Verbote in der Yi-Ära erschließen, die dies als frühere »unmoralische Sitten« geißeln. Natürlich erschraken die Konfuzianer, wenn »Männer und Frauen so frei waren, zusammen im Fluß zu baden, während ihre Kleider auf dem Ufer lagen«. Welche Unmoral![18] Dieses freie Leben kann auch durch viele Lieder, die sogenannten Kayo, bewiesen werden. Leider sind die Autoren anonym, und wir kennen sie nur aus der chinesischen Übersetzung von Yi Che-Hyŏn (1287–1367). Dennoch bestätigen die ForscherInnen allgemein ihr hohes Alter und sind der Meinung, daß sie zumindest teilweise von Frauen der Unterschicht stammen. Das Frauenbild in diesen Liedern zeigt aktive, liebende Frauen, und deren Liebe ist sinnlich, was in der späteren Yi-Zeit nie vorkommt. Die Geschichte dieser Liebe kann üblicherweise in fünf Teile unterteilt werden:

1. Brennende Liebe stärker als der Tod.
2. Schlaflose Einsamkeit der Liebe nach dem Abschied.
3. Gram gegen den betrügerischen Liebhaber.
4. Verachtung der unmäßigen Liebe.
5. Wunsch nach immerwährender Liebe ohne Abschied.

Eines der typischen Kayo-Lieder, das zu dieser Kategorie gehört, ist das »Manjŏnchun-pyŏlsa« (Abschied im Frühling):

Sollten wir tot sein, erfroren in der Lichtung des Bambuswaldes auf eisigem Grund,
Sollten wir tot sein, erfroren in der Lichtung des Bambuswaldes auf eisigem Grund,
So soll unsre Liebesnacht dem Tag nur zögernd weichen.

Wie kann ich schlafen verstört und verwirrt auf einsamem Bett?
Offen ist das Fenster nach Westen, und offen all' die Pfirsichblüten.
Ganz ohne Sorgen, so können die Blüten des Pfirsichs sich lachend im Frühlingswind wiegen.

In unseren Seelen, mein Geliebter, haben wir uns zu einer Person vereint.
In unseren Seelen, mein Geliebter, haben wir uns zu einer Person vereint.
Aber, Geliebter, wer haßt die Trennung?

Oh Entlein, oh Entlein, du wunderschöne Ente!
Warum bereitest du dein Bett im tiefen See, nicht im flachen Teich?
Falls gefroren der tiefe See, soll genügen der flache Teich!

Am südlichen Berg breiten wir die Matte aus, Betten unser Haupt auf dem Jadeberg.
Liegen umarmt, eine moschusduftende Puppenbraut im Berg von bestickten Brokatdecken.
Ach, mein Geliebter. Mögen wir doch nie in unserem Leben uns trennen!
[Der »tiefe See« ist das Symbol der gefährlichen, maßlosen Liebe; alle Gedichte in diesem Kapitel übers. v. d. Verf.]

Alle Kayo-Lieder wurden in der Yi-Dynastie von der Regierung streng verboten mit der Begründung, daß sie die familiäre und gesellschaftliche Moral gefährdeten. Das Frauenbild in der Literatur dieser Epoche ist das Gegenteil zu dem vorigen. Diese Dichtung besteht aus dem chinesischen Stil nachgeahmten Gedichten und Prosawerken, die teilweise in chinesisch (der Literatursprache der Gebildeten), aber auch in koreanisch geschrieben wurden. Doch gab es auch ein Genre der Frauen, das von den Männern verächtlich »Naebanggasa« (Gedichte der Inneren Gemächer) genannt wurde.

Das Frauenbild darin kann man mit dem koreanischen Wort ausdrücken: »Han«. Dies bedeutet ursprünglich eine unzufriedene, gramvolle Seele von Verstorbenen und, als ein Gefühl von Lebendigen, tiefe und harte Bitternis und Gram. Im Gegensatz zu den Kayo-Liedern sind viele der Dichterinnen der Naebanggasa vermutlich adlige Frauen, die unter dem Joch des konfuzianisch-patriarchalischen Familiensystems leiden und täglich bittere Erfahrungen machen. Aus diesen Gedichten können wir erkennen, daß sich die Frauen äußerlich in ihr Schicksal, das von der konfuzianischen Ethik verursacht wurde, ergeben haben, im Inneren aber unter diesem Leben stöhnten und Kummer darüber trugen, als Frau geboren zu sein. Diese totale Bitternis über ihr Geschick, »eine Frau zu sein«, findet man in fast allen Naebanggasa:

Oh! Ich empfinde Bitternis für die Berggeist-
Großmutter, die mich zur Frau gesegnet hat!
Jetzt leide ich unter dem harten Leben,

Aber als Kind war ich geliebt von allen ...

Oh Han! Oh Han! Es ist nur Gram, eine Frau zu sein!

Streng hielten wir uns an die konfuzianischen Regeln,
Doch ist's unser Unglück,
Leiden ist unser Los,
Weil wir als Frauen geboren ...
[Die Berggeist-Großmutter ist eine Art Norne.]

Das Leben der Frauen nach der Hochzeit wird immer wieder geschildert:[19]

Nur drei Tage nach der Feier,
Kam ich hinunter in die Küche,
Nahm den Deckel vom Kessel,
Sah eine Spinnwebe darin.

Oder:

Den Brunnen fünf Meilen entfernt,
Die Mühle zehn Meilen weit,
Muß ich das Mahl bereiten in neun eisernen Töpfen,
Und putzen zwölf Zimmer.

Die Strenge und Grausamkeit von Ehemann und seiner Familie schildern viele Lieder:

Der Schwiegervater ist schrecklich wie ein Tiger,
Die Schwiegermutter furchtbar wie ein Geier.
Eine der Schwägerinnen tückisch wie ein Fuchs ...

Oder:

Auf schmalem Baumstamm den Bach zu kreuzen ist schwer,
Doch viel leichter als auf meinen Schwiegervater zu warten.
Die Blätter am Baum, wären sie blau, könnten doch nicht
Blau sein wie das wütende Gesicht der Schwiegermutter.

Oder:

Sage mir, bitte, lieber Nachbar,
Wie ist das Leben im Haus meiner Schwiegereltern!
Mein dunkelblaues Hemd ist neun Fuß weit
Schon benetzt mit meinen Tränen.

Die meisten Mädchen verließen durch die Heirat zum ersten Mal das wohlbehütete Haus der Eltern, kamen plötzlich in eine andere Familie und wurden von Leuten unterdrückt, die sie früher nie gesehen hatten. Je härter das Leben im Haus der Schwiegereltern war, desto höher wuchs die Sehnsucht nach den eigenen Eltern, die sie nur mit der kaum zu erhaltenden Erlaubnis der Schwiegereltern besuchen durften:

Wie schrecklich ist das Los einer Frau!
Sie ist verdammt zum traurigen Leben.
Ist mein Elternhaus nur fünf Meilen weit weg,
Sehne ich mich nach dem Tag, wann ich treffen kann die Eltern.
Jahr um Jahr, mein ganzes Eheleben lang,
Vergebens warte ich auf die Erlaubnis der Schwiegereltern.
Verbringen werde ich mein ganzes Leben im Warten,
Nur weil ich geboren bin als Frau.

Oder:

Im kalten Wind bricht der Tag an …
Wohin zieht die Wildgans?
Südost zum Fluß? Südwest zu den Bergen?
Wenn Du fliegst zu meinem Dorf,
Bring meine Grüße zu meiner Familie.
Fragt meine Mutter nach mir, so sag' ihr,
Du sahst mich weinen in schäbigen Kleidern.
Fragt mein Vater, von mir zu hören, sprich,
Du sahst mich schneuzen mit nackten Füßen.

Charakteristisch für die Naebanggasa ist auch, daß es darin keine Erwähnung des Ehemannes gibt. Inzwischen können wir uns diesen erst überraschenden Umstand erklären: Die Heirat war ja ein Vertrag zwischen zwei Familien und ein Zusammenleben von zwei Personen, die sich gegenseitig am Hochzeitstag zum ersten Mal sahen:

Für welches Verbrechen in meiner vorigen Existenz
Wurde ich wiedergeboren als Frau!
Getrennt von meiner Familie, lebe ich in diesem Haus,
Dem ich eine völlige Fremde bin.

Durch diese Situation hatten die meisten Ehefrauen keinen direkten innerlichen Kontakt zu ihren Ehemännern. Nach der schweren häuslichen Arbeit am Tage sahen sie ihre Männer müde und erschöpft nur nachts. In der Oberschicht war überdies von der konfuzianischen Tradition jeder Ausdruck von Liebe und Gefühlen verboten, »unmoralisch«, »unwürdig«, und wir sahen bereits, daß diese Ansicht auf alle Teile der Gesellschaft abfärbte.

Es gibt ein Gedicht, das den Namen des Mannes erwähnt; es ist von der Schriftstellerin Hŏ Nan-sŏl-hŏn (1563–1589). Ihr Haß über das Frauendasein geht bereits weiter:

Wohl wünscht' ich, nicht Frau geworden zu sein!
Hätt' ich nur nie geheiratet Kim Sŏng-Lip!
Ich hasse es, in Korea geboren zu sein!

Diese kurzen Zeilen sind ein schöner Vergleich zu den drei Gründen der alltäglichen Dankbarkeit für einen Konfuzianer: als Mann, als Konfuzianer und in seinem (patriarchalischen) Vaterland geboren zu sein (vgl. I.3.1).

Das Frauenbild in den Romanen malte – ganz wie in den Gedichten – das Ideal von Keuschheit und Tugend. Selbst in den einfachen, auf koreanisch geschriebenen Erzählungen, die die »echten Konfuzianer« als trivial verachteten, schimmert immer wieder dieses Bild durch. Wenngleich die Autoren fast immer anonym sind, vermutet man doch Männer in ihnen, obwohl die Leserschaft zum größeren Teil aus Frauen bestand. Aber immer und immer wieder wird darin die koreanisch-konfuzianische Maxime gepredigt: *»Yŏpiljongbu«, »eine Frau muß ihrem Mann gehorchen!«*

Eine dieser Erzählungen bevölkert auch heute noch die Schulbücher als vorzüglich und nachahmenswert gepriesenes Beispiel der Pietät:

Shim Chŏng, die Tochter eines sehr armen Blinden, verkaufte sich den Fischern als lebendiges Opfer für die Beschwörung von reichlichem Fischfang, damit ihr armer Vater Geld für Essen und Trinken bekam.

Ganz abgesehen davon, daß die Geschichte Menschenopfer im »humanistischen Konfuzianismus« bestätigt, die sonst von den »Gelehrten« dieser Ideologie strikt geleugnet werden, stelle ich mir angesichts der heutigen Verhältnisse noch eine ganz andere Frage. Die zahllosen Prostituierten oder Fabrikmädchen, die ihren Körper oder ihre Arbeitskraft billig verkaufen, um für die Ernährung ihrer Familie und die Schulausbildung ihrer Brüder zu sorgen – ahmen sie vielleicht nur die Rolle nach, die ihnen die konfuzianische Ethik (z. B. in solchen Schulbuchgeschichten) nahegebracht hat? Wenn ja, dann wäre der Konfuzianismus direkt verantwortlich für Prostitution und soziale Ausbeutung.

Chun-Hyang war die Tochter einer alten Prostituierten. Sie hatte das Glück, daß der Sohn des Kreismandarins sich in sie verliebte, und sie versprach ihm ewige Treue. Danach wurde sein Vater in einen anderen Bezirk versetzt, und die Liebenden mußten sich trennen. Der neue Mandarin fand ebenfalls Wohlgefallen an ihr und befahl, daß sie in seinem Haus aufwarte. Sie aber weigerte sich mit der Begründung, daß eine Frau nicht zwei Männern dienen solle, auch wenn er ihr mit Hinrichtung drohte.

Betrachten wir auch hier nicht die »Begleiterscheinung« des »würdigen Auftretens« eines konfuzianischen Beamten, der ein Mädchen mit der ihm verliehenden staatlichen Gewalt ins Bett zwingen wollte, als Mittelpunkt, sondern richten wir unsere Aufmerksamkeitf darauf, daß sogar die Tochter einer Prostituierten ihre Treue und Keuschheit wahrte. Selbst in volkstümlichen Romanen wurde das konfuzianische Idealbild der Frau eingehalten. Wie sah aber die richtige Ehefrau aus?

Frau Park war, wie man zugeben mußte, sehr viel intelligenter und begabter als ihr Mann. Durch ihren klugen Rat rettete sie ihr Vaterland, doch größer noch war ihre Tat nachher: Sie schob allen Verdienst auf ihren Mann, damit er in der Öffentlichkeit als der wahre Held dastand.

Aus diesen drei Beispielen ersehen wir doch folgendes: Selbst wenn in diesen »trivialen« Romanen die ganz besondere Leistung der Frauen anerkannt wird, so ist doch stets ihre größte Tat die *Opferbereitschaft.*

Wie ein Untertan dem Herrscher darf eine Frau nur einem Ehemann dienen; die konfuzianische Ethik machte Wiederverheiratung (natürlich nur für eine Frau!) absolut unmöglich und betrachtete sie als schwere Unmoralität. Im Jahre 1485 wurde sie sogar für Witwen gesetzlich streng verboten mit der ganz besonderen Strafe, daß die Söhne und Enkelsöhne der wiederverheirateten Frau von der staatlichen Beamtenprüfung ausgeschlossen wurden, was in der Praxis bedeutete, daß sie ihren sozialen Status verloren. Welcher Mann konnte seinen Nachkommen so etwas antun und würde eine Frau mit solchen Konsequenzen heiraten?![20]

In der Spätzeit der Yi-Dynastie forderte eine Fabel mit dem Namen »Die Geschichte von Changgi« diese Ethik heraus. Der Titel bezieht sich auf den Namen eines Fasanenhahns, aber im Inhalt ist es eher die Erzählung von der Fasanenhenne, der »Katuri«:

Eines Tages gingen die hungrigen Changgi und Katuri in bitterer Winterskälte durch ein Feld, begleitet von ihren neun Söhnen und zwölf Töchtern. Am Wege fanden sie ein paar Bohnen, aber Katuri berichtete ihrem Ehemann über einen prophetischen Traum in der letzten Nacht und versuchte ihn vom Essen abzuhalten. Doch Changgi hörte nicht auf sie. Doch als er versuchte, die Bohnen zu essen, geriet er in eine Falle und starb. Noch im Tode hatte er einen letzten Wunsch: »Heirate nie wieder! Bleibe ledig nach meinem Tode und denke nur an mich allein. Sei eine Witwe voller Keuschheit und Tugend!«

Unter vielen Trauergästen war auch eine Krähe, die sie zu heiraten wünschte, aber sie wies dieses Ansinnen zurück mit der Begründung, daß sie nicht wieder heiraten dürfe, ehe die dreijährige Trauerzeit für ihren Mann vorbei sei. Danach kamen noch ein Enterich und viele andere Vögel mit diesem Anliegen zu ihr, aber sie gab aus dem gleichen Grund allen eine barsche Antwort. Jedoch eines Tages, als sie einen verwitweten Fasanenhahn erblickte, der ihr Haus zum Kondolieren besuchte, hatte sie keine Lust mehr, als Witwe zu leben, heiratete ihn und lebte Jahr um Jahr äußerst glücklich.

Diese Fabel, eine Herausforderung für die konfuzianische Ethik, ist ebenfalls ein Ausdruck der Hoffnung, der Unterdrückung der patriarchalischen Gesellschaft zu entkommen. In der Geschichte handelt Katuri unabhängig von anderen; sie lehnt die Heiratsangebote vieler Vögel ab, nicht wegen des Verbots, sondern weil sie die Freier nicht mochte. Und sie heiratete einen anderen »Changgi« unter Mißachtung des letzten Wunsches ihres verstorbenen Mannes, weil sie den anderen liebte. Vor allem ist der Gedanke in dieser Fabel für die damalige Gesellschaft nicht nur unmoralisch, sondern ebenfalls unglaublich revolutionär, daß eine Witwe, auch wenn sie neun Söhne und zwölf Töchter hat, noch einmal heiraten kann! Der Witz dabei ist, daß diese Idee immer noch in Ostasien sehr revolutionär ist, wo selbst die Witwe ohne Kind kaum Chance für eine zweite Heirat hat im Gegensatz zu dem Witwer, der sich (natürlich!) eine Jungfrau wünscht.

Die Stellung der koreanischen Frau in der Yi-Dynastie war im Grunde dieselbe wie in China. Das gleiche Idealbild, die gleiche arrangierte Heirat, die gleichen drei Regeln des Gehorsams, die gleichen sieben Scheidungsgründe, hier wie dort keine Erbschaft der Frau oder der Tochter, Einschränkung auf den Haushalt und die »Inneren Gemächer« – also alle Erfindungen des konfuzianisch-patriarchalischen Systems bewährten sich gleichermaßen. Trotzdem kann man auch Unterschiede aufführen: kein Fußeinbinden, keine massenhafte Töchtertötung, allerdings aus den gleichen wirtschaftlichen Gründen wie in Japan.

Seit der Annexion Koreas durch Japan (1910) kam ein völlig neues Element in die Unterdrückung der Frauen: die japanische Kolonialpolitik. Selbstverständlich litt das ganze Volk unter dem grausamen Militärregime, aber auch hier die Frauen mehr. Ein Beispiel dafür ist der berüchtigte »Yŏja Chŏngshindae« (Stoßtrupp der Frauen). Das imperialistische Japan brauchte für die Kriegsführung in der Mandschurei und später in China einerseits viele weibliche Arbeitskräfte für Kochen, Wäschewaschen, Putzen, Nähen usw. (welcher Mann möchte auch als Soldat das schon gerne machen!), andererseits für die »leiblichen« Bedürfnisse der kämpfenden Truppe auch massenhaft Prostituierte. Darum sammelte die Militärregierung, die unter dem Tenno das Sagen hatte, ungefähr 200 000 japanische und koreanische Dirnen und schickte sie unter dem schönen Namen »Yuanpu« (Abendländer lieben ja die blumenreiche Sprache Asiens: Trösterinnen) als den erwähnten »Stoßtrupp« in die Etappe. Die meisten Frauen starben an Krankheiten.

Doch wie es beim Militär immer so ist, die japanischen Generäle, die sich als Nachfolger der Samurai fühlten und diese auch in ihrer Lebens- und Menschenverachtung nachahmten, hatten ihre Fähigkeiten weit überschätzt. Der Krieg verlief ungünstig und zog sich ewig hin. Man brauchte also mehr Frauen. So erließ die japanische Militärdiktatur ein neues Gesetz (30. Juli 1943), mit dem sie alle unverheirateten koreanischen Frauen zwischen 12 und 40 für den Dienst am Waschtrog und im Bett zwangsverpflichtete; etwa 200 000 wurden eingezogen, davon ein gutes Viertel nur als Prostituierte eingesetzt. Klar, daß die entsetzten Eltern ihre Töchter so schnell wie möglich verheiraten wollten, um sie diesem schrecklichen Schicksal zu entziehen. Das Heiratsalter sank unter zehn Jahre.

Doch was geschah mit den geraubten Frauen? Im eigenen Volk bekamen sie den Spitznamen »Chŏng'aekbajidae« (Truppe der Samennehmerinnen), sie konnten wegen ihrer »Unkeuschheit« nicht einmal zu den eigenen Familien zurück, viel weniger heiraten und ein normales Leben aufnehmen. Der Dank Japans blieb auf der Stufe stehen, die der Dank von Militärregierungen nun einmal hat: Nach dem verlorenen Weltkrieg bezahlte Japan überhaupt keine Entschädigung, sie seien ja damals »entlohnt« worden. Nicht gelogen, sie bekamen ihre Hungerration an Essen täglich![21]

Der Beginn der Frauenausbildung in Korea ist allein das Werk von Missionaren, vor allem AmerikanerInnen. Wenngleich die Mission in Korea natürlich auch manche negative Seite hatte, der Beitrag zur Befreiung der Frau ist ein eindeutiger Verdienst. Zwischen 1886 und 1908 wurden von ihnen 25 Schulen gegründet, davon waren ungefähr die Hälfte Mädchenschulen.[22] Der allererste Anfang war die »Ewha Hakdang« (Schulhalle der Birnenblumen) von Mary Fitch Scranton, die Missionarin der Methodist Church of America war.

Daraus erwuchs die Ewha Womans University, die größte Frauenuniversität der Welt, an der auch ich studiert habe.

Die Schwierigkeiten für Miss Scranton kann man nicht hoch genug einschätzen. Zwar war auf Druck der westlichen Gesandtschaften die Lebensgefahr für die Missionare nicht mehr so hoch – noch zwanzig Jahre vorher gab es Massenhinrichtungen, aber die Verwaltung war prinzipiell feindselig eingestellt. Es war überhaupt schwierig, Mädchen für die Schule zu finden, da in der konfuzianischen Gesellschaft das Verlassen des Hauses für die Frau – noch weniger für das Mädchen – nicht erlaubt war. Vor allem aber waren natürlich die Frauen noch nicht so selbstbewußt, sich so risikovoll gegen die mächtige konfuzianische Tradition zu stellen. Doch nach einjähriger (!) Suche fand sie endlich eine Frau, die Konkubine eines hohen Beamten, die sich bereitfand, die Schule zu besuchen. Das geschah am 31. Mai 1886, und am Ende des Jahres waren es bereits sieben Schülerinnen.

Aber der Druck der Gesellschaft war ungeheuer: Nur eine der sieben konnte die Schulzeit auch beenden, denn die anderen wurden in dieser Zeit von ihren Familien verheiratet, und die neuen Ehemänner verboten den Schulbesuch sofort. Die Missionarin ließ sich aber nicht entmutigen und führte den Betrieb manchmal nur mit einer Schülerin fort. Langsam kamen auch die Töchter der Unterschicht, da Essen, Kleidung und Wohnung umsonst waren, dies also die einzige Chance für diese Mädchen war, etwas »Besseres« zu werden. So waren es 1899 schon 47 Schülerinnen, zehn Jahre später 174 und – lange nach der Erweiterung in eine Universität – genau hundert Jahre nach der Gründung 15 000 Studentinnen.

Natürlich hatte sich das Bildungsziel in diesen hundert Jahren grundlegend geändert, war doch der Anfang zentral von der puritanischen amerikanischen Moral geprägt und hatte ideologisch kaum etwas mit »Frauenbefreiung« im eigentlichen Sinne zu tun. Das Ziel der Gründerin war es gewesen, »Modellfrauen für die traditionelle Gesellschaft auszubilden, und die Studentinnen zu schulen, Evangelistinnen zu werden, die dann die biblische Botschaft verbreiten. Der einzige Lehrstoff bis 1893 war das Studium der Bibel.«[23]

In dieser Zeit begannen auch Männer, organisiert in Gruppen, die Korea modernisieren wollten, sich für die neuzeitliche Ausbildung der Kinder, besonders auch der Mädchen stark zu engagieren. Der Chefredakteur der »Unabhängigkeitszeitung«, der in Amerika studiert hatte, forderte in seinem Blatt in vielen Artikeln von der Regierung die Einrichtung von Mädchenschulen:

> Die Regierung hat einige Knabenschulen für deren Ausbildung, aber keine Mädchenschulen eingerichtet. Beim Unterricht der Kinder des Volkes, wie kann man da einen Unterschied zwischen Jungen und Mädchen machen? Gehören Mädchen nicht zu den koreanischen Kindern? Obwohl sie genauso Kinder Koreas sind, haben nur Jungen das Recht, an den von der Regierung errichteten Schulen zu lernen, und Mädchen werden im Haus gehalten und abgerichtet, den Männern als Sklavinnen zu dienen. In Anbetracht der Situation der Mädchen fühlen wir uns bedrückt. Es wäre für die Regierung geboten, ebenfalls eine Mädchenschule zu errichten, immer wenn sie eine für Jungen erbaut. [12. Mai 1896; Ü. d. Verf.]

Aber es gab nicht nur christliche Bewegungen für die Befreiung der Frauen, sondern es wurden nach diesem Beginn auch andere politisch-religiöse und nationalistische Organisationen angeregt. Die Besonderheit war dabei, daß sich die verschiedensten Motivationen mischten: Befreiung der Nation, Abschaffung der Unterdrückung durch die katastrophal unfähige konfuzianische Regierung, soziale Reformen usw. Die wichtigste Bewegung war die Tonghak, die »Östliche Lehre« (im Gegensatz zum Katholizismus, der »Westlichen Lehre«), eine Mischung aus sozialem Reformertum und religiöser Erneuerung, so entfernt vergleichbar mit den europäischen Katharern. Diese Ideologie fand besonders viele Anhänger unter der total verarmten und elend hungernden Bauernschaft, die nichts mehr zu verlieren hatte. Das harte Vorgehen der Regierung führte schließlich zum bewaffneten Aufstand, der von der Zentrale blutig niedergeschlagen wurde.

So wie es sicher richtig ist, daß die Tonghak-Bewegung ein wichtiger Schritt zur Modernisierung Koreas war, ist es gleichzeitig schwierig, auch Fortschritte in der Frauenbefreiung zu erkennen. Zwar forderte sie auch Abschaffung der Kinderehe und die Erlaubnis für die erneute Heirat der Witwe, aber ihre Struktur war wesentlich genauso konfuzianisch-patriarchalisch wie die ihrer Gegner, die sie so leidenschaftlich bekämpfte. Natürlich stand das Ziel der Frauenbefreiung nicht auf der Liste ihrer Forderungen.

Als erste Frauenvereinigung überhaupt zählt man die »Chanyanghoi« (Verein für Mädchenausbildung), die im Jahre 1898 von etwa einhundert Frauen gegründet wurde. In dem Gründungsaufruf wurde für die Einrichtung einer Mädchenschule plädiert, und dem Wort folgte die Tat: die »Sunsŏng School«. In der Folge wurden eine ganze Menge anderer Frauengruppen gegründet, doch die Zeit wurde durch die Annexionspolitik Japans sehr bewegt: Für viele Frauenvereine stand jetzt der nationale Widerstand gegen den Agressor im Vordergrund, während andere den relativen Fortschritt Japans in der Frauenausbildung kopieren und in Korea nachahmen wollten.

Ebenso vermischten sich in dieser Zeit christliche und nationalistische Auffassungen. Man kann geradezu sagen, daß das Christentum wesentlich zur Formulierung des Nationalbewußtseins der Koreaner beigetragen hat. Beispiel dafür ist die »Sam'il Undong« (1. März-Bewegung), die an diesem Tag im Jahre 1919 zum ersten Mal im großen Umfang gegen die japanische Unterdrückung demonstriert hatte. (Der amerikanische Präsident Wilson hatte in seiner berühmten Erklärung 1917 das »Selbstbestimmungsrecht der Völker« nach dem Weltkrieg gefordert, dieses wurde aber 1919 den Koreanern auf Betreiben Japans im Versailler Vertrag verweigert.) In vorderster Front standen die Schülerinnen der christlichen Missionsschulen, die von der japanischen Militärpolizei mit Maschinenwaffen niedergemäht wurden.

Die japanische Kolonialverwaltung erließ durch Gesetze die neuen Ziele der Mädchenerziehung im Jahre 1922: Moral, Entwicklung der weiblichen Tugend, Kunst und für das Leben nützliches Wissen. Das letztere bedeutete natürlich »für den Dienst am Mann nützlich« mit der schönen Erweiterung, auch dem japanischen Herrenmenschen nützlich. Alles zusammen hatte also nicht nur mehr den Sinn, dem konfuzianischen Mann widerstandslos zu dienen, sondern auch noch ein williges, aber gutausgebildetes und fähiges Werkzeug der Kolonialregierung zu sein.[24]

Wie dachten aber die fortschrittlichen Frauen damals über die Ziele? Es gibt einen Artikel in einer Frauenzeitschrift, in dem eine anonyme koreanische Studentin an einer japanischen Universität (damals trotz der rassistischen Unterdrückung eine der wenigen Möglichkeiten, etwas zu lernen) sich darüber Gedanken macht:

Es ist grundsätzlich falsch, Frauenerziehung als eine Besonderheit zu betrachten und von der Männerausbildung zu trennen. Es ist keine Überraschung, daß die Frauenerziehung mit solchen falschen Ideen keine Erfolge erzielte und daß das Ganze völlig ineffektiv war. Um Grundsätze der Erziehung einfach darzustellen: Es besteht ein entwicklungsfähiges Potential bei Kindern von Geburt an; es gibt keinen Unterschied in den Anlagen zwischen Jungen und Mädchen. Mädchen haben ebenfalls Persönlichkeit und sind begabt, aber sie sind nicht perfekt von Anfang an. Um reif zu werden, müssen Persönlichkeit und Begabungen durch die Erziehung entwickelt werden. Mit der richtigen Ausbildung können Frauen genauso als Individuum in der Gesellschaft leben und glücklich sein. So soll diese zum Ziel haben, eine unabhängige Person herauszubilden, die der Familie, Gesellschaft und Menschheit imstande ist zu dienen, anstatt nur zu versuchen, eine Frau im alten Stil als gute Ehefrau und weise Mutter neu auszustaffieren. [WOMEN OF KOREA, S. 259f.; Ü. d. Verf.]

Eine der bedeutendsten Frauenorganisationen wurde die »Kûn'u-hoi« (Eibischblütenverein; das ist die Nationalblume Koreas), im Jahre 1927 gegründet. Auf ihrer zweiten Vollversammlung (1929) erklärte sie folgende Prinzipien als Ziel ihres Kampfs:

1. Abschaffung der Diskriminierung wegen des Geschlechts in allen Ausbildungsstätten und die Erweiterung dieser Stätten für Frauen.
2. Abschaffung der Diskriminierung wegen des Geschlechts im sozialen, gesetzlichen und in allen anderen Sektoren des täglichen Lebens.
3. Abschaffung aller feudalen Sitten und der Wahrsagerei.
4. Abschaffung von Kinderheirat und Aufforderung zu freier Partnerwahl im Gegensatz zur Vermittlungsheirat.
5. Bann auf Sklaverei und Prostitution.
6. Unterstützung des Wohlergehens der Bäuerinnen.
7. Abschaffung von Minderbezahlung der Arbeiterinnen und Lohnweiterzahlung kurz vor und nach der Geburt.
8. Verbot von gefährlicher oder Nachtarbeit für Frauen und Kinder.
9. Rede-, Versammlungs- und Vereinsfreiheit.

[CHALLENGES 1986, S. 96f.; Ü. d. Verf.]

Mit diesem Programm versuchte die Gesellschaft, der koreanischen Frauenbewegung eine klare Richtung vorzuschlagen. Aber sie wurde zusammen mit vielen anderen von der Kolonialregierung verboten, da eine Frauenemanzipation das japanische Unterdrückungssystem extrem gefährdet hätte. Daraufhin konnte die Arbeit nur im Untergrund fortgeführt werden: Die Frauenbefreiung ging bis 1945 in der Befreiungsbewegung gegen das Besatzungsregime unter.

3. Die Stellung der Frauen nach 1945: Beispiele

3.1 China

Die meisten WissenschaftlerInnen, die in den sechziger Jahren über die Stellung der Frauen in China geforscht hatten, waren der Meinung, daß der Status der Frauen nach der kommunistischen Revolution entweder unverändert geblieben sei oder sich sogar verschlechtert habe.[25] Denn Fußeinbinden, Verbot der Witwenheirat, Überbetonung der Jungfräulichkeit und der Keuschheit sowie die »Domestizierung« der Frauen sind zwar zum großen Teil aufgehoben, aber neue patriarchalische Formen der Unterdrückung und Diskriminierung von Frauen seien aufgetaucht.

Zwanzig Jahre später müssen sie und ihre NachfolgerInnen leider immer noch derselben Meinung sein. Emily Honig und Gail Hershatter sehen die Ursache der unverbesserten Stellung der chinesischen Frauen darin, daß »Frauen vorrangig nicht zum Kampf für die Gleichheit der Geschlechter, sondern dafür mobilisiert werden, zum sozialistischen Aufbau beizutragen«.[26] Um den Grund für diese Ansichten etwas näher kennenzulernen, wollen wir zuerst das Thema »Töchtertötung« betrachten. Ein Bericht darüber aus dem Jahre 1982 lautet folgendermaßen:

Da zieht im Sommer dieses Jahres ein neugieriger Bewohner einer nordchinesischen Großstadt einen Sack aus dem nahen Fluß, öffnet ihn und entdeckt zu seinem Entsetzen ein wenige Monate altes Mädchen, an dessen Fuß ein

Stein gebunden war. Ertränkt von enttäuschten Eltern. Ein anderer Vater, Bauer im Osten des Landes, flößt seiner überzähligen dritten Tochter Schädlingsbekämpfungsmittel ein. Der Säugling stirbt, der Vater wird zur Strafe für fünf Jahre ins Gefängnis gesteckt. »Sehr mißmutig« über die Geburt einer Tochter bringt ein weiterer junger Mann gleich kurzentschlossen die Quelle des Mißgeschicks mit Hammerschlägen um: seine Frau. [WANDEL 1987, S. 224 nach SCHEERER 1985, S. 11]

Daß dieser Bericht keinesfalls über Ausnahmen spricht, bestätigt die Tatsache, daß der damalige Premierminister Zhao Ziyang in seinem Bericht vor dem Nationalen Volkskongreß im gleichen Jahr die Töchtertötung und die Mißhandlung der Mütter von Töchtern als »konfuzianische Elemente, die heute noch im neuen China« vielfach vorhanden sind und praktiziert werden, stark kritisiert hat. Einen Grund dafür hat aber die Regierung selbst verursacht: In China werden Geburtenkontrolle und Familienplanung vom Staat zwangsweise durchgeführt. Schon zu Beginn der VR China hat Mao Tsetung die Notwendigkeit der Geburtenkontrolle betont:

... Sollen wir unsere Bevölkerung bei 600 Millionen einfrieren, nicht einen einzigen mehr? (Gelächter) Das ist nur eine Hypothese. Ich will sagen, erst kommt noch eine Zeit, in der beispielsweise die notwendigen Voraussetzungen noch nicht geschaffen sind; solange bleiben auch nur die Probleme der Nahrung, Kleidung, Unterkunft, Erziehung usw; jetzt haben wir jedes Jahr einen Zuwachs von über zehn Millionen, wenn du willst, daß sie sich nicht weiter vermehren, daß läßt sich schwer sagen, denn jetzt herrscht doch noch die Anarchie! (Was Geburten angeht) hat sich das Reich der Gesetzmäßigkeit noch nicht in ein Reich der Freiheit verwandelt! Auf diesem Gebiet ist diese Menschheit noch ganz unbewußt, da hat sie bisher keine Abhilfe ausgeklügelt. Wir können diese Fragen erforschen, wir müssen sie erforschen, die Regierung muß eine eigene Abteilung einrichten. Anderentags habe ich bereits davon gesprochen, die Regierung muß eine Abteilung oder eine Kommission einrichten, eine Volksorganisation könnte auf breiter Basis diese Probleme erforschen, so läßt sich Abhilfe schaffen, generell gesagt muß doch die Menschheit sich selbst unter Kontrolle bringen, nicht wahr! In manchen Zeiten wird ihr gestattet sein, sich etwas zu vermehren, in anderen Zeiten muß sie sich eine Weile zurückhalten, wird man vielleicht mit »geplanter Produktion« Erfolg haben? (Gelächter) ... [MARTIN 1977, S. 229f.; Rede vom 2. 3. 1957]

Seit 1979 wurde die Politik der Ein-Kind-Familie mit Belohnungen und Strafen druchgeführt. Jedes Ehepaar muß bei der Heirat unterschreiben, daß es sich daran hält. Finanzielle und medizinische Vorteile, Vorrechte bei der Zuteilung von Studien- und Arbeitsplätzen werden der Ein-Kind-Familie gegeben; aber wenn man absichtlich oder unabsichtlich ein zweites Kind bekommt, verliert man nicht nur die bisherigen Vorrechte, sondern muß alles zurückzahlen, zusätzlich zu einem verhängten Bußgeld. Natürlich werden die unglücklichen Eheleute am Arbeitsplatz wegen ihres »gesellschaftsfeindlichen« Benehmens kritisiert und diskriminiert.

So ist es also ein Wagnis, ein zweites Kind zu bekommen. Andererseits sahen wir aber im ersten Kapitel, wieviel den Chinesen daran liegt, einen Sohn zu haben. Genug ist schon die Angst, nur einen Sohn (als »Stammhalter«) zu haben, denn dieser könnte ja sterben. Aber wenn das erste Kind eine Tochter ist, dann ist das eine »Katastrophe« für die Familie. Selbst wenn sie den Mut aufbrächte, einen zweiten Versuch zu wagen, wer garantiert, daß es nicht noch einmal eine Tochter wird? Besonders in der bäuerlichen Familie, die viele kräftige Arbeiter braucht, wird die Geburt einer Tochter als »unglückliches Verhängnis« betrachtet. So greift sie zur Töchtertötung durch Ertränken, Aussetzen oder Vergiften als letzten Strohhalm, um dem geschilderten »Schicksal« zu entrinnen.

In gewisser Weise kann man sagen, daß im heutigen China die Töchtertötung als eine Art verspätete Abtreibung angesehen wird. Dabei gilt es, zwei Momente zu unterscheiden. Erstens einmal wird alles staatlich geregelt: Jede Schwangerschaft muß genehmigt werden! In jeder Arbeitseinheit gibt es ein Familienplanungsbüro, das die Anzahl der Geburten dieser Einheit und die Reihenfolge der Schwangerschaften des kommenden Jahres reguliert. Um dies zu kontrollieren, wird für den genauen Plan der Menstruationszyklus aller Frauen registriert.[27]

Schiebt man so die Verantwortung auf den anonymen Staat, wird zweitens die Schwelle vor der Abtreibung niedriger. Jede schwangere Frau kann zu jeder Zeit, auf Staatskosten und vor allem ohne Indikation abtreiben. Falls eine Frau ohne Genehmigung schwanger wird, *muß sie sogar abtreiben!* Wie der Abbruch einer nicht genehmigten Schwangerschaft verläuft, soll dieses Beispiel zeigen, in dem ein Kommune-Funktionär vor 18 Frauen, die diesen »Fehler« begangen haben, spricht:

Ihr seid hier, weil eure Gedanken zur Geburtenkontrolle noch ins reine kommen müssen, und ihr werdet so lange hier bleiben, bis das geschehen ist. China muß sich weiterentwickeln ..., aber ob wir das schaffen, hängt davon ab, ob wir unser Bevölkerungswachstum unter Kontrolle kriegen oder nicht ... Wer jetzt (einer Abtreibung) nicht zustimmt, der geht heute abend nicht nach Hause. Wenn eine nach Hause geht, dann heißt das, sie stimmt der Abtreibung zu ... [WANDEL 1987, S. 226f., nach SCHEERER 1985, S. 26f.]

So erstaunt keineswegs, daß – nach einer Meldung der Xinhua-Nachrichtenagentur im November 1980 – die Abtreibungsrate in der Millionenstadt Tianjin über der Geburtenquote liegt. Aber, so wird man einwenden können, sind das nicht nur Extreme, verursacht durch die Probleme eines Dritten-Welt-Landes? Zwar Relikte, die überwunden werden müssen, aber auch nicht zu schwer gewertet werden dürfen. Gibt es nicht ein Idealbild der Frau im kommunistischen China, das viel positiver ist? Dieses Ideal werden wir also im folgenden untersuchen müssen: in der Ideologie der Partei und in der Wirklichkeit des Volkes.

In einer kleinen Broschüre mit dem Titel »Chinas Frauen von heute« (Peking 1973) wird der Versuch unternommen, dieses Idealbild zu konstruieren. Der erste Satz im Vorwort lautet: »Im Neuen China sind Mann und Frau einander gleich gestellt. Die breiten Massen der werktätigen Frauen haben sowohl ihre politische als auch ihre wirtschaftliche Unabhängigkeit erlangt.« Um das zu beweisen, werden Beispiele von heldenhaften Arbeiterinnen gegeben. Von vielen habe ich einen Abschnitt aus der Geschichte der »Eisernen Mädchengruppe« von Dadschai ausgewählt:

Die Aufgabe, vor der sie standen, war gewaltig. Sie mußten zunächst all die daniederliegenden Pflanzen aufrichten. Sie mußten neue Häuser bauen, ausgewaschene Terrassenfelder ausbessern und die Dämme wiederherstellen. Zur Bewältigung dieser ungeheuren Aufgabe taten sich 23 junge Frauen zusammen und bildeten die erste Avantgarde. Diese Mädchen im Alter von 14 bis 18 Jahren, alle mit Grundschulbildung, wurden von Dschao Su-lan, der Tochter eines armen Bauern, angeleitet, als erstes die arg mitgenommenen Pflanzen auf etlichen Dutzend Hektar von verschlammten Feldern wieder aufzurichten. Trotz der Sonnenglut zur Mittagszeit im August machten sie nicht halt, sie hoben jede Pflanze mit der Hand auf. Keins der Mädchen dachte daran, über Rücken- oder Muskelschmerzen zu klagen.

Das Getreide konnte im Herbst geerntet werden, aber die Ausbesserung der Terrassenfelder blieb für den Winter übrig. Diese jungen Frauen entfalteten weiterhin ihre eiserne Willenskraft. Im Schnee oder bei 20 Grad unter Null arbeiteten sie gemeinsam mit den männlichen Kommunemitgliedern. Die Genossen der Parteizelle machten sich Sorge um diese Mädchen und drängten sie, solche harte Arbeit den Männern zu überlassen; aber die Mädchen wollten das nicht: »Wir müssen von den Älteren lernen. Ebenso wie sie niemals schlappmachten, als sie Dadschai aufbauten, werden auch wir nicht schlappmachen, bis Dadschai erneut erstanden ist.« Die Kommunemitglieder waren einer Meinung: Diese Mädchen sind wie von Eisen! Und so erhielten sie den Namen »Eiserne Mädchen«. [S. 66f.]

Das ist also das Bild der Arbeiterin, die sich für den Aufbau des Sozialismus aufopfert; eine ähnliche Darstellung hatten wir ja auch im Japan der Kriegszeit und des Wiederaufbaus gesehen, nur eben mit kapitalistischem Vorzeichen. Zum Idealbild der Frau gehört nun auch ihre Tapferkeit, die ja in der konfuzianischen Gesellschaft allein den Männern vorbehalten war. Beispielhaft dafür ist die Erzählung von der »8. März«-Gruppe, die in einem Gebiet von einigen hundert Quadratkilometern im Perlfluß-Delta ohne Stromabschaltung (!) an Ultra-Hochspannungsleitungen arbeitete. Wie mutig die Frauen dieser Gruppe waren, liest sich so:

Dann begannen sie zu versuchen, an 110000 Volt Übertragungsleitungen bei gleichem Potential zu arbeiten. Als sie die blauen Blitze der elektrischen Entladung von den Leitungskabeln sahen und sie knattern hörten, waren sie zugleich aufgeregt und ein wenig ängstlich. Aber der Gedanke, den Frauen einen Weg ins Gebiet der Elektrotechnik bahnen zu können, ermutigte sie, und sie wetteiferten geradezu miteinander, als erste oben auf dem Mast zu starten. Schließlich wurde Deng Tsuitjung dazu ausgewählt. Ohne zu zögern, mutig und gelassen, kletterte sie die Leiter hinauf, wobei sie zu sich selbst sagte: Ich muß entschlossen sein, darf nicht wanken und muß die Arbeit erfolgreich ausführen. Sie trat ins elektrische Feld, hörte das Knistern der Elektrizität, erfaßte dann mit beiden Händen das Leitungskabel. Als sie mit 110 000 Volt Elektrizität geladen war, riefen ihr die Genossinnen von unten zu: »Wie fühlst du dich?« Sie konnten sie lächeln sehen, als sie antwortete: »Sehr gut!« Sie hatte das 110 000 Volt starke elektrische Feld erobert. ... Danach versuchten die Frauen, an stromführenden 220 000 Volt Übertragungsleitungen bei gleichem Potential zu arbeiten. [S. 74]

Aber die meisten Leute waren von dem neuen Idealbild der Frau überhaupt nicht begeistert. Besonders Männer konnten nicht dulden, daß eine Frau in eine Führungsposition kam. Eine Frau mit Namen Lü Yü-lan schildert diese Situation folgendermaßen:

In den letzten mehr als zehn Jahren revolutionärer Tätigkeit habe auch ich viele politische Stürme miterlebt. Im Jahre 1959 fällte und verkaufte ein reicher Bauer, in Zusammenarbeit mit den Kapitalismusanhängern innerhalb der Partei, über 100 000 junge Bäume, die unsere »8. März«-Gruppe gepflanzt hatte. Auch schlachteten sie Schweine und Schafe, die dem Kollektiv gehörten. Gemeinsam mit den armen Bauern und unteren Mittelbauern ging ich ... gegen die gefährliche Unterminierung der Kollektivwirtschaft vor. Als das Parteizellenkomitee der Produktionsbrigade reorganisiert und ich Sekretärin wurde, verbreiteten die Klassenfeinde allerlei Gerüchte und abergläubischen Unsinn über mich, so zum Beispiel: »Mit einem Weib an der Spitze wachsen die Bäume nicht.« ... »Ein Weib in der Führung wird uns Unglück bringen.« Sie untermauerten ihre Gerüchte, indem sie eine ganze Liste von »Verbrechen« aufstellten, die ich begangen haben sollte, um mich auf diese Weise als Sekretärin zu disqualifizieren. [S. 13]

Am 1. Mai 1950 trat das neue Ehegesetz in Kraft, das die freie Wahl des Ehepartners, das Verbot der Kinderehe, Monogamie, das Recht der Heirat von Witwen, die Fähigkeit der Frau, den Scheidungsantrag zu stellen, und viele Dinge mehr verkündigte. Parallel zu diesem Gesetz wurde auch die Landreform durchgeführt, die das feudalistische System des Landbesitzes auflöste und das Land an die kleinen Bauern zur kollektiven Produktion verteilte. Die arme Landbevölkerung war von dem unerwartet erlangten Eigentum begeistert, mit dem anderen aber unzufrieden, wie der Kommentar eines Bauern zeigt: »Die Landreform ist gut, das Problem ist nur, daß wir unsere Frauen jetzt nicht mehr schlagen können.«[28]

Diese Klage war und ist keineswegs nur auf die Bauern

beschränkt. Daß sich im Grunde das Idealbild der Frau beim Volk im kommunistischen China nicht so weit von der konfuzianischen Ansicht entfernt hat, zeigt ein Vergleich der Merkmale zwischen Frauen und Männern in einem »Handbuch für die moderne Frau« im Jahre 1985:

Charakteristik der Frau:
1. Liebt zu sprechen.
2. Sehr fein im Umgang.
3. Versteht die Gefühle der anderen.
4. Extrem unterwürfig.
5. Schenkt einen Großteil der Aufmerksamkeit ihrem Aussehen.
6. Sehr adrett und sauber.
7. Sehr ruhig.
8. Mit extremem Bedürfnis für Geborgenheit.
9. Liebt Kunst und Literatur.
10. Drückt zarte Gefühle aus.

Charakteristik des Mannes:
1. Besitzt eine agressive Natur.
2. Sehr unabhängig.
3. Drückt selten Gefühle aus.
4. Nicht leicht zu beeinflussen.
5. Extrem dominierend.
6. Regt sich nicht über Nichtigkeiten auf.
7. Energisch.
8. Im Gefühl nicht leicht verletzlich.
9. Wagemutig.
10. Entscheidungsfreudig.
11. Unabhängig.
12. Nicht eitel in seiner Erscheinung.

[HONIG/HERSHATTER 1988, S. 35f. nach Handbook for the Contemporary Woman, Beijing 1985]

Die akademische Ausbildung einer Frau wird in der Gesellschaft nicht hoch eingeschätzt, besonders bei der Heirat, denn eine selbstbewußte Frau mit hoher Qualifikation ist eben nicht so leicht zu behandeln. Je mehr eine Frau sich qualifiziert, desto mehr bekommt sie Schwierigkeiten. Besonders Akademikerinnen leiden darunter.

Der Zugang zur Universität ist sowieso erschwert, z. B. im Jahre 1980 wurden nur 8 % der Kandidaten nach der Eintrittsprüfung zum Studium zugelassen, davon etwa 25 % Frauen. Während ihre männlichen Kommilitonen als winzige Elite danach Karriere machen können, haben die meisten Studentinnen kaum Chancen dafür.[29]

Wie »eine Frau zu sein« auch im kommunistischen China für eine Akademikerin als fatales Hindernis eine große Rolle spielt, zeigt uns ein Bericht in der »China Women's News« über eine Frau, die 1983 das »Northeast Industrial College« absolvierte. Sie war eine der drei besten StudentInnen in der Zeit des Studiums, und ihre Abschlußarbeit bekam den höchsten Preis: Ihre Arbeit wurde für eine Bewerbung zu dem »Laser Research Institute« geschickt. Nachdem das Auswahlkomitee sie gelesen hatte, lobten alle Mitglieder sie und wollten den Autor sofort anstellen. Aber als sie erfuhren, daß diese tolle Arbeit von einer Frau stammte, änderten sie ihre Meinung und stellten sie nicht an.[30] Im gleichen Jahr absolvierten die gleiche Zahl Studenten und Studentinnen das »Beijing Foreign Languages Institute«. Aber fast alle Einheiten, die die Examinierten dieses Instituts anstellen wollten, teilten der Verwaltung ihren Sonderwunsch mit, daß sie nur männliche Absolventen haben möchten.[31]

Wie in der alten konfuzianischen, so muß auch in der neuen kommunistischen Gesellschaft Chinas jeder heiraten. Darum gibt es in allen Städten staatliche Ehevermittlungsbüros. Doch diese Pflicht eines jeden Menschen hängt bei den Chinesen immer noch nicht direkt mit Liebe zusammen.[32] Wie die Heiratszeremonie im Sozialismus nun praktisch aussieht, schildert ein chinesischer Roman:

Der Standesamtsgehilfe Wang besah sich die Bescheinigung der Dorfverwaltung und fragte: »Wie heißt du?« – »Soundso.«

»Wie alt bist du?« – »Soundso alt.«

»Willst du auf eigenen Wunsch heiraten?«

»Auf eigenen Wunsch!«

»Warum willst du ihn heiraten?« oder »Warum willst du sie heiraten?«

»Weil er ein guter Arbeiter ist!« oder »Weil sie eine gute Arbeiterin ist!«

Und immer so fort. Es klang jedesmal wie auswendig gelernt und heruntergebetet. Wenn sie ihren Vers aufgesagt hatten, erhielten sie ein Blatt rotes Papier. Darauf mußten Mann und Frau und der Trauzeuge ihren

Fingerabdruck setzen. Zwei Fälle gab es, in denen die Eheschließung nicht gestattet wurde. Beide Male war auch tatsächlich etwas auszusetzen: Im ersten Fall war der Altersunterschied wirklich zu groß, und im zweiten hatte es früher einmal Streit zwischen den Heiratskandidaten gegeben. [EHESCHLIESSUNG 1988, S. 205]

Auch wenn die Ehegesetze von 1950 und 1980 mit dem Verbot der Vermittlungsheirat die freie Wahl des Ehepartners zusichern, werden die meisten Ehen immer noch von Eltern oder Verwandten arrangiert. Daß eine Frau nicht einfach und aus eigenem Willen ihren Geliebten heiraten kann, zeigte beispielhaft der Fall eines Paars in Anhui aus dem Jahre 1982. Als Wu Xianyun, die Tochter eines Pateifunktionärs, den armen Chen Yuansheng heiraten wollte, versuchte ihr Vater dieses Heirat mit allen Mitteln zu verhindern. Er belehrte seine Tochter: *»Du mußt einen Mann finden, der mindestens zu deinem sozialen und ökonomischen Status paßt. Sein Vater ist ein Arbeiter. Wie kann er zu mir passen? Seine Mutter ist stumm. Wie ist deine Mutter? Wir haben Fernsehen und Fahrrad. Was kann seine Familie anbieten?«* Als sie trotzdem ihn heiraten wollte, schlug ihr Vater sie mehrfach und gab ihr Hausarrest. Als sie trotzdem heimlich heirateten, verlangte er von ihr die Erziehungskosten für 18 Jahre (jeden Monst 15 yuan, das ist etwa 40% des monatlichen Einkommens der meisten Chinesen) zurück.[33]

Auch im heutigen kommunistischen China bringt eine Heirat die meisten Familien in finanzielle Schwierigkeiten. Ein junger Arbeiter oder Angestellter muß Geld leihen, damit er sich das konventionell aufwendige Hochzeitsfest leisten kann. Die Geschenke zur Verlobung und zur Hochzeit (Schmuck, Kleider, Haushaltsgeräte usw., oft auch die Wohnung) und das reiche Hochzeitsfest sind die modernen Formen des Brautpreises. Das ist schon in einer armen Familie so, doch je reicher sie ist, desto teurer und prächtiger werden Hochzeitsgeschenke und Hochzeitsfest, und auch die Braut muß ihre Mitgift in diesen neumodischen Formen darbringen. Lesen wir ein Beispiel:

Mein Name ist Zhao Chunfu. Ich bin Arbeiter in der größten Nähmaschinenfabrik der Stadt Benxi. Mein Vater ist schon in Rente. Für viele Jahre lebte meine Familie sehr einfach. Für die Heiraten der sechs Brüder mußte jeder in der Familie »den Gürtel enger schnallen«. Jedesmal, wenn eine Tochter verheiratet wurde, wurde unseren Eltern »die Haut über den Kopf gezogen«. Als mein dritter Bruder heiratete, war unsere Familie schon verschuldet. Als ich beim Heiraten an der Reihe war, mußte meine Mutter rechts und links Geld zusammenborgen, um das »Verlobungsgeschenk« von 300 Yüan zusammenzukratzen. Wir machten für die Braut auch einen Satz wollener Kleider, einen Mantel und zwei Sätze Bettwäsche.

Als unser Heiratstermin im Januar näherrückte, versuchte meine Mutter mich zu überreden, kein Hochzeitsfest zu feiern. Aber die Familie der Braut bestand darauf. Damals dachte ich daran, daß ich, als meine Freunde heirateten, ganz schön dicke Geschenke geschickt hatte. So würde ich, wenn ich ein Fest machte, etwas Geld zusammenbekommen und die Schulden meiner Mutter zurückbezahlen können. Deshalb borgte ich 800 Yüan, um ein festliches Hochzeitsmahl abhalten zu können. [HONIG/HERSHATTER 1988, S. 161 nach Zhongguo qingnian bao, 5. Dez. 1981, S. 2; Ü. d. Verf.]

Das Bild der idealen Ehefrau hat sich im Grunde nicht geändert. Eine Ehefrau darf nie vergessen, daß ihre erste Aufgabe in der Unterstützung des Ehemanns liegt, auch wenn sie draußen arbeitet. Welche Vorstellungen die chinesischen Männer heute über »ideale Ehefrauen« haben, lesen wir im Ergebnis einer modernen Umfrage:

Sie soll gut aussehen. Sie soll auch bescheiden sein, nicht aggressiv, mehr zurückhaltend. Man erwartet auch nach wie vor, daß sie dem Mann gegenüber gehorsam ist. Man möchte keine Frau, die immer nur schimpft und kritisiert. Sie soll natürlich auch gut den Haushalt führen können, kochen, nähen usw. Deshalb sind für uns die Japanerinnen und Koreanerinnen die beliebtesten Vorbilder. [HIEBER 1983, S. 64]

Es hat sich also am Klischee nicht allzuviel geändert. Lustig ist nur, daß die geplagten Männer ihre Blicke ins Ausland richten müssen, um dort noch gehorsamere Frauen zu finden. Übrigens denken auch die Männer in Japan und Korea im gleichen Schema: Nicht nur der Prophet, sondern auch die Frau gilt eben nichts im Vaterland. Doch wie sieht es aus, wenn trotz gründlicher Auswahl durch die Eltern und dicken Hochzeitsgeschenken der Versuch fehlschlägt, die Ehe scheitert?

Nach dem Ehegesetz von 1950 muß »eine Scheidung gewährt

werden, wenn Ehemann und Ehefrau gemeinsam dies wünschen. Falls der Mann oder die Frau allein auf Scheidung bestehen, *kann* sie gewährt werden, nachdem die Vermittlung durch die Volksregierung des Distrikts und dem juristischen Organ daran gescheitert ist, eine Versöhnung herbeizuführen.«[34] Im neuen Gesetz von 1980 sind diese Sätze folgendermaßen korrigiert: »Wenn Liebe und Zuneigung wirklich zerstört sind und Vermittlung unfruchtbar geblieben ist, dann sollte eine Scheidung gewährt werden.«

Es ist zwar ein revolutionärer Fortschritt, daß eine Frau den Antrag für die Scheidung einreichen darf, was in der konfuzianischen Gesellschaft absolut unmöglich war. Aber das Gesetz allein beseitigt nicht die Verachtung, Diskriminierung und finanziellen Nachteile der geschiedenen Frau. So ist die Scheidung für die Frau zwar möglich geworden, aber doch noch mit vielen Nachteilen versehen. Daß die Scheidung nur zu Ungunsten der Frau durchgeführt werden kann, läßt sich in folgendem Beispiel gut sehen:

Wir sind ein sozialistisches Land ... Die Verfassung bekräftigt ebenfalls klar, daß Männer und Frauen gleich sind. Jedoch in Wirklichkeit gibt es viele Wege, in denen Männer und Frauen nicht gleich sind. Nehmen wir Wohnungen, zum Beispiel. Viele Arbeitseinheiten teilen die Wohnungen den *Männern* zu; bei der Scheidung kann der Mann dann vernünftig und kalt behaupten: »Das Haus gehört zu *meiner* Arbeitseinheit. Ich möchte es ja meiner Frau geben, aber meine Arbeitseinheit erlaubt das nicht.« Und ganz genauso gibt das Gericht dann auch das Haus dem Ehemann.

Als ich geschieden wurde, erfuhr ich exakt diese Situation. Ich mußte meine Mutter versorgen und besaß keine Wohnung, in die ich zurückkehren konnte. Mir blieb nichts anderes übrig, als im Büro zu schlafen. Im Winter schliefen meine Mutter und ich auf dem kalten und harten Schreibtisch und im Stuhl. Wie schmerzten da unsere Rücken! Im Sommer war es heiß und feucht, und die Mücken stachen uns. Es war unmöglich zu schlafen.

Es gibt immer noch einige Leute, die in alten Bahnen denken. Sie glauben, daß eine geschiedene Frau »zerstört« ist. Nach meiner Scheidung blickten mich manche auf besondere Art an, starrten und schwätzten über mich. Wenn ich irgendeinen Kontakt mit einem Mann hatte, fingen sie an zu klatschen: »Sie sucht sich einen neuen Mann!« »Die beiden haben ›unerlaubte‹ Beziehungen.« Deswegen haben manche meiner guten Freunde sich jetzt ziemlich von mir distanziert.

All' das hat mich sehr verbittert, und mein Charakter hat sich geändert. Ich fordere die Menschen auf, die alten Irrtümer zu bekämpfen. Verachtet und diskriminiert nicht eine geschiedene Frau! [HONIG/HERSHATTER, S. 238 nach Zhongguo funü vom 11. November 1983, S. 35; Ü. d. Verf.]

Nach der Scheidung versuchen die Leute immer, Ursachen und Fehler bei der Frau zu suchen. Die allgemeine Meinung ist immer noch, daß eine Scheidung nur vom Mann verlangt werden kann, wenn die etwas modernisierten »Sieben Scheidungsgründe« zutreffen, die wir schon kennengelernt haben. Die Wiederverheiratung einer geschiedenen Frau ist im heutigen China genauso schwierig wie die von Witwen im alten Kaiserreich.

Sehen wir uns zum Schluß unserer Betrachtungen über das moderne China noch ein Beispiel an, das viele der LeserInnen kennen werden: das Leben der vierten und letzten Ehefrau Mao Tse-Tung's, Tschiang Tsching.[35] Als der chinesische Revolutionär die damalige Schauspielerin 1939 heiratete, bestand seine Ehe mit He Zizhen immer noch; diese hatte er »zur Erholung« in die Sowjetunion geschickt. Mao hatte Glück, denn nach dem alten konfuzianischen Ehegesetz, das in der Republik China galt, war das nicht verboten, unter seinem eigenen, das er später in der Volksrepublik erließ, wäre er wegen Bigamie bestraft worden. Die kommunistische Partei China genehmigte diese Zweitehe unter der Bedingung, daß Tschiang ihre Rolle auf Ehe- und Hausfrau beschränkte und sich nicht politisch engagierte. Ahnten die Parteikollegen wohl schon damals die Ambitionen? Später wurde jedoch die Macht des Vorsitzenden so stark, daß beide sich über die Männer des Politbüros hinwegsetzen konnten.

Als aber in den sechziger Jahren die absolute Macht Maos gefährdet wurde, eröffnete er die »Große proletarische Kulturrevolution«, in der sie eine Schlüsselrolle als ideologische Einpeitscherin der Roten Garden spielte, die dem Alleinherrscher die Macht zurückbrachten. Der neunte Parteikongreß bestätigte dieses Ergebnis und segnete eine weitere »Revolution« ab, nämlich die Wahl Tschiang Tschings ins Politbüro, als erste Frau in der Geschichte der kommunistischen Partei Chinas.

Die Stunde der Rache schlug für die zurückgedrängten Kameraden mit dem Tod Maos 1976. Es zeigte sich sofort, daß ihre Macht nur als »Ehefrau des Kaisers« gegolten hatte, und mit der Verhaftung der »Viererbande« verlor sie auch die wenigen Anhänger; sie selbst wurde ebenfalls vor Gericht gestellt. Bevor wir uns die sechs Anklagepunkte näher betrachten, sei daran erinnert, daß sie stets absolut loyal gegenüber ihrem Mann und eine seiner wenigen echten Vertrauten gewesen war:

1. Verrat von Staats- und Parteigeheimnissen durch Interviews mit der amerikanischen Sinologin Roxane Witke.
2. Förderung des Personenkultes Maos und ihres eigenen.
3. Eigene Erhebung als »Kaiserin Chinas« und Studium von Büchern über die Kaiserin Wu (684–704).[36]
4. Bourgeoise Lebensart (Luxusleben, sexuelle Ausschweifungen, Import und Genießen von pornographischen Filmen aus Europa, Tragen von Kleidern mit Seitenschlitz usw.).
5. Schuld am Tod Maos.
6. Versuch der Fälschung des Testaments von Mao.

Ganz abgesehen davon, daß man für solche Anklagen, die ja zumeist nicht einmal im Strafgesetzbuch genannt sind, keinen Hund hängen würde, betreffen einige ganz einfach ihr »Frausein«. Nach konfuzianischem Denken war ihr Ehrgeiz, der doch genau dem der Parteigenossen glich, strafbar, weil sie eine Frau war. Natürlich war sie am Tode des Ehemannes schuld, obwohl der an der Parkinsonschen Krankheit gestorben war! Natürlich war sie »unmoralisch« und »obszön«, obgleich die Kunstprodukte, die unter ihrer Regie entstanden sind, nach objektivem Empfinden eher das Prädikat »extrem puritanisch« verdienten. Welche »Staatsgeheimnisse« sie verraten haben soll, kann ja leicht im Buch von Witke nachgelesen werden: Wahrscheinlich ist damit die Erwähnung der Dummheit und Arroganz einiger Männer der Führungsspitze gemeint. Bleibt nur noch zu erwähnen, daß die »Pornographie« aus Filmen bestand, die auch das ZDF im Kinderprogramm bringen würde, und das »geschlitzte Kleid« hatte sie Anfang der dreißiger Jahre getragen, bei einem Auftritt als Sängerin.

Natürlich wurde sie zum Tode verurteilt und dann zu lebenslänglich »begnadigt«. Ihre Geschichte können wir als Beispiel für die vielen anderen, kleineren Lebenswege der chinesischen Frauen nehmen. Wir sehen darin musterhaft, wie weit eine Frau im heutigen China wagen darf, eine politische Rolle zu spielen. Und vor allem sehen wir, wie weit sich die alte frauenfeindliche Meinung der konfuzianischen Männer über das politische Engagement einer Frau geändert hat: Gar nicht!

3.2 *Japan*

Der Schein trügt, sagt ein deutsches Sprichwort. Jeden Sommer kann man in Paris und Heidelberg, Hawaii und New York viele japanische TouristInnen sehen, und die Frauen sind auffallend wohlhabend gekleidet. Auch in Japan selbst erblickt man zahlreiche junge Frauen, die todchic und teuer angezogen sind; im Winter tragen selbst einfache »Office girls« ihren Nerz. Selbstbewußt und mit Geld in der Tasche, schlendern sie von Schaufenster zu Schaufenster. Hat sich die Stellung der Frau im Wirtschaftswunderland Ostasiens tatsächlich seit 1945 so gebessert, wie es auf den ersten Blick aussieht?

Man muß keine Anhängerin des Konsums sein, um diese Tatsachen zu würdigen: Es ist wirklich ein Fortschritt, daß Japanerinnen frei ins Ausland reisen und frei über ihr Geld verfügen können. Zwar spielt selbst hierbei eine Rolle, daß ihre Freiheit im Ausland größer als in Japan selbst ist, nicht zu vergessen, daß auch jede Auslandsreise viel, viel billiger als eine daheim ist, denn Japan ist das bei weitem teuerste Land der Welt. Auch das kostspielige Einkaufen von Kleidern hat den Wermutstropfen, daß damit eigentlich nur der Status des Mannes gezeigt wird, der sich eben so eine elegante Frau leisten kann. Schaut man aber das Leben der japanischen Frau zu Hause und in der Gesellschaft näher an, kann einem schon die Freude über das Erreichte vergehen.

Immer noch werden genau wie früher die Söhne von Geburt an bevorzugt. Wenn die Kinder – wie in Japan üblich, sehr früh – in den Kindergarten gehen, hat man ihnen zu Hause schon das traditionelle Bild von Jungen und Mädchen eingeprägt. Im Kindergarten wird dies keineswegs korrigiert, sondern noch verstärkt, genau wie später an der Schule. Nicht nur das Curriculum – Technik und Agrarwissenschaft für die einen, Nähen und Kochen für die anderen – ist nicht gleich, auch die Verhaltensweisen werden extrem unterschiedlich anerzogen. Kurzum, es gilt eine völlig verschiedene Art von »Sozialisation« beider Geschlechter. Welch starke Wirkung diese sexistische Erziehung bei den Schülerinnen haben kann, zeigt uns folgende Geschichte:

Sie (eine Lehrerin), 26 Jahre alt, ledig, im vierten Jahre berufstätig ... Sie interessiert sich sehr für ihre Arbeit und studiert sehr fleißig. Wenn sie Zeit im Lehrerzimmer hat, liest sie immer anspruchsvolle Bücher, nicht (wie die anderen Lehrerinnen) Comics oder Frauenzeitschriften.

Eines Tages kamen drei Schülerinnen an ihrem Schreibtisch vorbei. Sie starrten auf das anspruchsvoll aussehende Buch, schauten sie mit Erstaunen an und sagten: »Wir verstehen nicht, wie Sie so ein Buch lesen können, nachdem die Blüte der Jugend bei Ihnen vorüber ist.« Sie äußerten diese Worte mit einer Mischung von Bewunderung und Verachtung. [HIGUCHI 1985, S. 58f.; Ü. d. Verf.]

Diese Mädchen waren 16, gerade zehn Jahre jünger als sie. Aber das Lesen von »ernsthaften« Büchern betrachteten sie als »Zeitverschwendung« für eine Frau, die doch nur das einzige Ziel haben kann, einen Mann zu finden, da schon »die Blüte der Jugend vorbei ist«. Jetzt können wir uns schon ungefähr vorstellen, wie die Schülerinnen über ihre eigene Zukunft denken. Die gesammelten Erfahrungen der Lehrerinnen über das Thema lassen sich etwa so zusammenfassen:

Als Gymnasiallehrerinnen ihre Schülerinnen beauftragten, ihre Lebenspläne niederzuschreiben, berichteten diese detailliert über ihr Leben bis zum Alter von 23 und sagten: »Ich werde ungefähr dann heiraten. Der Rest hängt von meinem Mann ab, so daß es keinen Sinn hat, weiter zu planen.« Das heißt, daß die Lebenserwartung der Frauen 23 Jahre beträgt. Japan ist in diesem Sinne das Land, in dem die Lebenserwartung der Frauen am niedrigsten ist. [HIGUCHI, S. 60; Ü. d. Verf.][37]

Berufstätigkeit oder weitere akademische Ausbildung des Mädchens nach dem Gymnasium ist nur eine Station auf dem Wege zur Heirat. Fragt man die Eltern: »Warum schicken sie ihre Töchter zur Universität?«, so sind die drei häufigsten Antworten darauf:

1. Unsere Tochter geht zur Universität, weil andere Mädchen auch gehen. Das ist eine typische japanische Antwort.
2. Das Universitätsstudium ist vorteilhaft für das Fortkommen in der Gesellschaft. Es erleichtert eine Anstellung und ist günstig für die Heirat.
3. Die Tochter sofort nach dem Oberschulabschluß eine praktische Tätigkeit aufnehmen zu lassen, ist gefährlich. In der Universität ist sie wenigstens etwas behütet. [SPENNEMANN-OSHIMA 1984, S. 114f.]

Das Studium der Frauen unterscheidet sich aber grundlegend von dem der Männer: ist die Ausbildung bei den Akademikern schon wenig berufsqualifizierend, so bekommen die Akademikerinnen überhaupt keine Chance, das Erlernte nachher im Beruf zu praktizieren. Das Frauenstudium dient nur zur Vorbereitung auf die Ehe, besonders Frauenuniversitäten sind reine »Heiratsinstitute«, wie die Mädchenpensionate in Wilhelminischen Zeiten (von wenigen Ausnahmen abgesehen). Wie schwer es für eine Akademikerin ist, im Beruf aufzusteigen, erzählt uns Masako Atsumi, Frauenrechtlerin und Rechtsanwältin, aus ihrer eigenen Erfahrung:

Auch für mich gab es nach Abschluß des Jurastudiums nur die Möglichkeit, entweder die Prüfung für den höheren Staatsdienst zu bestehen und Beamtin zu werden oder das juristische Staatsexamen zu machen und Anwältin zu werden, denn von Privatfirmen gibt es für Frauen mit Juraausbildung überhaupt keine Stellenangebote. Bei meiner Abneigung gegen Staatsbeamte blieb mir deshalb nichts andres übrig, als mich schließlich für die Anwältin zu entscheiden. Ein weiteres Beispiel: Eine jüngere Studienkollegin von mir hat den Abschluß als Steuerprüferin; aber da sie keine Stellung finden kann, wenn sie das sagt, verheimlicht sie ihre Qualifikation und arbeitet als Büroangestellte in einem Steuerbüro, wo sie für niedrigen Lohn Tee kochen und Mädchen für alles sein muß. [ATSUMI 1984, S. 82f.]

Diese Erfahrung kann man nicht nur im Privatbüro, sondern genauso im öffentlichen Dienst machen. Es wird auf der Arbeitsstelle ganz selbstverständlich von Frauen erwartet, daß sie für die männlichen Kollegen, Vorgesetzten und Besucher Tee oder Kaffee kochen und servieren und daß sie vor und nach der Arbeitszeit aufräumen, putzen und Blumen stecken. Im Prinzip wird also das häusliche Frauenbild ins Büro übertragen.

Japan ist vielleicht das einzige Land in der Welt, wo es Menstruationsurlaub gab und z. T. noch gibt. Das klingt wunderbar, aber Vorsicht! Es ist nur ein Trick, denn die Periode der Frau dient als Vorwand dafür, warum sie nicht in gleichem Maße wie der Mann für die Firma verwendbar ist. Darum wagen die meisten Frauen gar nicht, den Antrag auf diesen Urlaub zu stellen, wenn sie ein bißchen länger in der betreffenden Firma bleiben oder sogar die bescheidene Karriere machen wollen, die den Frauen zugestanden wird.

Diese Karriere selbst ist in der Regel sehr kurz oder wird mit Verzicht auf ein normales bürgerliches Leben erkauft. Es ist ganz selbstverständlich, daß die Frau nach der Heirat selbst kündigt. Sie muß! Kein Gesetz verbietet die Berufstätigkeit der Frau nach der Heirat. Aber die ungeschriebenen Regeln der konfuzianischen Gesellschaft sind mächtiger als der Willen des Gesetzgebers, obwohl man auch den vielleicht bezweifeln sollte. Das japanische Parlament hat zwar ein »Equal Opportunity Law« (wie in Korea auch) nach amerikanischem Vorbild verabschiedet. In den USA hatte dieses den Sinn, die »gleichen Chancen« für die schwarze Bevölkerung zu schaffen, in Japan natürlich die Gleichberechtigung der Frauen am Arbeitsplatz, in der Verwaltung usw. Die Wirkung dieser schönen Gesetze ist ungefähr in beiden Ländern gleich.

Es gibt gleich zwei Gründe, die die Frau zum Verzicht zwingen. Erstens erwartet natürlich der Ehemann – von den Schwiegereltern gar nicht zu reden –, daß sie sich auf den Haushalt konzentriert und ihre Bestimmung als »gute Ehefrau und weise Mutter« findet. Zweitens nehmen ihre Arbeitskollegen, besonders die Männer, aber auch die unverheirateten Kolleginnen, sie nicht mehr ernst und fragen täglich mehrmals, wann sie denn aufhören wolle. Die Atmosphäre wird schließlich so unerträglich, daß sie es nicht mehr aushält und geht. Viele Firmen und Banken machen auch gleich Nägel mit Köpfen und lassen die Frauen im Anstellungsvertrag eine Klausel unterschreiben, nach der sie nach der Heirat »freiwillig« kündigen müssen.

Die Frauen sind nicht nur bei der Anstellung und in der Laufbahn, sondern ebenfalls bei der Bezahlung diskriminiert. Betrachten wir ein Schaubild, das den durchschnittlichen Lohn von Männern und Frauen aufführt:

Lohnvergleich in der gleichen Firma
zwischen männlichen und weiblichen Angestellten
(Anstellungsdauer gleichermaßen 21 Jahre)
(Einheit: Yen)

	Männer	*Frauen*	*Differenz*
Monatliches Grundgehalt:	399.700	229.900	169.800
Mietzuschuß:	16.000	–	16.000
Familienzulage:	37.500	7.000	30.500
Gesamtgehalt:	453.200	236.900	216.300
Jahreseinkommen	7.771.000	4.174.300	3.597.600

[SHIOZAMA/HIROKI 1988, S. 48]

Das Hochschulstudium in Japan ist unglaublich teuer, so daß die meisten Eltern die Studiengebühren vor allem für ihre Töchter kaum aufbringen können (bis zu 20 000 bis 30 000 DM jährlich). Außerdem wirkt die »Überqualifizierung« einer Frau bei der Ehevermittlung eher negativ. In Anbetracht dieser Tatsachen sind in Japan zweijährige »Kurzuniversitäten« (tanki daigaku) entstanden, die von der Gesellschaft für ideale Brautschulen gehalten werden. Studenten in fast allen dieser Kurzuniversitäten sind nur Frauen (ausgenommen bei den seltenen technischen). Darum sind die Lehrfächer an den traditionellen Frauenaufgaben orientiert, hauptsächlich Hauswirtschaft, Erziehung, Kultur, Sozialwissenschaft. Natürlich lernen die Studentinnen auch die sogenannten »traditionellen Wege der Selbstverwirklichung«, die ja bei Europäern so beliebt sind: Kado (Blumenweg, in Europa Ikebana genannt) und Chado (Teezeremonie).[38]

Die Gründe, warum die Absolventinnen der Kurzuniversität in der Gesellschaft als die besten Ehekandidatinnen angesehen werden, schildert der Rektor (natürlich keine Rektorin!) einer dieser Ausbildungsstätten in Matsumoto völlig offen:

「変形労働時間制が許されれば…しめしめだ」

子どもはいったいどうなるの！

労基署の書棚はクモの巣が……

Abbildung 5
Gleichberechtigung der Frau! Karikaturen aus der feministischen Broschüre »Laßt uns gegen die Verschlechterung des Arbeitsrechts kämpfen!«, Shimonoseki 1987.

Nach meinem Verständnis ist die höhere Bildung der Mädchen in der Kurzuniversität ideal. Die jungen Mädchen, die nach ihrer Heirat jahrzehntelang die Mitte der Familie bilden, brauchen eine Erziehung, die sie dazu befähigt, eine vollkommene Stellung und Rolle auszufüllen. In unserer Zeit müssen Mädchen eine fehlerlose Erziehung als Hausfrau, Ehefrau und Mutter erhalten. Anders als Männer brauchen Mädchen, um ihre Bestimmung erfüllen zu können, eine ganze Anzahl von Fachausbildungen, so in Hauswirtschaft, Bekleidung, Ernährung und Kinderpflege. An dieser Stelle nimmt der Charakter der Frauenuniversität als allgemeiner Ausbildungskurs für Bräute Gestalt an. Das hier verfolgte Ziel der Erziehung ist die gute Mutter und gute Hausfrau. So ist die Frauenuniversität Vollendung einer der Frau wirklich angemessenen Erziehung. [SPENNEMANN-OSHIMA, S. 112]

Dem läßt sich eigentlich nichts mehr hinzufügen. Die japanische Frau ist geboren, um geheiratet zu werden. Das ist ihr Ziel und ihre Bestimmung. Darum muß sie heiraten, am besten im idealen Alter zwischen 22 und 25 Jahren, da dann beim Kinderkriegen am wenigsten körperliche Belastungen auftreten. Die japanische Regierung propagiert in den Medien eine Familie mit mindestens zwei Kindern (Japans Geburtenrate war schlagartig zurückgegangen) und schlägt vor, gestützt auf unzählige medizinische Gutachten, die Geburt der zwei Kinder spätestens bis zum dreißigsten Lebensjahr der Frau »zu erledigen«.

Die alten konfuzianischen Traditionen und der neue Wohlstand haben eine unvergleichliche Art der japanischen Heirat hervorgebracht: die »miai«, eine spezielle Art der Ehevermittlung. Heute noch liegt der Prozentsatz der miai-Heirat weit über dem der renai-Heirat (Liebesheirat), und daher gibt es unzählige professionelle Ehevermittlungsbüros, in denen – natürlich mit den modernsten Computern – die Ehekandidaten verglichen werden. Aber auch Verwandte, Freunde oder Kollegen übernehmen gerne die miai, da sie sich beim Ledigsein des anderen nach altkonfuzianischer Mentalität schuldig fühlen.

Was geschieht also bei dieser Vermittlung? Es kommt hauptsächlich darauf an, das soziale Umfeld der beiden Eheaspiranten zu durchleuchten. Es ist offenkundig, daß dazu oft die Fähigkeiten von einfachen Privatleuten nicht ausreichen, weil natürlich auch jede

Familie den eigenen Kandidaten in das beste Licht rücken will. Vielleicht ist »Er« aber schon durch irgendeine Prüfung gefallen, oder »Sie« hatte bereits eine unglückliche Liebesaffäre. Da schlägt die Stunde der Detektivbüros, die in den letzten Jahren eine unentbehrliche Rolle beim miai spielten. Es werden nicht nur die finanzielle, soziale, politische Lage und Vergangenheit der betreffenden Person bis auf die Nieren überprüft, sondern das gleiche wird auch bei den Vorfahren bis zur achten (!) Generation gemacht, was jedoch aus einfachen Gründen nicht immer mehr möglich ist. Verständlich, daß dann Versuche nicht selten sind, die Detektive auch mal zu bestechen, wenn sie irgendeinen dunklen Fleck gefunden haben, aber diese haben ja Berufsehre und arbeiten sauber! Gehen alle diese Untersuchungen glücklich aus, wird der Termin für das erste Zusammentreffen abgemacht.

Dabei gilt es natürlich, einen möglichst guten Eindruck zu machen, und man muß sich entsprechend auf diesen wichtigen Tag vorbereiten. Wie die Ehekandidatin sich benehmen soll, um für den Erfolg der Vermittlung zu sorgen, beschreibt ein Artikel in einer populären Frauenzeitschrift folgendermaßen:

Entsprechen Sie den folgenden Anforderungen, so heißt es, dann brauchen Sie vor »ihm« nicht unruhig zu sein, und Sie werden Erfolg haben!

Bereiten Sie erstens Fotos, einen Lebenslauf sowie einige Empfehlungsschreiben vor …

Der Heiratsbewerbung sind Schreiben vom Arzt, vom Lehrer und von der Arbeitsstelle beizufügen, um das breite Vertrauen, dessen man sich erfreut, zu dokumentieren …

Bevor das miai-Foto gemacht wird, geht man zum Friseur. Drei Tage nach der Regelblutung ist die Haut am schönsten, so daß diese Zeit günstig zum Fotografieren ist …

Empfehlenswert ist ein miai-Foto aus der letzten Zeit und einige Schnappschüsse, die das Mädchen mit möglichst lebhafter Gestik zeigen.

Da es sich um die eigene Heirat handelt, geht man natürlich selbst zum miai. Und da es sich überdies um eine Familienangelegenheit handelt, sollte mindestens ein Elternteil mit dabeisein.

Als miai-Tag wählt man sich einen für alle Beteiligten günstigen, ruhigen Tag aus. Im Interesse des Mädchens sollten die Tage der Regelblutung dabei vermieden werden, da ihre Kondition dabei beeinträchtigt ist.

Um einen angenehmen Eindruck zu machen, kleidet man sich gut, aber nicht prächtig und versucht, nicht gegen den Geschmack des Mannes zu verstoßen.

Ein wenig stellt man sich ja doch zur Schau, und so achtet man darauf, möglichst jung zu wirken. Falls die Mutter des jungen Mannes mitkommt, trägt man auf keinen Fall einen Kimono, da die alte Dame daran leicht etwas auszusetzen finden könnte.

Angebracht ist es, wenn möglichst wenig Personen am miai teilnehmen. Selbst wenn der männliche Bewerber nur mit seiner Mutter oder gar der älteren Schwester kommt, sollte das Mädchen unbedingt mit ihrem Vater erscheinen, da gerade dadurch eine gute Kontrastwirkung erzielt wird.

Man sorgt dafür, daß man den anderen nicht warten läßt und selbst nicht wartet. Am besten ist man fünf Minuten vorher da. 15 Minuten vorher sollte man sich in der Nähe aufhalten, um sein Make-up aufzufrischen und sich zu beruhigen.

Obwohl der junge Mann die Hauptrolle spielt, begrüßt das Mädchen nur dessen Eltern. Es genügt, »ihn« anzulächeln. Erst wenn sich die Eltern bekanntgemacht haben, sagt das Mädchen, daß sie sich freut, ihn kennenzulernen, und nennt ihren Namen. Das übliche dōzo yoroshiku (Ich bitte um Ihr Wohlwollen.) vermeidet man besser, da es ja vorkommt, daß ein miai nicht zur Heirat führt. [RAU 1984, S. 225f.]

Bei der miai-Heirat spielen die »rationalen Bedingungen« der Ehekandidaten die entscheidende Rolle. Für die Männer bedeutet das, daß sie die zukünftige Frau nach Aussehen, Weiblichkeit, Herkunft, finanzieller Lage und zuletzt nach Ausbildung beurteilen. Die Frauen achten zuerst auf Einkommen, dann Beruf, Schulbildung, Intelligenz, Zukunftsaussichten und Herkunft des Gatten. Im Grunde interessiert die heutige japanische Frau jedoch in aller Regel nur die finanzielle Lage des Ehekandidaten. Der einzige oder älteste Sohn ist bei der Vermittlung nicht beliebt, da er später mit seinen Eltern zusammenleben muß, was für die Ehefrau vor allem den täglichen Umgang mit der Schwiegermutter und dadurch unzählige Erniedrigungen bedeutet.

Die Frauen in Japan heiraten, um ihre finanzielle Lage und den sozialen Status zu sichern, selbst im Fall der Liebesheirat. Aber diese Profite werden ihr im Fall der Scheidung gleich wieder weggenommen, denn Frauen gehen bei der Scheidung fast immer leer aus. Es

Abbildung 6
Vor der Heirat, nach der Heirat. Karikatur aus »Laßt uns das Antidiskriminationsgesetz in unserem Leben verwirklichen!«, Osaka 1982.

gibt kein Gesetz über die Pflicht des Mannes für die Unterhaltskosten der geschiedenen Frau und der gemeinsamen Kinder. Etwa ein Drittel der Ehemänner vereinbaren bei der Scheidung eine Teilnahme an diesen Kosten, aber nach der Statistik halten sich nur etwa die Hälfte davon an diese Vereinbarung.[39]

Bei der Scheidung erhält die Frau nur eine einmalige Abfindungssumme. Wie unglaublich wenig dies aber in der Regel ist, kann man aufgrund der Statistik des Amts des Ministerpräsidenten ersehen, die Atsumi folgendermaßen zusammenfaßt:

Zwei Drittel der Eheleute trennen sich ohne Aushändigung von Gütern und Geld, bei dem restlichen Drittel beschränkt sich der Wert der Vermögensübergabe auf höchstens ein bis zwei Millionen Yen (rund 10 bis 20000 DM), und mit so einer Abfindungssumme wird die Scheidung dann besiegelt. Die Summe ist so gering, daß sie nicht einmal für die Lebenshaltungskosten eines Jahres allein für die Frau ausreicht. Dabei werden in fast allen Fällen auf die meist zwei oder drei Kinder des geschiedenen Ehepaars sämtlich von der Frau übernommen. [ATSUMI 1984, S. 81]

Wie gering die »Abfindung« ist, zeigt sich erst, wenn man zwei Aspekte hinzufügt: Zunächst einmal kann man die Lebenshaltungskosten in Japan getrost auf doppelt so hoch wie in Deutschland ansetzen. Zweitens ist auch die finanzielle Struktur der Familien anders; man lebt beispielsweise selten in Miet-, sondern überwiegend in Eigentumswohnungen. Auch bewirkt der Umstand, daß die staatliche Sozialversicherung unzureichend und die Ausbildung der Kinder extrem teuer ist, ein rechtzeitiges und umfangreiches Ansparen der Familien, also eine Kapitalbildung auf der Bank. Fazit ist also, daß die Frauen das gesamte gemeinsame Vermögen verlieren. Ist das schon schlimm genug, so besteht für geschiedene Frauen dazu kaum eine Möglichkeit, wieder erwerbstätig zu werden. Die Chance für die Wiederverheiratung ist noch schlechter als die bei Witwen. Aber trotz allen Nachteilen wagen immer wieder Frauen die Scheidung. Warum?

Die Frauenzeitschrift Shufu no Tomo (»Freund der Hausfrau«) versuchte, die wahren Gründe für hundert geschiedene Ehen herauszufinden, da sie sich mit dem am häufigsten genannten »offiziellen Grund«, dem »Charakterunterschied«, nicht zufriedengab. Dabei stellte sie folgende Reihenfolge der »wahren Gründe« fest:

- die Geliebte des Mannes (in einem Fall nahm der Mann sie sogar auf die Hochzeitsreise mit);
- das zu einer unerträglichen Belastung gewordene Verhältnis zu den Schwiegereltern;
- daß der Mann ein Trinker ist und Frau und Kind schlägt (auch die Frau des früheren Ministerpräsidenten Sato berichtete, daß sie manchmal geschlagen wurde);
- der dunkle und introvertierte Charakter des Mannes;
- Geiz und mangelndes Karrierebewußtsein [des Mannes]. [RAU 1984, S. 234f.]

Die Scheidungsgründe differieren natürlich je nach dem Alter. In der Gruppe von 20 bis 30 war »kein Verständnis des Ehemannes« der Hauptgrund, wie ähnlich die 30- bis 40jährigen beklagten, daß »der Ehemann nur für seine Arbeit lebt«. Zehn Jahre später war die »junge Geliebte« der Anlaß. Sind diese Gründe sicher in der ganzen Welt zu finden, ist der Scheidungsgrund der Frauen zwischen 50 und 60 typisch japanisch: Sie sehen »keinen Grund mehr für ein Zusammenleben«, nachdem die Kinder erwachsen geworden sind. Eine japanische Freundin von mir, die in einer politischen Frauengruppe, den »Himawari« (Sonnenblumen), sehr aktiv ist, sagte mir, daß die Pension des Mannes und die Heirat des jüngsten Kindes für die japanischen Frauen die häufigsten Gelegenheiten sind, über die Scheidung ernsthaft nachzudenken.

Die japanische Frau ist nicht nur beim Scheidungs-, sondern auch beim Erbrecht sehr benachteiligt. Beim Tod des Mannes erbt die Ehefrau ein Drittel, falls es Kinder gibt. Sind keine vorhanden, dann erhält die Ehefrau die eine Hälfte und die Eltern des Ehemannes die andere. Falls die Schwiegereltern nicht mehr am Leben sind, dann die Ehefrau zwei Drittel und seine Geschwister bzw. deren Kinder ein Drittel. Atsumi schlägt mit anderen vor, daß »diese Erbanteile von einem Drittel, der Hälfte und zwei Drittel in die Hälfte, zwei Drittel und den gesamten Nachlaß abgeändert werden sollten« und fügt nicht ohne Ironie hinzu: »Bis diese Änderung verwirklicht ist, beten die japanischen Frauen sicher darum, daß ihr Mann am Leben bleibt«. (S. 82)

Wie ist das Leben der Ehefrau mit dem Mann, um dessen langes Leben sie beten muß, nun im Alltag? Welche Rolle spielt sie, wo kann sie ihre Selbstverwirklichung finden? Die meisten japanischen Frauen heiraten im Alter zwischen 22 und 25 Jahren und werden danach in kürzester Zeit schwanger. Die Geburt des ersten Kindes bedeutet für die Frau die Umstellung von der Rolle als Ehefrau, die ja nur extrem kurz war, auf die der Mutter. Nach der konfuzianischen Rolleneinteilung ist die Frau für die »inneren«, der Mann für die »äußeren« Angelegenheiten verantwortlich: Die Frau arbeitet zu Hause und der Mann außer Haus.

Es ist eine weltbekannte Tatsache, das japanische Männer mehr als acht Stunden täglich arbeiten, wobei aber Versammlungen, Ausflüge, Sport usw., die in der Firmengemeinschaft gepflegt werden, ja selbst die Geburtstage des Firmenpräsidenten ebenfalls zur »Arbeit« zählen. Nach diesem langen Tag gehen sie mit Kollegen und Freunden zum Essen und Trinken, wobei sie sich von Animiermädchen bedienen lassen. Jeder Abendländer, der jemals bei einer solchen »Party« zugesehen hat, kommt aus dem Staunen nicht heraus: Die Männer lassen sich sogar von den Mädchen füttern, damit sie beim Essen nur noch den Mund aufzumachen brauchen. Dieses Nachtleben ist aber keineswegs privates Vergnügen, sondern gehört ebenfalls zur »Arbeitszeit«, da es in gewissem Sinne durch familiäre Atmosphäre und Festigung der Solidarität für höhere Produktivität im Betrieb sorgt. Die aktuelle Regel ist zur Zeit, daß in der Woche etwa drei solche Veranstaltungen stattfinden. Die Männer kommen dann lange nach 22 Uhr und fast immer stark betrunken (man muß ja in einem Ritus allen Kollegen zutrinken) nach Hause.

Sie sind also zeitlich viel länger, aber auch viel intensiver mit den Arbeitskollegen zusammen als mit der eigenen Frau und den Kindern. In diesem Sinne sind fast alle japanischen Männer eher mit der Firma als mit der Frau verheiratet. Aber auch die Frauen führen diese Doppelehe: mit dem Mann und mit dem Kind. Das Kind dient nämlich als Ersatz für den fast stets abwesenden Mann und fungiert als Platz, wo die Frau ihre unentbehrliche Bedeutung beweisen kann. Mit einem Wort gesagt: Das Kind wird der Lebensinhalt! Die Frauen leben in den, mit den und für die Kinder; und besonders die Söhne werden bis zur Heirat von den Müttern total verwöhnt. Klar, daß sie sich daran gewöhnen und dies genauso von der künftigen Ehefrau erwarten. Kann die Frau sich erst noch von dem »Kind und Haustyrannen« wegen dessen Beruf erholen, werden die Folgen dieses Verhältnisses nach der Pensionierung unerträglich, wie uns Keiko Higuchi schildert:

> Obwohl nur in den von ihren Ehemännern festgesetzten Grenzen, haben sie (die Ehefrauen) sich eine eigene Welt der Freude geschaffen, die von der der Ehemänner verschieden ist. Jetzt erfreuen sie sich am Leben in ihrer eigenen Art. Das einzige Problem heutzutage sind ihre Ehemänner. Manche Frau beschwert sich bei einer anderen über ihren Mann mit den Worten: »Seitdem er auf Rente ist, bleibt er die ganze Zeit zu Hause. Er hat kein Hobby. Er kann nicht mal Tee für sich selbst machen. Er ist scheu und mag keine Gesellschaft. Immer, wenn ich mich zum Ausgehen zurechtmache, fragt er mich andauernd: ›Was wirst du mir zum Essen machen?‹ ›Bist du sicher auch wieder um 4 Uhr 30 zu Hause? Gestern kamst du nicht vor halb sechs nach Hause.‹« Einige Frauen wünschen, daß es eine »Kinderkrippe für pensionierte Ehemänner« geben würde, genau wie eine Krippe für Kinder. [HIGUCHI 1985, S. 244; Ü. d. Verf.]

Aber, wie schon erwähnt, dieses Männerverhalten hat eine lange Vorgeschichte. Betrachten wir deshalb einmal den Alltag einer »normalen« japanischen Familie, besonders aus der Sicht der Frau. Dann läßt sich vielleicht verstehen, warum der Ehemann nicht einmal für sich Tee kochen, geschweige denn den Staubsauger einschalten oder gar einkaufen gehen kann.

Die Frau steht frühmorgens gegen 5 Uhr 30 auf und kocht für die Familie, was beim traditionellen japanischen Essen sehr aufwendig ist: Suppe, Reis, Beilagen, vielleicht auch den »Bento«, das Mittagessen, das die Kinder in die Schule mitnehmen. Beim Frühstück selbst liest der Mann die Tageszeitung, während die Frau ihn und die Kinder bedient, wobei sie oft erst am Schluß zum eigenen Essen kommt. Während der Mann sich nach dem Frühstück wäscht, hilft die Frau den Kindern beim Packen für Schule oder Kindergarten und sortiert dann die Sachen für ihren Mann, die er für den Tag braucht

(z. B. Anzüge, Hemden, Socken, Taschentücher, Aktenmappe, Brieftasche usw.); danach putzt sie die Schuhe des Mannes. Wenn der Mann mit dem Waschen fertig ist, dann kämmt sie seine Haare, zieht ihn mit seinem Anzug an, bindet ihm die Krawatte, gibt ihm seine Taschentücher, steckt die Brieftasche in den Anzug und gibt ihm die Aktenmappe, kniet nieder, zieht ihm die Schuhe an und bindet sie zu. Dann begleitet sie ihn bis zum Eingang der Wohnung und verbeugt sich: »Bitte, kommen Sie wohlbehalten wieder nach Hause.«

Danach bringt sie auch die Kinder weg, und ab 9 Uhr ist sie allein zu Hause. Sie macht dann die gewöhnliche Hausarbeit, heutzutage von den technischen Hilfsmitteln unterstützt, und hat deswegen danach ein bißchen Zeit, bis die Kinder nach Hause kommen. Diese Zeit nutzt sie zum Einkaufen und für Behördengänge, eben all' die normalen Erledigungen für eine Familie, um die sich in Japan die Männer nie kümmern. Vielleicht hat sie dann ein paar Minuten, in Frauenzeitschriften zu lesen. Wenn die Kinder nach Hause kommen, dann lernt sie mit ihnen, geht vielleicht zusammen zum zusätzlichen musischen Unterricht. Danach kocht sie das Abendessen und bringt die Kinder ins Bett. Vielleicht sollte man noch erwähnen, daß die ganze Zeit über der Fernseher läuft, denn die zahlreichen japanischen Fernsehstationen haben sich, wie wir später noch genauer sehen werden, auf die Frauen eingestellt und berieseln sie von früh bis spät mit rührseligen Fernsehdramen und dämlicher Werbung (nur Frauen kaufen ein). So wartet sie vor dem Kasten und mit ein paar Comics darauf, bis ihr Gatte spät nach Hause kommt, denn sie darf dann keinesfalls schon schlafen. Er ist natürlich nach Arbeit und Vergnügen müde und will sofort ins Bett. Sie folgt ihm und muß am nächsten Morgen wieder um halb sechs aufstehen.

Natürlich kann man bei diesem Tagesablauf kaum ein ernsthaftes Gespräch zwischen Mann und Frau erwarten. Der Mann arbeitet draußen und bringt das Geld nach Hause. Er ist ein »zahlender Gast«, braucht dafür aber wie im Hotel nichts zu tun. Die Frau führt den Haushalt und verwaltet das Geld wie eine »Wirtin«. Der Mann amüsiert sich mit Animiermädchen in Bars oder Restaurants, die Frau kompensiert durch Konsum der neuesten Luxusgüter. Der Mann und die Frau leben in einer getrennten Welt. Das Kind ist das einzige Band, das diese getrennte Welt verbindet.

Sex in der Ehe wird meist nur mit der Fortpflanzung der Familie identifiziert: Zwischen Ehemann und Ehefrau dient er nur dem Kinderkriegen. Sex im Sinne von Vergnügen gehört nicht nach Hause. Diesen Bedarf stillen die japanischen Ehemänner außerhalb der Ehe mit käuflichem Sex: Er ist reine Ware. Japan ist nicht nur eines der größten Industrieländer, sondern auch das größte Sexindustrieland. Man kann dort nicht nur in den großen Metropolen, sondern auch in den kleinsten Städtchen überall Love Hotels, Bars, Türkische Bäder (wie die deutschen »Sauna-Clubs«), Massagesalons usw. sehen, die rund um die Uhr offen haben. Diese Sexindustrie ist heutzutage natürlich international, und viele der Mädchen kommen aus Billiglohnländern, genauso wie es Sex-Reisen in die gleichen Länder gibt. Erst führte der japanische Sex-Tourismus seit den sechziger Jahren zum wirtschaftlichen Aufschwung in Korea (heute noch sind am Wochenende die Flugzeuge dorthin voller Sex-Touristen, fast eine Million pro Jahr), später verlagerte sich das devisenbringende Geschäft in Supermärkte der Prostitution wie Philippinen oder Thailand.

Die Jungfräulichkeit der Frau spielt keine so absolute Rolle mehr wie früher – auch ein Ergebnis des blühenden Sex-Geschäfts der japanischen Gesellschaft. Amüsanterweise ist das Hauptproblem der Frauen im Superindustrieland Japan, die Antibaby-Pille zu kriegen. Sie wird zwar massenhaft von der rührigen Pharmaindustrie hergestellt, ist im Gegensatz zu den anderen Medikamenten in Japan selbst nicht frei verkäuflich. Da japanische Männer traditionell kaum Kondome nehmen, werden viele Frauen ungewollt schwanger und haben nur eine Möglichkeit: Abtreibung. Diese ist wiederum sehr einfach, denn in Japan kann jede Frau ohne Formalitäten einfach beim Frauenarzt abtreiben. Japan ist damit für dieses Problem eines der liberalsten Industrieländer, da es weder Verbote noch Strafen für die Abtreibung gibt. Was sich die japanische Regierung allerdings dabei dachte, den Gebrauch der Pille zu erschweren und die Abtreibung zu legalisieren, weiß kein Mensch. Oder vielleicht doch? Eine japanische Freundin von mir, die sich viele Jahre mit diesem Problem beschäftigt hatte, sagte mir, daß viele Frauenärzte mehr Geld durch Abtreibung als durch Geburtshilfe verdienen würden.[40]

Während die Männer sich draußen mit käuflichen Mädchen vergnügen, haben die Frauen drinnen einen Ersatz für dieses »Vergnügen« gefunden: die Medien. Fernsehen und Frauenzeitschriften sind die »Gigolos« der japanischen Hausfrauen. Diese sehen am Tag bis zu fünf Stunden fern, und Anzahl und Auflage der Frauenmagazine lassen die Redakteure anderer Länder nur ins neidvolle Träumen kommen.[41] Durch diese Medien sind die Frauen immer über die neueste Mode, die aktuellsten Konsumgüter und den allerletzten Prominentenklatsch informiert.

Die dauernde Berieselung hat natürlich eine starke soziale Wirkung. Da fast alle Frauenzeitschriften in bestimmten Rubriken vorschreiben, wie »frau« sich schminken und anziehen soll und dies auch wirklich als Vorbild akzeptiert wird, entsteht eine kuriose Wirkung, die man jederzeit auf der Straße beobachten kann: Viele japanische Frauen sind gleich geschminkt, gleich angezogen, haben die gleichen Schönheitsoperationen an Augen, Nasen und Mund hinter sich, wobei man nur rätseln muß, welche Hollywood-Schönheiten gerade für die Schnittmasken der Chirurgen Modell gestanden haben. Die Uniformität setzt sich dann im Bett fort, denn Zeitschriften wie Fernsehsender haben »Kurse«, die der Frau das »richtige« Benehmen beim Sex mit Freund oder Ehemann beibringen sollen (»Lächeln Sie, aber lachen Sie nicht, das könnte er mißverstehen!« und dergleichen mehr).

Meines Wissens ist Japan das einzige Land, wo im Fernsehen von zu Hause weggelaufene Männer gejagt werden: in einer Sendung mit dem schönen Namen »Hilfe für die Frau bei der Suche nach dem verschwundenen Mann«. Jedes Mal, wenn ich Japan besuchte und dieses Programm ansah, war ich einerseits erstaunt darüber, wie viele Ehemänner einfach ihre Frauen verlassen und mit der Geliebten fliehen, andererseits sich ohne Protest die entwürdigende Behandlung durch private Fernsehsender gefallen lassen. Besonders die Szene, wo der durch die Mithilfe der Fernsehzuschauer gefundene Mann vom Moderator des Programms wie ein Schüler vom konfuzianischen Lehrer beschimpft wird, brachte mich in Verlegenheit. Ich glaube, es kann nicht schaden, sich einmal mit einem Beispiel zu beschäftigen, das eine deutsche Frau vor zehn Jahren miterlebt hat; doch die Sendung läuft heute unverändert fort:

Eines Tages hatte ein Gemüsehändler Frau, Mutter und Kind im Stich gelassen. Seine Freundin, der er nie die Gewißheit gegeben hatte, sie zu heiraten, hatte ihn wohl zu diesem Schritt erpreßt. Fotos von den beiden werden gezeigt, Autotyp und Autonummer dem Zuschauer bekanntgegeben. Die Mutter des Mannes rückt ins Bild und sagt barsch: »Mach, daß du nach Hause kommst, Frau und Kind warten!« Dann bittet die Frau mit tränenerstickter Stimme, doch wenigstens an den Jungen zu denken. Der Gemüsehändler wird in weniger als zehn Minuten (durch den Anruf eines Zuschauers) gefunden. Er sitzt in einer Kneipe am Bahnhof Itabashi und trinkt. [RAU 1984, S. 230]

Die Beliebtheit der Sendung resuliert sicher daraus, daß sich viele Hausfrauen mit der von ihrem Mann verlassenen Frau identifizieren können und müssen. Die Männer wiederum laufen so häufig weg, da sie nichts mit ihren Frauen verbindet und umgekehrt. In diesen Fernsehsendungen wird natürlich höchstens einmal der betreffende Mann beschimpft, nie aber über die Ursachen und Grundlagen seines »Vergehens« nachgedacht. Die patriarchalische Gesellschaft wird ebenfalls nie kritisch beleuchtet und in Frage gestellt. Eher bauen die Frauen auf die abschreckende Wirkung auf die eigenen Männer, und die Männer bemitleiden die Gefaßten als Trottel, die sich haben erwischen lassen.

Die Wirklichkeit ist, daß die japanischen Frauen, besonders die Hausfrauen, durch die Elektronisierung der Hausgeräte und die Veränderung des Lebensstils (z. B. Imbißessen, kochfertige Packungen im Supermarkt usw.) relativ mehr Zeit haben als früher, aber sie nutzen diese nicht zu ihrer Selbstverwirklichung, sondern zum Kontakt mit den Medien. Diese wiederum haben kein Interesse an der Befreiung der Frau, im Gegenteil. So verbreiten sie »Vorschriften«, was Frauen als attraktive Ehekandidatinnen oder als ideale Haushälterinnen machen müssen und dürfen, ersetzen also den konfuzianischen Hauslehrer, nur daß ihre Methode viel raffinierter und deswegen ihr Einfluß viel größer ist. »Gegen diese psychologisch außerordentlich geschickte Form der menschlichen Unterdrückung erscheinen europäische Formen der Menschenbeherrschung in ihrer Offenheit fast primitiv.« (RAU, S. 231) Besonders bei den unausgebildeten Frauen, die sich dagegen in ihrem Bewußtsein nicht wehren können, ist das Echo groß.

So sind meiner Ansicht nach die japanischen Medien das größte Hindernis für die Entwicklung des Selbstbewußtseins der japanischen Frau. Solange die Japanerinnen keinen Abstand von ihnen gewinnen können und ihrer dauernden Bevormundung energischen Widerstand entgegensetzen, wird sich kein eigenes Selbstbewußtsein entwickeln, wird kein Kampf um juristische, politische, soziale und ökonomische Gleichberechtigung der Frau entfacht werden, wird die konfuzianisch-patriarchalische Gesellschaft in Japan weiterleben.

3.3 Korea

Die Republik Korea (Südkorea) ist ein »junges« Land: Nach der Volkszählung vom 1. 1. 1985 sind 61,3% der Bevölkerung unter 30 Jahre alt. Eine ganz merkwürdige Tendenz dieser Statistik ist, daß vom Ende der sechziger Jahre an, in denen die Regierung die Zwei-Kind-Familie propagierte, über das siebte Jahrzehnt (seitdem Propaganda für die Ein-Kind-Familie) bis jetzt Ende der achtziger Jahre – also über 20 Jahre lang – in jedem dieser Jahre mehr Söhne (52%) als Töchter (48%) geboren wurden. Diese Proportion war fast immer exakt die gleiche.[42]

Notwendigkeit der Natur oder einfach nur Zufall? Nein, die Zahlen sind, wie wir gleich sehen werden, Produkt der modernen Technik. In der feudalistischen Zeit hatten die Frauen Kinder geboren, bis sie endlich einem Sohn das Licht der Welt geschenkt hatten. Danach ging es meist langsamer, doch aus Mangel an Verhütungsmitteln kamen immer wieder neue nach. Die überflüssigen Töchter wurden meist als billige Arbeitskräfte verkauft. So wurden die Töchter nach der Geburt diskriminiert. Aber heute im »zivilisierten« Industriezeitalter, in dem jede Familie nicht mehr als zwei Kinder haben will, sind die Töchter dank Ultraschall- und Fruchtwasseruntersuchung, mit denen man das Geschlecht schon sehr früh feststellen kann, sogar vor der Geburt schon benachteiligt, um ein schwaches Wort zu gebrauchen. Die weiblichen Föten werden abgetrieben, wenn eine Familie nur ein Kind haben will oder schon eine Tochter hat.

1990, im »Jahr des Pferdes«, wurden ganz besonders viele Mädchen schon vor der Geburt getötet, auch in Familien, die schon einen Sohn haben. Warum? Nach der taoistischen Lehre ist der Charakter von Frauen aus diesem Geburtsjahr besonders schlecht (weil durchsetzungskräftig!), und darum sind sie extrem schwer zu verheiraten. »Kein vernünftiger Mann wird ein Mädchen heiraten, das in diesem Jahr geboren ist«, behauptete ein Mann im koreanischen Fernsehen – und drückte damit sicher die Meinung der Mehrheit aus. Vor zwölf Jahren, dem letzten Jahr des Pferdes, sank die Geburtenrate der Mädchen um 27% (STERN Nr. 8 vom 15. 2. 1990).

In der heutigen koreanischen Gesellschaft, wo die meisten Paare nicht mehr als zwei Kinder haben wollen, ist der psychische Zwang zur Sohn-Geburt für die Frau größer denn je. Er kommt nicht nur von den Schwieger- oder den eigenen Eltern, die vor dem Absterben der Familie Angst haben, sondern auch von der Gesellschaft, die immer noch sehr patriarchalisch ist. Dieser Druck ist so gewaltig, daß weder Ausbildung noch emanzipatorisches Denken ihn überwinden kann. Ein Beispiel soll dies verdeutlichen:

Eine meiner koreanischen Freundinnen heiratete während ihres Studiums in Deutschland einen Landsmann. Bis zur Heirat war sie in der Frauenemanzipationsbewegung sehr aktiv gewesen. Durch Kaiserschnitt gebar sie eine Tochter; auch beim zweiten Mal kam durch die Operation eine Tochter zur Welt. Wir glaubten, daß sie nicht mehr wagen würde, ein drittes Kind zu bekommen, weil der dritte Kaiserschnitt bekanntlich gefährlich ist. Aber sie riskierte es doch, und das dritte war zum Bedauern aller noch eine Tochter. Nach der Geburt besuchte ich mit anderen Studentinnen dieses Paar. Der Mann sah wirklich sehr traurig aus. Wir fragten sie, halb im Ernst und halb im Spaß, ob sie noch einmal einen Versuch unternehmen würde, um einen Sohn zu bekommen. Sie antwortete: »Ja« mit leiser Stimme, aber im vollen Ernst.[43]

Ich sagte vorhin, daß der gesellschaftliche Druck genauso groß ist wie der familiäre. Nicht nur ArbeitskollegInnen und FreundInnen mischen sich laufend ein, sondern auch wildfremde Leute.

Als ich nach meinem Studium in Deutschland wieder in Korea war, wohnte ich zufällig im Haus gegenüber einer Schulfreundin, und ihr Mann war ebenso zufälligerweise ein Kollege an der Universität. Nach der Heirat war sie unter dem Einfluß ihrer Schwiegermutter eine fromme Christin geworden, und sie besuchte mich ab und zu mit ihren zwei kleinen Töchtern. Eines Tages kam sie mit vor Wut gerötetem Gesicht. Was war geschehen? Im Aufzug war eine alte Frau mitgefahren, und sie betrachtete meine Freundin samt ihren Töchtern mit tief bedauerndem Blick und sagte nach einer Weile: »Oh je! Nur zwei Töchter und keinen Sohn! Man sollte es jetzt doch mit aller Vorsicht noch einmal versuchen, um endlich einen Sohn zu bekommen!« Meine Freundin konnte sich kaum beruhigen und fügte hinzu, daß es nicht das erste Mal war, daß die Leute ihr gegenüber solche Unverschämtheiten gesagt hatten. Anderthalb Jahre später hörte ich, daß sie doch noch einen Sohn geboren hat.

In der Familie hält heute schon oft der Mann zu seiner Frau, aber der Einfluß der Schwiegereltern ist nicht zu unterschätzen:

Meine Schwester, die ebenfalls in Deutschland studiert hat, heiratete einen Professor aus einer recht aufgeschlossenen Familie. Als sie eine Tochter gebar, war ihr Mann davon nicht besonders enttäuscht, dafür um so mehr ihre Schwiegereltern. Für meine Schwester selbst war es unbedeutend, und sie wollte aus beruflichen Gründen eigentlich nur ein Kind haben. Aber der dauernde Druck von außen. Schließlich war sie wieder schwanger, und zum Bedauern ihrer Schwiegereltern – überzeugte Christen! – kam wieder eine Tochter. Das war vor kurzem, und die Fortsetzung kenne ich noch nicht!

Die Fortsetzung einer Familie geschieht immer noch durch den Sohn, nicht nur im Denken der Menschen, sondern auch im Gesetzbuch. So ist es nicht verwunderlich, daß selbst im »aufgeklärten« Industriezeitalter bei diesem Thema der Aberglaube fröhliche Auferstehung feiert. Alle Frauenzeitschriften bringen mindestens einmal im Jahr einen speziellen Artikel unter dem Titel »Wie kann man einen Sohn bekommen?« Ich möchte die hier erteilten »interessanten Ratschläge« nicht vorenthalten: Man muß sich gewisser Speisen enthalten, an einem bestimmten Tag nach der Menstruation Beischlaf haben, eine bestimmte Position dabei einnehmen usw. Neben dieser »wissenschaftlichen« Beratung helfen dafür unzählige Gebete der Frau, Mutter und Schwiegermutter, sei es an Buddha oder Christus. Daß es auch ein blendendes Geschäft für Wunderheiler und Scharlatane aller Couleur ist, brauche ich wohl nicht zu betonen.

Falls der Mann zeugungsunfähig ist, versuchen die kinderlosen Familien, ein Kind aus der Verwandtschaft des Mannes zu adoptieren. Ist die Frau unfruchtbar, versucht der Mann anderswo ein Kind zu zeugen. Denn in der patriarchalischen Familie wird nur das Kind aus dem eigenen Samen als eigenes betrachtet: Adoption innerhalb Koreas ist ziemlich selten. Statt dessen steht Korea unangefochten auf dem ersten Platz in der Welt als Baby-Export-Land. Im Jahre 1987 wurden 7947 Kinder ins Ausland zur Adoption gegeben, aber diese Zahl bezieht sich nur auf Kinder, die durch die vier größten offiziellen koreanischen Adoptionsinstitute vermittelt wurden. Die tatsächlichen Zahlen dürften also höher sein. Die Gründe für Baby-Export ins Ausland sind folgende: Für jedes Kind sind zehntausend Dollar zu zahlen, und die Regierung verdient da nicht minder mit.[44]

Woher kommen die Babys? Nach der Statistik sind 54% der Frauen, die ihre Kinder nach der Geburt dem Adoptionsinstitut oder gleich dem Frauenarzt zur Adoption gegeben haben, unverheiratete Fabrikarbeiterinnen. Dies geschieht nicht nur aus Armut, sondern vor allem wegen der bitteren Wirklichkeit, daß in der patriarchalischen Gesellschaft eine unverheiratete Frau mit einem unehelichen Kind kaum eine Chance zum Überleben hat, das Kind selbst später auch keine größere erhält, sondern lebenslang diskriminiert wird. Bevor wir aus ganzem Herzen diesen »weggegebenen« Babys dazu gratulieren, daß sie im Ausland bei den Pflegeeltern eine echte Chance zu einem menschenwürdigen Leben erhalten, müssen wir noch einen Augenblick daran denken, daß die Väter dieser Kinder doch die »aufrechten Konfuzianer« waren, die sich aus der Verantwortung gestohlen haben und gleichzeitig das adoptierte Kind zu verachten wagen.

Bis Ende der sechziger Jahre war es gar nicht so selten, daß der Ehemann bei einer anderen Frau (sei es eine Konkubine oder eine »kleine« Frau, wie der koreanische Name für die Mätresse lautet) versuchte, den lange ersehnten Stammhalter zu zeugen, falls die Ehefrau gar kein Kind oder keinen Sohn geboren hatte. Die Polygamie war ein Relikt aus der konfuzianischen Yi-Dynastie, das damals in der koreanischen Gesellschaft tief verwurzelt war. Die erste größere öffentliche Demonstration von Koreanerinnen (1500 Frauen aus 23 Organisationen) gegen die Vielweiberei fand am 19. Juli 1960 statt, ist also gar nicht so lange her.[45] Das System selbst ist seither offiziell in Korea abgeschafft, aber inhaltlich geblieben: moderne Formen sind z. B. Barmädchen, Hostessen oder Sekretärinnen, die man als Mätressen kaufen kann.

Eine Frau, die speziell für den Zweck der Sohn-Geburt gesucht wurde, nennt man auf koreanisch Chibaji, »Samenempfängerin«. Eine jüngere Kommilitonin von mir kam in Kontakt mit diesem System und beschreibt ihre Geschichte so:

Drei Jahre nach dem Tod meiner Mutter kehrte ich nach Korea zurück. Dort hörte ich von der Existenz meiner anderen Mutter von meiner Cousine. Sie sagte mir, daß ich eine Geburts-Mutter neben meiner verstorbenen hätte. Ich konnte das nicht glauben ...

Nach der Erzählung meiner Geburts-Mutter, konnte meine verstorbene Mutter selbst nach zwanzig Jahren Ehe kein Kind bekommen. Mein Vater wurde sehr böse. Er wollte sein eigenes Kind haben, um seine Familienlinie fortzuführen. So ersuchte er meine verstorbene Mutter, eine »Samenempfängerin« für ihn zu suchen. Meine verstorbene Mutter fand eine Frau vom Lande, die eine Yumo [Amme] für ein Kind in der Nachbarschaft war. Mein Vater jedoch mochte sie gar nicht; er glaubte, sie sei nicht klug und schön genug für eine Chibaji, die sein zukünftiges Kind empfangen sollte. So sandte er sie weg und begann selbst zu suchen. Er fand eine Frau, die er mochte; sie hatte ihren Mann im Koreakrieg verloren ... Mein Vater verfolgte sie für einige Monate und überredete sie schließlich, ein Baby für ihn zu empfangen ... Sie gebar mich und zog mich bis zum ersten Geburtstag auf.

Am Tage nach meinem ersten Geburtstag kamen meine Eltern zu dem Haus meiner Geburts-Mutter und nahmen mich ihr weg. Sie wollte mich nicht hergeben, aber sie konnte nichts gegenüber meinen Eltern erreichen. Sie waren wirtschaftlich und politisch mächtig in ihrer Stadt. So mußte sie mich aufgeben, und ich vergaß sie natürlich bald ...

Meine Eltern hatten ihr befohlen, mich nicht zu sehen, bis ich verheiratet sei und mein erstes Kind geboren hatte.

Meine Mütter haßten einander. Die, die mich aufgezogen hat, lehnte die, die mich geboren hatte, ab, weil sie dachte, daß diese Frau die Liebe ihres Ehemanns weggenommen hätte. Sie hätte lieber ihren Mann gehaßt, aber sie konnte nicht; er war derjenige, der ihr Sicherheit in der Gesellschaftsstruktur gab. Alle ihre Wut und Enttäuschung wurde auf meine Geburts-

Mutter geworfen, das sicherste Angriffsziel. Von ihrer Seite haßte meine Geburts-Mutter die Mutter, die mich aufgezogen hatte, weil sie ihr das Baby weggenommen hatte und so die »legitime« Mutter ihres Kindes geworden war. Natürlich vermißte meine Geburts-Mutter mich noch mehr, weil die Mutter, die mich aufzog, ihr nicht erlaubt hatte, mich zu sehen.

[CHUNG 1988; Ü. d. Verf. Ich habe in der Übersetzung absichtlich die Diktion nicht verändert, denn man kann so noch jetzt die Verwirrung der Autorin über »birth mother« und »late mother« spüren.]

Korea ist inzwischen zu einem Land mit durchgängiger Schulbildung geworden. Nach der Statistik waren 1988 etwa 25% des Volkes SchülerInnen oder StudentInnen. Es gab 103 Universitäten und etwa eine Million StudentInnen in dem vierjährigen College-Kurs zum Bachelor (etwa 2,5% der Bevölkerung). Die Schulausbildung für Töchter ist zwar viel besser geworden, aber ganz ist die Diskriminierung noch nicht abgeschafft. Denn es ist immer noch völlig normal, daß der Sohn bei der weiterführenden Ausbildung, z. B. dem Studium, bevorzugt wird, wenn die Eltern nicht alle Kinder finanziell unterstützen können. Dies gilt natürlich auch, wenn die Tochter wissenschaftlich viel begabter ist. Statistisch drückt sich das einfach so aus: Je höher die Ausbildungsform, desto niedriger der Prozentsatz der Frauen. Bis zur High School ist der Abstand zwischen Jungen (54%) und Mädchen (46%) nicht groß, wenn auch spürbar. Die Proportion zwischen Studenten (73%) und Studentinnen (27%) zeigt die Ungleichheit deutlicher, in der weiterführenden Bildung (Magister- und Doktorandenstudium) gibt es ungefähr fünfmal so viel Männer wie Frauen.

Das »Erziehungsfieber« der koreanischen Eltern führt zu erheblicher finanzieller Belastung, denn die Studiengebühren betragen pro Jahr etwa 5000 DM, wobei es staatliche Beihilfen außer ganz wenigen Begabtenstipendien nicht gibt. Woher kommt es aber? Es ist, wie wir schon wissen, das typische Zeichen eines konfuzianischen Gesellschaftssystems. Ohne Uniabschluß ist ein Mann einfach kein Mensch, denn er bekommt keine Stelle in einer Firma und ohne diese keine Frau zur Heirat, denn das System der Ehevermittlung verhindert das. Selbst die Absolventen der nicht als »erstklassig« eingestuften Universitäten bekommen keine Chance bei der Anstellung in einem großen Konzern oder einer angesehenen Firma. Warum? Ganz einfach. In der konfuzianischen Gesellschaft zählt man eben nicht die wirkliche Leistung, sondern nur die Papiere, die jemand erworben hat. Die Achtung vor dem persönlichen Betragen, dem Charakter, der »edlen« Haltung, die die Konfuzianer unentwegt predigen, erweist sich in der Praxis als Gefasel oder, noch schlimmer, als Heuchelei. Es zählen nur die Dokumente, und damit die Söhne diese erwerben, fügen sich die Eltern in jedes, besonders in jedes finanzielle Opfer. Daß trotzdem die Söhne der Reichen extrem bevorzugt sind, bedarf keiner näheren Erläuterung.

Die Zielrichtung ist im Fall der Töchter eine andere. Die Eltern schicken sie nicht zur Berufsausbildung, sondern zur Verbesserung der Heiratschancen auf die Universität. Im Gegensatz zu Japan werden in Korea Akademikerinnen mit vierjährigem Abschluß als Heiratskandidatinnen geschätzt. Denn allein die Tatsache, daß sie das schwierige Eintrittsexamen (ca. zwei Drittel fallen durch) geschafft haben, beweist nach allgemeiner Ansicht, daß sie intelligente Frauen sind, die nach der Heirat »weise Mütter« werden können.

Die meisten Akademikerinnen arbeiten nur bis zur Vermählung, denn weder Beruf noch Selbstverwirklichung, sondern die Heirat an sich wird immer noch von der Gesellschaft wie von den Frauen selbst als weibliches »Lebensziel« betrachtet. So ist der Tag der Trauung zugleich die Endstation der beruflichen Karriere: Der Beruf ist nur ein »Wartezimmer« zwischen Uniabschluß und Heirat. Das ist einer der Gründe, warum die meisten Akademikerinnen auf ihrer Arbeitsstelle keinen Ehrgeiz entwickeln.

Der Hauptgrund dafür aber ist, *daß die Frau in jeder Hinsicht,* sei es bei der Anstellung und Beförderung, bei Lohn und Gehalt, bei Arbeitsbedingungen und gewerkschaftlichen Regelungen, eben *systematisch benachteiligt und diskriminiert ist.* Natürlich verbietet die koreanische Verfassung offiziell eindeutig nicht nur diese Diskriminierung, sondern schreibt sogar einen besonderen Schutz für die arbeitenden Frauen vor (§ 32,4). Ebenso natürlich hat die koreanische Regierung die Erklärung der UN zu den Frauenrechten unterschrieben. Beides, Verfassung und UN-Charta, zeigen in der gesellschaftlichen Realität kaum Wirkung.

Mit Statistiken läßt sich bekanntlich alles beweisen und alles vertuschen, selbst wenn sie nicht wie so oft gefälscht sind. Die Arbeitslosigkeit bei Akademikern ist in Korea generell sehr hoch. Z. B. wurden von den Absolventen des Jahrgangs 1988 bei den Männern 73%, von den Frauen nur 40% angestellt. Bereits die Daten bei den Männern sind geschönt, denn es werden diejenigen nicht mitgerechnet, die weiterstudieren, Militärdienst leisten oder ins Ausland gehen. Umgekehrt gilt jeder als »angestellt«, der einen Aushilfsjob ergattert hat. Bei den Frauen erfaßt die Statistik ebenfalls nur die, die aktiv eine Arbeit gesucht haben. Alle, die geheiratet haben – und das sind mehr als die Hälfte –, werden nicht mitgezählt! Folglich muß man die Arbeitslosigkeit bei Akademikerinnen auf mindestens 80% schätzen, vielleicht ist sie noch höher![46] Ein Phänomen bestätigt ganz offensichtlich diese Untersuchung: In den Stellenanzeigen schreiben fast alle Firmen unter »Bedingungen«: 1. Mann.

Erhalten so nur wenige Frauen eine adäquate Anstellung, beginnt dann sofort die Benachteiligung: Der Gehaltsunterschied zu den männlichen Kollegen beträgt etwa 30%. Durch die schnellere Beförderung der Männer wird der Unterschied im Laufe der Zeit noch größer. Bei den Fabrikarbeiterinnen jedoch ist die Situation noch viel schlimmer: Der Lohnunterschied zwischen Mann und Frau beträgt dort durchschnittlich 42,2%, auch wenn die Frauen länger arbeiten (am Tag 9,7 Stunden) als die Männer (9,0 Stunden).[47] Doch auch die Akademikerin arbeitet länger als der Akademiker. Denn es wird als selbstverständlich erwartet (und nicht selten als »weibliche Tugend« gelobt), daß sie vor und nach der Arbeit das Büro aufräumt und putzt. Dazu muß sie regelmäßig frische Blumen in die Vase stecken und auf verschiedene Art angenehme Arbeitsatmosphäre für die männlichen Kollegen erzeugen. Die Frau an sich wird als »Blume« betrachtet, deren einzige Rolle es ist, wie diese den Raum zu verschönern. »Natürlich« wird von ihr erwartet, daß sie den Kollegen, Vorgesetzten und auch Besuchern Kaffee bringt und dabei deren Laune durch freundliches Lächeln hebt. In der Praxis werden die wenigen Akademikerinnen, die »angestellt« worden sind, nur mit Tippen, Kaffeekochen, Putzen und Schmücken beschäftigt, an »ernsthafte Aufgaben« läßt man sie nicht heran. Haben die Eltern so viel Geld (allein über 20 000 DM Studiengebühren) dafür investiert, damit ihre Töchter als Sekretärinnen oder gar Putzfrauen arbeiten dürfen?

Aber selbst eine solche Arbeitsstelle muß die Koreanerin aufgeben, wenn sie heiratet. Sie wird vom Arbeitsplatz »weggeworfen«, wie man eine verwelkte Blume wegwirft. Sie »schmückt« jetzt ja nicht mehr, hat ihre Funktion für die männlichen Kollegen verloren. Natürlich gibt es kein staatliches Gesetz, das die Arbeit einer verheirateten Frau verbietet. *Aber das Sittengesetz in der konfuzianischen Gesellschaft geht über alle anderen, selbst über die Verfassung.* Und so kann keine Frau es wagen, an ihrer bisherigen Arbeitsstelle zu bleiben; die »aufrecht konfuzianischen« Kollegen würden sie durch Schikane bald zum Nervenzusammenbruch und zur Verzweiflung treiben. Umgekehrt, wenn sie lieber in ihrer beruflichen Situation bleiben will und sogar auf eheliches Glück verzichtet, wird sie ebenfalls mit schiefen Augen angeblickt und Tag für Tag mit Fragen folgender Art (Männer duzen unverheiratete Frauen) attackiert: »Warum heiratest du nicht?« oder »Soll ich dir eine Ehe vermitteln?«

Eine jüngere Kommilitonin von mir wurde gleich nach dem Uniabschluß in einem koreanischen Konzern angestellt, weil ihr verstorbener Vater ein Jugendfreund des Präsidenten gewesen war. Sie wollte dort Karriere machen, und Heirat interessierte die damals 24jährige noch nicht so sehr. Die Kolleginnen, die mit ihr gleichzeitig in den Betrieb gekommen waren, fingen nach einem Jahr an zu heiraten und verließen nacheinander die Arbeitsstelle. Nach drei Jahren blieb sie allein übrig. Die Kollegen nannten sie schon eine »Old Miss«, das gebräuchliche Schimpfwort für eine Frau, die das ideale Heiratsalter überschritten hat. Jeden Tag wurde sie von Arbeitskollegen und Vorgesetzten gefragt: »Hey, Miss Kim, wann willst du endlich heiraten?« oder »Hey, Miss Kim, soll ich dir die Ehe vermitteln?«

Trotzdem blieb sie weiter dort in der Hoffnung, daß es den anderen zu dumm würde und sie aufhörten. Schließlich mußte sie doch auch irgendwann befördert werden, denn ihre Erfahrung und Leistung wurden von der Konzernleitung anerkannt. Aber nach sieben Jahren saß sie noch auf demselben Stuhl, während alle männlichen Kollegen – weibliche gab es ja nicht mehr – einen Rang nach dem anderen erklommen hatten. Da begriff sie, daß die Einstellung ihr nur eine Chance zum Heiraten geben sollte, keine zum Beruf. Für die Heirat war es aber schon zu spät (sie war gerade 31, für Konfuzianer viel zu alt!). Da sie es aber auch nicht mehr aushalten konnte, nahm sie ihr lange gespartes Geld, setzte sich in ein Flugzeug und fing in Deutschland ein Studium an, um einen neuen Lebensweg zu beginnen.

Ich konnte sie sehr gut verstehen, denn auch ich hatte die Erfahrung gemacht, eine »Old Miss« zu sein, nur umgekehrt nach dem Studium: Als ich, promoviert mit 30 Jahren und stolz auf meinen Erfolg, nach Korea zurückkam, erlebte ich schon auf dem Flughafen die Freude der koreanischen Konfuzianer an der Ehevermittlung. Nach kurzer Gratulation folgte die Klage, daß ich ja das Heiratsalter verpaßt hätte und eine Vermittlung nun schrecklich schwer wäre, aber sie würden sich furchtbar bemühen; einige hatten schon Listen mit möglichen Kandidaten mitgebracht, die ich durchsehen sollte. Hatte ich mich gerade noch in Deutschland jung und schön gefühlt, so stürzte ich abrupt in den Abgrund, daß eine Frau im Konfuzianismus mit 30 alt und unattraktiv ist!

Meine Eltern erhielten große Schelte und viele Ermahnungen, daß sie mich noch nicht verheiratet hätten. Sie standen wie begossene Pudel da und wußten kaum, was sie sagen sollten. Diese Erfahrung wiederholte sich kurz darauf, als meine jüngere Schwester nach dem Studium zwar mit Abschluß, aber unverheiratet zurückkehrte. Wir beide hatten aber den festen Entschluß gefaßt, unsere Männer selber zu suchen, und so blieben die vielen, vielen Vermittlungsversuche, die wir über uns ergehen lassen mußten, erfolglos.

Jeder muß auch heute noch in Korea heiraten, sonst wird er nicht als »vollwertig« anerkannt. In der jüngeren Generation ist inzwischen die Heirat aus Liebe nicht selten, nach vorsichtigen Schätzungen kommt jede fünfte Ehe so zustande. Das heißt: Immer noch spielt die Ehevermittlung die größte Rolle. Früher versuchten Verwandte oder Freunde sich darin, aber heute gibt es zunehmend neben der traditionellen Form viele professionelle EhevermittlerInnen (fast ausschließlich Frauen) und große Ehevermittlungsbüros.

Nach welchen Kriterien arbeiten sie? Das Wichtigste für beide Familien ist die finanzielle Lage der Kandidaten. Danach kommen Beruf und akademischer Grad beim Mann, Aussehen, Weiblichkeit

Abbildung 7
Brautpaar mit Eltern. Die Heirat, die zur Weiterführung der Familie dient, wird aus diesem Grunde luxuriös gefeiert. Dies hier ist für Korea eine »einfache« Hochzeit (1988).

und ebenfalls schulische Bildung bei der Frau. Ganz besonderen Wert legt man auf die Prüfung der akademischen Fähigkeit, die – wie schon oben erwähnt – nach Papieren, Diplomen, Rangunterschieden der Universitäten usw. festgestellt wird, während die Untersuchung der Bankguthaben zwar bedeutender, aber zugleich auch einfacher ist.

Dabei hält sich der Begriff »Familie« in Korea in Grenzen, so daß man in der Regel nur bis zum ersten oder zweiten Verwandtschaftsgrad geht. Ebenfalls ist die Beauftragung eines Detektivs in Korea im Gegensatz zum Nachbarland äußerst selten. Dabei gibt es bei der Ehevermittlung durchaus viele Schwindeleien. Denn jeder Ehevermittler versucht mit allen Mitteln, »seine« KandidatInnen in die Ehe zu bringen und übertreibt nicht nur Schönheit und Charakter, sondern vergrößert oft arg die finanzielle Lage der anderen Familie. Auch legen gelegentlich die reichen Freunde eines Aspiranten zusammen und eröffnen für ihn ein dickes Bankkonto, das nur einen Fehler hat: Nach erfolgter Heirat wird es wieder aufgelöst. Durch die absichtlich oder unabsichtlich unrichtig dargestellten Tatsachen bekommen die EhekandidatInnen gegenseitig falsche Hoffnungen und Erwartungen für die Zukunft, und wenn diese Luftschlösser irgendwann nach der Heirat platzen, dann leiden beide darunter. Ich könnte allein aus meinem Bekanntenkreis unzählige Beispiele von Opfern dieser Praxis bringen, will aber bei unmittelbaren Erfahrungen in der eigenen Familie bleiben:

Im Gegensatz zu den Schwestern, die sich ihre Männer selber gesucht haben, heiratete mein Bruder vor sechs Jahren durch die Ehevermittlung eines Vikars. Damals (ein Jahr vor der Heirat) war er noch Theologiestudent an der Graduate School, und seine Frau war im letzten Studienjahr. Mein Bruder wollte nach seiner Ausbildung Pfarrer werden, während meine Schwägerin hoffte, nach dem Examen (B. A.) weiterstudieren zu können, wenn möglich im Ausland. Der Ehevermittler erzählte ihrer Familie, daß meine Eltern so finanzkräftig seien, daß sie ohne weiteres ihre Schwiegertochter ins Ausland zur Fortsetzung des Studiums schicken könnten, und alle glaubten das auch, weil ja schon zwei Töchter in Deutschland studiert hatten. Daß wir uns dies nur mit einem Stipendium der EKD leisten konnten, erzählte er nicht. Meinen Eltern berichtete er umgekehrt, daß Wunsch und Veranlagungen des Mädchens sie als Pfarrersfrau besonders geeignet erscheinen ließen, und man glaubte es, weil Schulbildung und der persönliche Vorstellungsbesuch dies offensichtlich bestätigten.

Nach der Heirat wurde mein Bruder als Pastor ordiniert und verlor jede Lust zum weiteren Studium im Ausland. Die Enttäuschung seiner Frau war sehr groß und erreichte ihren Höhepunkt, als sie erfuhr, daß meine Eltern nicht so reich sind, wie sie sich das vorgestellt hatte. Mein Bruder war enttäuscht, weil sie »nach Höherem strebte« und nicht sein einfaches Leben als Pfarrer teilen wollte. Inzwischen waren aber zwei Kinder da, und die verhinderten die Scheidung, obwohl sie oft diskutiert wurde. So leben sie immer noch zusammen, unglücklich und unzufrieden, Opfer einer verfehlten Ehevermittlung.

Wie viele junge Leute in Korea immer noch durch Vermittlung heiraten, kann man leicht am Wochenende in den Coffee Shops der großen Hotels sehen, denn dort laufen die »Vorverhandlungen«, bei denen die Kandidaten selbst schweigen, aber einen guten Eindruck machen müssen. Liebe wird für die Heirat nicht vorausgesetzt, und die Gedanken der jungen Generation über die arrangierte Ehe habe ich nirgends so treffend formuliert gefunden wie bei Benazir Bhutto, der früheren Ministerpräsidentin Pakistans, die sich zur Verbesserung ihrer Wahlchancen verheiraten ließ und durch die Geburt eines Sohnes endlich als vollwertiger Mensch in der Gesellschaft – und damit als wählbar – akzeptiert wurde:[48]

Wir kamen in unsere Ehe ohne vorgefaßte Vorstellungen, ohne Erwartungshaltung. Ohne etwas anderes als guten Willen und gegenseitigen Respekt. Obwohl ich alles andere als ein Befürworter arrangierter Ehen bin, hat das etwas für sich: In Liebesheiraten, stelle ich mir vor, sind die Erwartungen so hoch, daß sie nur enttäuscht werden können. Außerdem muß da immer die Angst vorhanden sein, die Liebe könnte enden. Unsere Liebe kann nur wachsen. Denn noch lieben wir uns nicht. Mama sagt, das kommt schon.

Die sexuellen Beziehungen der jungen Generation sind viel freizügiger geworden, aber trotzdem überwiegt die konfuzianische Mentalität, nach der ein Mann ein unberührtes Mädchen heiraten muß. In diesem Zusammenhang steht eine der vielen sexistischen Anredeformen. Beim Kennenlernen fragen die Leute die junge Frau zuerst: »Sind Sie Jungfrau (kor. chŏnyŏ)?«, dann erkundigt man sich nach ihrem Namen und ihrem Beruf. Es ist vollkommen üblich, daß diese Frage nicht an den Mann geht; dieser wird in der Reihenfolge von Namen, Beruf, Heirat und gegebenenfalls Zahl der Kinder ausgefragt. Aus diesem Grund gehört heutzutage auch folgendes zu den kleinen Schwindeleien der Ehevermittlung: Falls eine Frau vor der Ehe sexuellen Verkehr hatte, läßt sie sich (manche in Begleitung der Mutter) von einem Frauenarzt mit einer Operation in eine Jungfrau zurückverwandeln, was als »Standardeingriff« nur zwischen 200 und 300 DM kostet.

Ich brauche wohl kaum zu erwähnen, daß das Gebot der »Jungfräulichkeit« nicht für den Jungmann gilt; die sexuelle Unerfahrenheit bei ihm wird im Gegenteil als negativ beurteilt. Heute übt man in der Regel die schöne Sitte unter Studenten, für den Freund, der zum dreijährigen Militärdienst eingezogen wird, Geld zu sammeln und ihm damit einen Bordellbesuch zu ermöglichen. Das wird dann als »aktive Männerfreundschaft« verstanden. Wie überall in der konfuzianischen Gesellschaft haben die jungen Männer ganz allgemein ihre ersten sexuellen Erfahrungen mit Prostituierten.

Die Prostitution gehört zum Konfuzianismus wie die Bürokratie: Sie ist untrennbarer Bestandteil dieser Gesellschaftsform. Denn da die Jungfräulichkeit und Keuschheit die wichtigste Rolle für die Bewertung einer Frau spielen und darum der freie Umgang zwischen Mann und Frau verboten ist, ist die Prostitution ein unentbehrliches Übel, ja ohne sie bräche die konfuzianische Gesellschaft zusammen. Das führt dazu – wie wir schon am Beispiel Japans sahen –, daß die Sex-Industrie auch in Korea einen wichtigen Wirtschaftsfaktor darstellt. Genaue Zahlen über die Prostitution anzugeben, ist nicht einfach, denn die Regierung verhindert auf diesem Gebiet Statistiken. Dennoch kann man ziemlich genau schätzen, daß es in Korea ungefähr 900 000 Prostituierte gibt. Das sind etwa 2,5% der Bevölkerung und entspricht der Zahl der StudentInnen. Ehrlicherweise müßte man noch die Nicht- oder Halb-Professionellen hinzuzählen, also die Barmädchen, Kellnerinnen, Tänzerinnen usw., die extrem unterbezahlt sind und sich ihr Gehalt durch derlei »Dienstleistungen« aufbessern müssen.[49]

Auf anderem Gebiet führt die Regierung dagegen sehr exakte

Statistiken, z. B. bei der Einreise von Ausländern. Das ist in Südkorea auch recht einfach, da die Grenze zu Lande nicht zu überschreiten ist. In den letzten Jahren kamen aus aller Welt viele Touristen, Männer und Frauen, ungefähr 50:50, nur aus Japan nicht. Da berichten die Zahlen von 1987 von 510000 Männern und 140000 Frauen. Sind die japanischen Männer mehr für »Bildungsreisen« zu begeistern als ihre Ehefrauen? Natürlich nicht. Gleich vom Flughafen weg verschwinden sie in den zahlreichen Bordellen, wo sie, jedenfalls in den teureren, ihre 130000 Landsleute wiedertreffen können, die zum Business gekommen sind und ihre Abschlüsse nach alter ostasiatischer Sitte im Freudenhaus feiern. Überhaupt werden »Geschäftsgespräche« traditionell dort geführt, auch ein Grund dafür, daß man Frauen auf verantwortlichen Posten in den Firmen nicht brauchen kann, denn dann würden sich die Männer doch genieren, sie zu den »geschäftlichen Besprechungen« mitzunehmen.[50]

Sex ist in der konfuzianischen Gesellschaft etwas Käufliches, gehört nicht zur normalen Beziehung zwischen Mann und Frau. Die sexuellen Kräfte des Mannes sollen genauso wie seine finanziellen die Männlichkeit beweisen. In beiden Bereichen versuchen nun die konfuzianischen Männer sich gegenseitig zu übertrumpfen, auch mit illegalen Methoden. Man kann es gar nicht glauben, was alles gegessen und getrunken wird, um die Sexualkraft zu steigern. Und was für Preise dafür bezahlt werden! Den europäischen LeserInnen wird Ginseng bekannt sein, wovon eine wilde Wurzel in Korea mindestens 10000 DM kostet, wobei der Preis in Hongkong dann schon auf 10000 US-$ pro Unze gestiegen ist. Am beliebtesten sind in Korea Hirschgeweihe und Regenwürmer, dazu bestimmte Sorten von Schlangen (eine gute Kobra bringt leicht 1000 DM). Für die Galle eines Bären wurde vor kurzem 60000 DM bezahlt. Ein Renner sind z. Z. Seelöwenhoden (!), für die man mindestens 20000 DM hinblättern muß, denn sie sind selten und sehr schwer zu kriegen, sollen aber angeblich Wunder bewirken. Hirschhoden sind auch nicht zu verachten, obwohl sie mit 250 US-$ eher billig sind. Natürlich mischt auf diesem Gebiet auch die moderne Pharmaindustrie mit, die phantastische Gewinne aus dem sexuellen Protzertum der ostasiatischen Männer zieht.[51]

Solange das Sex-Geschäft in Korea blüht, solange Frauen als Sex-Ware verkauft werden, ist der Weg zur Gleichberechtigung der Frau noch weit, auch wenn die Stellung der Koreanerinnen in jeder Hinsicht viel besser ist als früher. Das Alltagsbild einer koreanischen Ehefrau gleicht im Grunde dem der japanischen, und so wiederhole ich es hier nicht. Eines der wichtigsten Probleme für sie – besonders für die Akademikerin – ist, daß nach der Heirat ein Konflikt zwischen der emanzipatorischen Ausbildung an Uni oder Schule und der bitteren Realität des kaum veränderten patriarchalischen Lebensstils in der Familie und auch in der Gesellschaft entsteht.

Die ideale Ehefrau ist immer noch die, die sich für Mann und Familie selbstlos aufopfert. Ein wunderschönes Beispiel dafür ist ein Werbespot im Fernsehen für Kopfschmerztabletten, und es ist kaum zu glauben, daß er seit acht Jahren ohne Proteste ausgestrahlt wird:

Der Mann kommt abends mit eine paar Freunden nach Hause, aber ach! Die Ehefrau liegt krank im Bett. Sie hat ihre Tage! Doch einer der Begleiter weiß Rat. Er zückt eine Tablettenpackung. Nur zwei Stück, und die Frau ist wieder fit, stellt sich an den Herd und kocht fröhlich für die Männer, die derweil ihren Erfolg beim Bier feiern. Nachher beim Essen erhält die Glückliche viel Lob für ihre Kochkunst.

Die Bevormundung der Frau im Konfuzianismus zeigt sich überhaupt in den Medien, vor allem in den Frauenzeitschriften. Sie schlagen den Frauen vor, *wie* und *was* sie sich anziehen sollen. Es gibt Anweisungen, wie man einen Büstenhalter oder Hüftgürtel »richtig« trägt. Natürlich *müssen* sie auch, je nach der Jahreszeit, dies oder jenes für die Zufriedenheit ihrer Ehemänner kochen und *müssen* sich auch schminken wie diese oder jene Schauspielerin, andernfalls sie keine moderne Ehefrauen sind. Diese Frauenzeitschriften tragen also dazu bei, den Individualismus zu unterdrücken und den typischen Totalitätscharakter der konfuzianischen Gesellschaft auf das Frauenleben zu übertragen: gleiche Frisur, gleiches Schminken, gleiches Anziehen, gleiche Lebensart usw. Das Selbstbewußtsein der Frau und die Befreiung der Frau aus dieser Vormundschaft sind wichtige Voraussetzungen für die Verbesserung der Stellung der koreanischen (wie auch der japanischen) Frau.

Abbildung 8
Bevormundung in der konfuzianischen Gesellschaft. Fast in jeder Nummer geben die Frauenzeitschriften Anweisungen, wie und was man anzieht, bis ins Detail erklärt (Lady Kyônghyang, April 1988).

Für die Ehefrau ist das Kind nicht nur ein Ersatz für den abwesenden oder ungeliebten Ehemann, sondern auch der Gegenstand, auf den sie ihre unerfüllten Wünsche und Träume zu projizieren versucht. Diese enthusiastische Widmung der koreanischen Mutter beginnt schon vor der Geburt: Die schwangere Frau erkundigt sich bei taoistischen WahrsagerInnen über die glücklichste Zeit der Niederkunft und bringt an diesem Termin das Kind durch einen Kaiserschnitt in die Welt. Wir sahen schon oben, daß selbst die Gefährdung des eigenen Lebens sie nicht von dieser üblen Sitte abhalten kann.

Seitdem die Stunden der Abwesenheit des Ehemanns von zu Hause nach der Industrialisierung Koreas noch zahlreicher geworden sind, ist die Macht der Frau innerhalb der Familie stärker geworden, da sie in der Regel viele Erledigungen und Geschäfte tätigt. Die juristische Lage hingegen hat sich nicht geändert. Bei der Scheidung geht auch die koreanische Ehefrau, wie die japanische, leer aus. Es gibt nur eine einmalige Abfindung und keinen Anspruch auf monatliche Unterhaltskosten, auch wenn sie die Kinder aufzieht. Das Elternrecht gehört automatisch dem Vater, falls es keine Vereinbarung über das gemeinsame Elternrecht gibt (§ 837,1 und § 909/1). Der Mann kann ohne Einwilligung der Ehefrau sein Kind von einer anderen Frau in das Familienregister eintragen oder ein Kind in die Familie adoptieren (§ 874,2).

Auch bei der Erbschaft sind die Frauen sehr benachteiligt. Nach einem äußerst komplizierten System erben sie beim Tode des Mannes genausoviel wie der älteste Sohn, der wiederum sechsmal so viel wie seine Schwestern bekommt. Falls keine gemeinsamen Kinder zwischen beiden vorhanden sind, erbt der Ehemann beim Tode der Frau alleine das ganze Vermögen seiner Frau (§ 1002), während im umgekehrten Fall die Ehefrau nur die Hälfte erbt und die andere Hälfte an seine Eltern übergeht (§ 1003).

Eine Frau (auch als Mutter) kann die eigene Familie juristisch nicht vertreten. Beim Tode des Ehemanns übernimmt der älteste Sohn automatisch die juristische Macht über die Familie, auch wenn er noch im Säuglingsalter ist (§§ 788 und 790). Auch beim Begriff »Verwandtschaft« wird die Frau diskriminiert. In ihrer Familie ist sie mit den Angehörigen des Vaters bis zum achten Gad »verwandt«, mit denen der Mutter nur bis zum vierten. Das setzt sich nach der Heirat mit Schwiegervater und Schwiegermutter, also jeweils achter, bzw. vierter Grad fort. Für den Ehemann dagegen sind nur die Eltern seiner Frau »Verwandte«, schon ihre Geschwister nicht mehr (§ 777).[52]

Die eigentliche juristische Verbesserung der Stellung der Frau in Korea, parallel zu der Veränderung des Bewußtseins, kann erst richtig beginnen, wenn dieses patriarchalische Familiengesetz geändert wird. Doch wer soll das tun? Wie viele Frauen gibt es im juristischen Bereich, die die Interessen der Frauen verteidigen können? Es gibt nur acht Richterinnen (von 730 insgesamt), zwei Staats- (von 79) und drei Rechtsanwältinnen (von 1182) – und dies nach einhundert Jahren Frauenstudium in Korea![53]

In der Politik sieht es nicht viel anders aus, denn seit Bestehen der Republik Korea gab es nur fünf Frauen als Ministerin:

Datum	*Ministerium*	*Name*	*Dauer*
1948	First Minister of Trade and Industry	Young-Shin Im	10 Monate
1950	3rd Minister of Information	Whal-Ran Kim	4 Monate
1952	4th Minister without Portfolios	Hyun-Sook Park	2 Jahre
1979	24th Minister of Education	Ok-Gil Kim	5 Monate
1982	20th Minister of Health & Social Affairs[54]	Chong-Rye Kim	3 Jahre

Da muß man schon Konfuzianer sein wie kürzlich ein Minister, um in einem Interview den Mut zur Behauptung zu besitzen, daß die Frauen in Korea gleichberechtigt seien. Hoffen wir, daß seine Aussage eine »self fulfilling prophecy« ist.

Kapitel II

1. Die asiatische Geschichtsschreibung kennt im Gegensatz zur europäischen kaum private Geschichtswerke, sondern basiert ganz wesentlich auf offiziellen Quellen, die entsprechend viel ausführlicher sind.
2. Vgl. CROLL 1981, S. 18.
3. Eine kleine Neuerung ist doch hinzugekommen: Immer mehr vor allem japanische und koreanische Frauen haben Ausländer geheiratet. Diese wurden und werden von den Verwaltungen oft nicht aus den Registern »removed«, da diese Art Heirat als eine Art Konkubinat und nicht als wirkliche, »echte« Ehe betrachtet wird (s. Konfuzianismus als Rassismus).
4. Pan Chao (1. Jh. n. Chr.) war die Schwester des Verfassers der Früheren Han-Geschichte, eines der frühesten und berühmtesten Geschichtswerke Chinas, GILES, Nr. 1597.
5. 80-9 v. Chr. GILES, Nr. 1300.
6. Gest. 124 n. Chr. Er hatte über tausend Schüler und wurde wegen seiner Herkunft aus der Provinz Shensi so genannt, denn Konfuzius selbst stammte ja aus Shantung ganz im Osten Chinas. GILES, Nr. 2362.
7. Norbert Elias: Die höfische Gesellschaft. Frankfurt (stw 423) 1983.
8. Vgl. GILES, Nr. 1522.
9. Howard S. Levy: Chinese Footbinding. The History of a Curious Erotic Custom, New York 1966, S. 37.
10. Heirat und Familie in China sind in präziser wie unterhaltsamer Form in einem Roman von Ba Jin dargestellt. BA JIN: Die Familie. Frankfurt 1985 (st 1147).
11. WANDEL 1987, S. 73ff., schildert das Frauenleben konkret und anschaulich.
12. Vgl. CHÜ 1965, S. 118.
13. KITARMURA 1985. Hier speziell S. 21.
14. Meiji ist der Regierungsname des Kaisers; die Meiji-Ära endete 1912, danach dauerte Taisho von 1912 bis 1926. Die Showa-Ära begann in diesem Jahr und endete erst 1989 mit dem Tode Hirohitos. Sie gilt wegen ihrer außerordentlichen Länge als die friedlichste Periode der japanischen Geschichte, trotz verlorenem Krieg und der Atombombe.
15. Einen sehr anschaulichen Bericht über diese Zeit gibt Margret Neuss in ihrem Aufsatz »Von der Hausmutter zur Kriegshelferin. Zwischen

Meiji-Restauration und 2. Weltkrieg«. In: HIELSCHER 1984. Für die statistische Aufarbeitung dieser Zeit s. Peter Fuchs: »Das Problem der Frauennachtarbeit in Japan und die Argumentation der japanischen Unternehmer«. In: Nachrichten der Gesellschaft für Natur- und Völkerkunde Ostasiens Nr. 107/108, Hamburg 1970.

16. HIGUCHI 1985 gibt eine kurze Biographie von Raicho Hiratsuka (1886–1971) und berichtet über die Diskriminierung und Verachtung, die ihr Vater wegen der »ungeratenen« Tochter erleiden mußte.
17. FUCHS 1970, S. 82, Anm. 16.
18. WOMEN OF KOREA 1977, S. 83.
19. WOMEN OF YI 1986, S. 42ff.
20. WOMEN OF KOREA 1977, S. 98.
21. CHUNG 1988, S. 32.
22. Achtzigjährige Geschichte der Ewha-Universität, Seoul 1967. (korean.)
23. PARK Yong-Ok: Geschichte der Frauen der Yi-Dynastie, Seoul 1976, S. 199. (korean.; Ü. d. Verf.)
24. WOMEN OF KOREA 1977, S. 259.
25. REISCHAUER/FAIRBANK 1960, S. 224f.
26. HONIG/HERSHATTER 1988, S. 3.
27. WANDEL 1987, S. 226f.
28. LINCK 1988, S. 119 nach MEULENBELT 1984, S. 150.
29. HONIG/HERSHATTER 1988, S. 248 nach PEPPER 1984, S. 125.
30. HONIG/HERSHATTER 1988, S. 249 nach Zhongguo funü bao vom 9. Jan. 1985, S. 2.
31. HONIG/HERSHATTER, S. 249 nach Zhangguo funü bao, 27. Febr. 1985, S. 1.
32. WANDEL 1987, S. 212. ENGLERT 1988, S. 61–74.
33. HONIG/HERSHATTER 1988, S. 286f.
34. Artikel 17. (Übers. und Hervorh. v. d. Verf.) Vgl. die englische Übersetzung von JOHNSON 1983, S. 237.
35. Eine kurze Zusammenfassung ihres Lebenslaufs in: BARTKE 1988, S. 110–112. Ihre ausführliche Biographie bei WITKE 1979.
36. Diese gehörte zu den »berüchtigten Frauen« der chinesischen Geschichte, die den Konfuzianern stets als »warnendes Beispiel« gegolten haben. Wu Chao, die *»einst als Nebenfrau in den Palast gekommen war, hatte sich durch Intrigen in die Gunst des Kaisers eingeschmeichelt und ihn durch ihre maßlose Sinneslust zu ihrem willenlosen Werkzeug gemacht. Auf grausame, ja geradezu bestialische Art hatte sie hernach die rechtmäßige Kaiserin und alle ihre Rivalinnen ermordet und viele treue, der Dynastie ergebene Beamte hinrichten*

lassen.« [nach Li Ju-tschen, Im Land der Frauen, Frankfurt 1980, S. 9. GILES Nr. 2331.]

37. Um diese Ironie von Higuchi zu verstehen: Die Lebenserwartung der japanischen Frau betrug im 1983 statistisch genau 79,66 Jahre und war damit die höchste der ganzen Welt.
38. Genauere Informationen über Kado und Chado findet man im Aufsatz von Christlieb Jobst, Befriedigung aus Tee und Blumen. Traditionelle Formen der Selbstverwirklichung, in: HIELSCHER 1984, S. 137–150.
39. Zu diesem Problem vergleiche ATSUMI 1984, bes. S. 81f.
40. Vergleiche dazu den Aufsatz von Renate Herold: Liebe ohne Pille. Sexualität auf japanisch. In: HIELSCHER 1984, S. 119–127.
41. Für das Fernsehen vgl. den erwähnten Artikel von Edith Rau; zu den Frauenzeitschriften s. den Aufsatz von Luise Crome: Pflichterfüllung statt Lustgewinn. Gedanken über die »freieste Frau der Welt«, in: HIELSCHER 1985, speziell S. 132f.
42. Alle statistischen Angaben aus Korea Statistical Yearbook 1988, hier S. 43f.
43. Einer der Gründe, warum der Kaiserschnitt in Korea wie in ganz Ostasien verbreitet ist: Man kann so die genaue Geburtsstunde bestimmen. D. h. man läßt von AstrologInnen einen glückverheißenden Zeitpunkt bestimmen, den Rest erledigt dann der Arzt.
44. Nach Chosŏn Ilbo (Tageszeitung), vom 12. 2. 1989, S. 5. die Zahl der Inlandsadoptionen beträgt 2382.
45. S. Korea Times vom 20. 7. 1960, S. 1f.
46. Die Zahlen nach »Lady Kyunghyang« (monatliche Frauenzeitschrift, Seoul) vom 8. 4. 1989, S. 152ff.
47. YI 1986, S. 141f.
48. STERN, Heft Nr. 49 vom 1. 12. 1988, S. 233. Es sind Auszüge aus ihrem Buch »Daughter of the East«.
49. Die Zahlen nach SON Duk-Soo: Yŏsŏng-hak (Studien über die Frau), Seoul 1985, S. 13. Neuere Zahlen liegen meist beträchtlich höher.
50. Alle Zahlen nach Korea Statistical Yearbook 1988.
51. Preisangaben nach Korea Times vom 17. 10. 1987; Stern Nr. 14 vom 29. 3. 1990.
52. Zum Glück wurde das Familiengesetz nach langjährigem Kampf im Jahre 1989 geändert und dem europäischen Modell der Gleichberechtigung angenähert: beim Erbrecht der Töchter, bei der Vermögensverteilung im Fall der Scheidung. Die Ehefrau darf die Familie jetzt auch nach dem Tode des Mannes juristisch vertreten. Inwieweit diese Änderungen sich in die Praxis umsetzen lassen, ist noch nicht absehbar.

53. Women's Studies Forum, Seoul 1987, S. 45.
54. Women's Studies Forum, S. 41.

Literaturangaben und Leseempfehlungen zu Kapitel II

ATSUMI 1984
Atsumi, Masako: Die Japanerin im Rechtssystem. In: HIELSCHER 1984.

BAAR 1980
Baar, Adrian: Erotische Geschichten aus China, 4. Aufl. Frankfurt 1980.

BARTKE 1988
Bartke, Wolfgang: Die großen Chinesen der Gegenwart. Ein Lexikon 100 bedeutender Persönlichkeiten Chinas im 20. Jahrhundert. Frankfurt 1988.

BRANDT 1900
Brandt, M. von: Mädchen und Frauen. ein Betrag zur Kenntnis des chinesischen Volkes. Stuttgart 1900

CHALLENGES 1986
Chung Sei-Wha (Hersg.): Challenges for Women. Women's Studies in Korea. Korean Women's Institute Series Nr. 1, Seoul 1986.

CHUNG 1988
Chung, Hyun-Kyung: Following Naked Dancing and Long Dreaming. In: RUSSELL 1988.

CHÜ 1965
Ch'ü, T'ung-Tsu: Law and Society in Traditional China. Taipei 1965.

EHESCHLIESSUNG 1988
Nagel, Sylvia (Hrsg.): Die Eheschließung. Chinesische Erzählungen des 20. Jahrhunderts. bb-Taschenbücher Bd. 612, Berlin und Weimar 1988.

ENGLERT 1988
Englert, Siegfried: Liebe steht nicht auf dem Plan. In: STECKEL 1988.

FRANKE 1953
Franke, Wolfgang: Wandlungen der chinesischen Familie. Zeitschrift für Geopolitik Nr. 2, 1953.

FREEDMAN 1970/1
Freedman, Maurice: Chinese Family and Marriage in Singapore. New York und London 1970.

FREEDMAN 1970/2
Freedman, Maurice (Hrsg.): Family and Kinship in chinese Society. Stanford 1970.

GÖSSMANN 1984
Gössmann, Elisabeth: Am Anfang war die Frau die Sonne. In: HIELSCHER 1984.
GRUBE 1902
Grube, Wilhelm: Geschichte der chinesischen Literatur. Leipzig 1902.
HACKNER 1989
Hackner, Gerhard (Hrsg.): Die anderen Japanerinnen. München 1989.
HIEBER 1983
Hieber, W.: Chinesen über China. Düsseldorf 1983.
HIELSCHER 1984
Hielscher, Gebhard (Hrsg.): Die Frau in Japan. OAG-Reihe Japan modern Bd. 1, 2. Aufl. Berlin 1984.
HIGUCHI 1985
Higuchi, Keiko (übersetzt von Akiko Tomii): Bringing Up Girls. Start Aiming at Love and Independence. Status of Women in Japan. Kyoto 1985.
HONIG/HERSHATTER 1988
Honig, Emily und Hershatter, Gail: Personal Voices. Chinese Women in the 1980's. Stanford 1988.
JASCHOK 1988
Jaschok, Maria: Concubines and Bondservants: A Social History. London 1988.
JOHNSON 1983
Johnson, Kay Ann: Women, the Family, and Peasant Revolution in China. Chicago 1983.
KITAMURA 1985
Kitamura, Kazuyuki: Japan – im Reich der mächtigen Frauen. Ullstein Sachbuch Bd. 34296, Frankfurt 1985.
KOH 1982
Koh, Hesung Chun: Korean and Japanese Women. An Analytic Bibliographical Guide. Westport, Conn. 1982.
KRISTEVA 1982
Kristeva, Julia: Die Chinesin. Die Rolle der Frau in China. Ullstein Materialien Bd. 35144, Frankfurt 1982.
LEE 1986
Lee, Mi-Kyung Cho: Koreanisches Scheidungsrecht. Diss. Köln 1986.
LEE-LINKE 1986
Lee, Sung-Hee: Women's Liberation Theology as the Foundation for Asian Theology. In: East Asia Journal of Theology vol. 4, Nr. 2, S. 2–13, Singapur 1986.

LINCK 1988
Linck, Gudula: Frau und Familie in China. Beck'sche Reihe Bd. 357, München 1988.
MARTIN 1977
Martin, Helmut und Martin-Liao, Tien-chi: Mao intern. Unveröffentlichte Schriften. Dtv Bd. 1250, München 1977.
MARTIN-LIAO 1984
Martin-Liao, Tienchi: Frauenerziehung im Alten China. Bochum 1984.
MEULENBELT 1984
Meulenbelt, A.: Kleine Füße, große Füße. München 1984.
MYRDAL 1969
Myrdal, Jan: Bericht aus einem chinesischen Dorf. Dtv Bd. 591, München 1969.
O'HARA 1978
O'Hara, Albert Richard: The Position of Woman in Early China. 2. Aufl. Taipei 1978.
PEPPER 1984
Pepper, Suzanne: China's Universities. Ann Arbor 1984.
RAU 1984
Rau, Edith: Das Bild der Frau in den Medien. In: HIELSCHER 1984.
RUSSELL 1988
Russell, Letty M. (Hrsg.): Inheriting Our Mother's Gardens. Feminist Theology in Third World Perspective. Philadelphia 1988.
SCHEERER 1982
Scheerer, Ann-Kathrin: China Heute. In: Emma Nr. 12, 1982.
SCHEERER 1985
Scheerer, Ann-Kathrin: Bevölkerungspolitik und die Situation der Frauen in der VR China. In: Beiträge zur feministischen Theorie und Praxis, Vol. 8, H. 14. 1985.
SEAGER 1986
Seager, Joni und Olson, Ann: Der Frauenatlas. Daten, Fakten und Informationen zur Lage der Frauen auf unserer Erde. Fischer TB Bd. 4558, Frankfurt 1986.
SHIOZAWA 1988
Shiozawa, Miyoko und Hiroki, Michiko: Discrimination against Women Workers in Japan, Tokyo 1988.
SIU 1981
Siu, Bobby: Women of China. Imperalism and Women's Resistance 1900–1949. London 1981.
SPENNEMANN-OSHIMA 1984

Spennemann-Oshima, Tomomi: Japanerinnen werden gemacht. Frau und Erziehung. In: HIELSCHER 1984.

STACEY 1983

Stacey, Judith: Patriarchy and Socialist Revolution in China. Los Angeles und London 1983.

WANDEL 1987

Wandel, Elke: Frauenleben im Reich der Mitte. Chinesische Frauen in Geschichte und Gegenwart. Rororo Sachbuch Bd. 8429, Reinbek 1987.

WITKE 1979

Withke, Roxane: Genossin Tschiang Tsching. Die Gefährtin Maos erzählt ihr Leben. Frankfurt 1979.

WOMEN OF KOREA 1977

Kim Yung-Chung (Hrsg.): The Committee for the Compilation of the History of Korean Women: Women of Korea. A History Ancient Times to 1945. 2. Aufl. Seoul 1977.

WOMEN OF YI 1986

Research Center for Asian Women (Hrsg.): Women of the Yi Dynasty. Studies on Korean Women Series I. Seoul 1986.

YAO 1983

Yao, Esther S. Lee: Chinese Women: Past and Present. Mesquite 1983.

YI 1986

Yi, T'ae-Yong: Hyondae hanguk yosong lon (Aufsätze zur Situation der Frauen im modernen Korea). Seoul 1986.

ZAUBERSCHALE 1973

Naumann, Nelly und Naumann, Wolfram (Übers.): Die Zauberschale. Erzählungen vom Leben japanischer Damen, Mönche, Herren und Knechte. München 1973.

ZEB 1983

Zentrum für Entwicklungsbezogene Bildung (ZEB) (Hrsg.): Tourismus, Prostitution, Entwicklung. Dokumente. 2. Aufl. Köln 1983.

III. Das Christentum in der konfuzianischen Gesellschaft

1. Die Grundlagen der »alten Religionen«

In einem der drei hier behandelten Länder hat das Christentum große Missionserfolge errungen: in Korea. Über die Frage, warum gerade dort und nicht auch in Japan oder China/Taiwan, gibt es viele Spekulationen, auf die ich aber in diesem Zusammenhang nicht zu sehr eingehen kann. Wichtiger scheint es, die praktischen Auswirkungen zu betrachten, die die Christianisierung eines weiten Bereichs des öffentlichen Lebens in Südkorea bewirkt hat, und ganz speziell dabei die Vermischung christlicher und konfuzianischer Gedanken.

Über den Glauben des alten Korea wissen wir mangels ausreichender und vor allem verläßlicher Quellen nicht allzu viel, aber es ist sicher, daß er von zwei wesentlichen Elementen getragen wurde: dem *Ahnenkult* und dem *Schamanismus.* Jener ist ebenfalls ein wesentlicher Bestandteil des Konfuzianismus, wie wir im ersten Teil dieses Buches gesehen haben, dieser vereint religiöse Vorstellungen vieler euroasiatischer Völker.

Im Ahnenkult werden die verstorbenen Vorfahren als weiterlebend und weiterwirkend aufgefaßt, als eine Art Götter der niedrigsten Stufe. Ihre Verehrung bringt Glück der Familie, genauso wie ihre Vernachlässigung Unheil hervorruft. In gewisser Hinsicht hat der Ahnenkult somit eine antisoziale Tendenz, als jeder nur seine eigenen Ahnen verehrt, wobei die der anderen ihn gar nichts angehen, im Grunde für ihn nicht existent sind. Dieser Kult kommt völlig ohne Priester aus, die Zeremonie der Ahnenverehrung übernimmt der Familienälteste, »natürlich« immer ein Mann (vgl. I.2.3 und I.3.2).

Im Schamanismus dagegen wird die religiöse Handlung von einem Spezialisten durchgeführt, der durch viele Initiationsriten zum Schamanen wird. Seine Aufgabe ist in erster Linie die Heilung von Kranken, besonders psychisch Leidenden, und sogar die Wiedererweckung von Toten. Auch in Fällen, wo die Seele von Verstorbenen nicht zur Ruhe kommen kann (was sich beispielsweise in dem Unglück zeigt, das sie den Verwandten schickt), sucht sie der Schamane und führt sie ins Reich der Toten. Diese Religion widersprach und widerspricht sich nicht mit anderen Glaubensvorstellungen wie dem Ahnenkult, erfüllte ja auch nie alle religiösen Bedürfnisse.[1]

Von Anfang an vermischte sich der Schamanismus mit dem aus China importierten Taoismus, mit dem er vielleicht gemeinsame Quellen hat. Diese Glaubensrichtung kann man in zwei Teile unterteilen: eine *philosophische*, charakterisiert durch das Tao-te-ching und I-ching, beide angeblich von Laotse, und eine volkstümliche, den sogenannten *Volkstaoismus*, der im Grunde den Volksglauben zusammenfaßt, also auch das enthält, was man gemeinhin Aberglauben nennt. Der philosophische Taoismus wurde erst im 7. Jahrhundert offiziell nach Korea gebracht, aber der Volkstaoismus hatte eine fortwährende Wirkung auf die religiösen Vorstellungen der Koreaner und ließ zusammen mit dem Schamanismus und anderen alten religiösen Traditionen die eigentliche koreanische Volksreligion entstehen.[2]

In dieses religiös-philosophische Konglomerat traten als fertig entwickelte Religionen aus China *Konfuzianismus* und *Buddhismus* hinzu. Wir wissen bereits (I.1.), daß der Konfuzianismus hauptsächlich philosophische Züge hatte, die dann auch wesentlich das öffentliche, soziale Leben Koreas bestimmten. Nach bestimmten Vorspielen wurde die Verehrung des Konfuzius' offiziell im Jahre 717 aufgenommen und existiert ohne Unterbrechung bis heute.

Einen zuerst noch größeren Einfluß hatte der Buddhismus, der in der Zeit der »Drei Reiche« von 372 an eingeführt wurde, bis er 528 sogar Staatsreligion wurde. Nicht nur die religiösen Vorstellungen, sondern auch Kunst und Literatur wurden wesentlich vom Buddhismus geprägt. Zahlreiche Klöster in allen Teilen Koreas sorgten für weite Verbreitung, die auch sehr tief in der volkstümlichen Religiosität ihren Niederschlag fand, so daß heute kaum mehr zwischen buddhistischen Inhalten und Volksglauben unterschieden werden kann: In der Regel gelingt dies weder den Schamanen noch den buddhistischen Priestern!

Die Tendenz des Buddhismus, sich aus der Gesellschaft zurückzuziehen und in Fasten und Meditation die Glückseligkeit zu finden, widersprach aber sowohl den familiären Strukturen Koreas als auch der sich immer stärker auf den Konfuzianismus stützenden Staatsdoktrin, so daß es zu Verfolgungen und Unterdrückungen der einstmals so starken Religion kam. So fiel der Buddhismus in einen Zustand relativer Bedeutungslosigkeit, die sich auch in theologischer Diffusität äußerte. Die Konkurrenz, der Konfuzianismus, hatte dagegen für die grundlegenden religiösen Bedürfnisse vor allem des einfachen Volkes wenig übrig.

So entstand ein religiöses Vakuum, das nur teilweise von einem unspezifischen Volksglauben ausgefüllt wurde. Es fehlte in Korea eine *Religion mit Erlösungsanspruch,* die auch höheren geistigen Erwartungen entsprach: Eben hier fand das Christentum eine echte Lücke vor, und die Mission fiel auf fruchtbaren Boden. Durch die politischen Geschehnisse blieb aber der Erfolg und damit die Geschichte des koreanischen Christentums nach der Teilung auf Südkorea beschränkt.

2. Die patriarchalische Rolle des Christentums

2.1 *Der allgemeine Einfluß des Christentums*

Das Christentum wuchs rapide in der Zeit des chinesisch-japanischen und russisch-japanischen Kriegs (1895, bzw. 1904/5), die beide letztlich um den japanischen Einfluß in Korea geführt wurden. In der Not und den Härten dieser Kriege, noch durch katastrophale Zustände besonders bei der ausgebeuteten Landbevölkerung verstärkt, wandten sich viele Koreaner aus der Unterschicht an Erlösungsreligionen, die ein jenseitiges glücklicheres Leben versprachen. Ganz besonders das Christentum konnte davon profitieren.

So geschah die Christianisierung nicht aus intellektuellem Anlaß oder selbständiger, sorgfältiger Entscheidung, sondern aus emotionaler Unsicherheit und starkem Bedürfnis nach Trost. Diese besondere Situation wirkt auch heute noch in einer antiintellektuellen Tendenz und einer negativen Beurteilung des irdischen Lebens bei den koreanischen Christen nach. Sie verwirklicht sich beispielsweise auch in fundamentalistischen Strömungen und apolitischen Haltungen der meisten Kirchen Koreas.

Eine gegenteilige Tendenz und Hinwendung zum Diesseits entstand aber durch die calvinistische Auffassung von der Gnade Gottes im Reichtum, die in Korea unglaublich großen Erfolg hatte. Die Beteiligung der Kirche an der antijapanischen Erste-März-Bewegung 1919 und an dem antikommunistischen Feldzug, der im Koreakrieg 1950–53 seinen Höhepunkt erlebte, bewirkte aber auch eine Gegentendenz zur sonst apolitischen Auffassung der protestantischen Kirche.

Die Mission in Korea wurde von Anfang an vom Protestantismus geprägt, der die katholischen Missionsversuche stets weit hinter sich ließ. Von 174 Missionaren im Jahre 1904 waren 148 protestantisch (85 %) und von 205 im Jahre 1909 157 (77 %).[3] Fast alle protestantischen Missionare waren Amerikaner. Sie hatten von Anfang an gewisse ideologische Probleme. Einerseits war ihr Anliegen die Verbreitung ihrer Religion, die sie als allen anderen überlegen ansahen. Andererseits waren sie automatisch sowohl Wegbereiter des Imperialismus, ob sie nun wollten oder nicht, als auch Vorläufer und Verbreiter der westlichen Kultur, wobei sie das letzte Moment in der Regel bewußt vertraten.

Aus rassistischem, kulturellem, wirtschaftlichem und militärischem Überlegenheitsdenken haben die Missionare ihre Arbeit als »Zivilisierung der Barbaren« und »Bekehrung der Häretiker« verstanden. Sie haben die Dinge in Korea nach den Maßstäben ihrer Kultur betrachtet und dann auf der einen Seite ein ungeheures Sendungsbewußtsein für die Verbreitung der abendländischen Kultur entwickelt, woraus sie ihren Bildungsanspruch bei der Gründung neuer Schulen und Universitäten bezogen, und auf der anderen die konkurrierenden Religionen als feindlich eingestuft. So wurden von ihnen in der Regel gleichzeitig koreanische Kultur und fremder Glaube bekämpft, wodurch auch sie zum vorläufigen Ende der koreanischen Kultur beitrugen, was sicher nicht aus bösem Willen geschah.

Für die moderne Bildung des Volkes, das damals noch in feudalen Strukturen in einer fast mittelalterlichen Gesellschaft lebte, die jahrhundertelang in völliger Isolation existiert hatte, haben die Missionare allerdings einen äußerst wesentlichen Beitrag geleistet. In der konfuzianischen Gesellschaft hatten nur die legitimen Söhne des Adels das Recht auf Ausbildung gehabt; aber bei den Missionaren konnte jeder, unabhängig von seiner Herkunft und von seinem Geschlecht, eine Ausbildungschance bekommen. Das war auch der Grund, warum die Kinder aus der Unterschicht und da insbesondere auch die Mädchen freiwillig die Missionsschulen besuchten. Das Ziel der Ausbildung ähnelte aber anfangs dem konfuzianischen. Ein Konfuzianer im 18. Jahrhundert formulierte es folgendermaßen:

Die Absicht der konfuzianischen Erziehung besteht darin, immer und immer wieder moralische Prinzipien einzuüben und junge Männer im anständigen moralischen Verhalten auszubilden. Fähigkeiten wie Lesen und Rechnen sind von sekundärer Bedeutung, selbst in der Grundschulerziehung, und sollten nur als ein Schritt zu einer höheren ethischen Stufe betrachtet werden.[4]

Im Jahresbericht der Methodistischen Kirche von 1904 liest sich das Anliegen der christlichen Ausbildung so:

Unser gesamter Unterricht muß sich auf ein Ziel richten: das rettende Wissen um Jesus Christus. Wenn die Schüler »das Wasser der Heilung und die Erneuerung durch den Hl. Geist« erfahren, genügt es zur Vergrößerung und Nutzen ihres Wissens. Anderenfalls ist alles vergeblich. Die absolut notwendige Sache ist das Wissen um Gott. Das Wissen um diese Erfahrung ist das Wissen, das der Koreaner braucht. Wenn er das besitzt und es besitzt ihn, löst das alle Fragen von Zeit und Ewigkeit.[5]

Wir sehen, daß beide die Ausbildung nur als Mittel zum Zweck ansahen, einem Zweck, der recht selbstsüchtig den eigenen Zielen diente, hier wie dort. Natürlich hielten die Missionare die konfuzianische Erziehungsmethode trotz des verkündeten Anspruchs weder für intellektuell noch für moralisch. Robert Moose beschreibt seine Beobachtungen über das traditionelle konfuzianische Schulsystem in Korea folgendermaßen:

Der Lehrer spricht das chinesische Zeichen aus, und die Jungen wiederholen es im Konzert mit aller Kraft ihrer Stimme. Zuerst wird die Bedeutung des Schriftzeichens nicht wahrgenommen, aber es wird Aufmerksamkeit darauf verwandt, es unter seinen »Kollegen« wiederzuerkennen und beim Namen zu nennen. Gleichzeitig, wenn der Knabe den Namen des Zeichens schreit, schwingt er seinen Körper vor und zurück, dem Klang seiner Stimme Zeit zu lassen, während jeder im Raum mit der gleichen Übung beschäftigt ist. Man braucht nicht nachzuforschen, ob eine Schule im Dorf existiert, denn wenn es eine gibt, hört man sie. Unterricht ist von frühmorgens bis zur Dunkelheit, sieben Tage die Woche, zwölf Monate im Jahr, nur mit zufälligen Ferien dazwischen ... Nach zwei oder drei Jahren dieses sinnlosen Studiums der Zeichen fangen die Schüler an, ihre Bedeutung zu lernen, und schreiten fort zum Studium von chinesischer Geschichte, Philosophie und Literatur, wie sie seit der Zeit des Konfuzius' überliefert ist. Es gibt kein Ende im Unterrichtsverlauf, so daß der Knabe, der sich zum Gelehrten machen möchte, die Arbeit eines ganzen Lebens vor sich hat; und das Traurigste davon ist die Tatsache, daß er nie ein Wissenschaftler im wirklichen Sinne des Wortes werden kann. Im Gegenteil, wenn er sein Leben literarischen Neigungen gewidmet hat, wird er nicht soviel Allgemeinwissen haben, wie man es als Gelehrter braucht, als die Jungen und Mädchen in den ersten Klassen der Schulen unseres Landes bereits besitzen.[6]

Wenngleich die Beschreibung nicht das Auge des kulturstolzen Missionars verleugnen kann, ist die Aussage über die konfuzianische »Didaktik« an sich doch korrekt. Alle Lernprozesse laufen nach vorbestimmten Formen ab, Fragestellung ist nicht erlaubt: Man soll nur auswendiglernen, nicht selbständig denken und schon gar nicht rückfragen oder kritisieren. Die Autorität des Lehrers ist unantastbar, und das vermittelte Wissen ist auf die überlieferte konfuzianische Lehre beschränkt.

Aber auch die »fortschrittlichen« Missionare haben einige den geschilderten konfuzianischen Methoden vergleichbare Züge in ihrer Ausbildungspolitik praktiziert: Fragen über die Autorität der Bibel waren nie erlaubt, so wenig wie kritische Exegesen. Die theologische Richtung fast aller Missionare war extrem fundamentalistisch, was, wie gesagt, heute noch die koreanische Kirche prägt. Als beste Methode für das Bibelstudium galt ebenfalls das Auswendiglernen, und so verwundert es nicht, wenn heutzutage in jeder Kirche mindestens zweimal pro Jahr der »Bibel-Auswendiglernen-

Wettbewerb« stattfindet, bei dem der gewinnt, der den längsten Text am flüssigsten herunterplappern kann. Nach dem Inhalt des rezitierten Textes wird auch hier nicht gefragt.

Der chauvinistische Nationalismus des Konfuzianismus wurde vom amerikanischen der Missionare ersetzt. Die USA wurden von ihnen als das »gesegnete Land Gottes« in den Predigten dargestellt, und die Koreaner glaubten es. Christsein bedeutete so nicht nur eine innere Bekehrung, sondern auch den äußeren Umstieg auf die amerikanische Zivilisation, im positiven wie im negativen Sinne. Die anderen Religionen und Lebensstile wurden von den Christen als barbarisch oder sogar dämonisch dargestellt. Insofern ist es verständlich, daß die Christen unter sich eine sehr abgeschlossene Gesellschaft bilden, um sich schädlichen kulturellen und religiösen Einflüssen fernzuhalten.

Die meisten Missionare waren apolitisch. Mit Unterstützung der amerikanischen Regierung versuchten sie, die koreanische Kirche zu entpolitisieren, um in ihrer Missionstätigkeit keine Probleme mit der japanischen Kolonialregierung zu bekommen und weiter den imperialistischen Interessen der USA dienen zu können. Eine Ausnahme war Dr. Allen, amerikanischer Botschafter, Missionar und Arzt, der wegen seiner politischen Haltung gegen Japan von seiner Regierung 1905 zurückgerufen wurde. Ein Beobachter schildert den Fall folgendermaßen:

> Er war freundlich zu den Japanern, hielt es aber nicht für notwendig, seine Augen vor den düsteren Seiten ihrer Verwaltung zu verschließen. Das führte zu seinem Sturz. Er benutzte in ein oder zwei Fällen eine Gelegenheit, seiner Regierung einige unangenehme Wahrheiten mitzuteilen. Die Japaner kamen in Kenntnis davon. Sie ließen indirekt spüren, daß er für sie keine persona grata mehr war. Er wurde formlos und ein wenig unhöflich zurückgerufen.[7]

Die Entpolitisierung der koreanischen Kirche hatte also durchaus offizielle amerikanische Unterstützung, wurde aber innerhalb der Kirche sowohl von den Missionaren als auch den Bekehrten, die natürlich noch ein konfuzianisches Weltbild hatten, unterstützt, denn sie legten absoluten Vorrang auf die Erlösung des Individuums, und alle gesellschaftlichen Anliegen waren dem untergeordnet. Das hatte großen Erfolg, denn die meisten koreanischen Christen betrachten die Konzentration auf das Eigeninteresse, die die Erlösung des einzelnen und der eigenen Familie nun einmal bedeutet, ganz passend zu dem konfuzianischen Gedanken von Glück und Wohl der eigenen Familie: Erlösung und Gerechtigkeit der Gesellschaft hielten sie für sekundär. Aus diesem Denken wurde die Tradition innerhalb der protestantischen Kirche geschaffen. In dieser Hinsicht haben die Missionare die Rolle des Konfuzianismus übernommen und geholfen, »*konfuzianische Christen*« auszubilden.

2.2 *Christentum und Frauenausbildung*

Für die Frauen im »Gefängnis« der konfuzianischen Gesellschaft war das Christentum eine wahre Frohe Botschaft, denn es öffnete ihnen durch die religiöse Lehre, daß Frauen auch Kinder Gottes seien, die Augen zum Selbstbewußtsein. Daß die Frau auch ein vollwertiger Mensch ist, daß das Wort Gottes auch an die Frau gesprochen ist und daß sie es darum gleichfalls hören, lesen und verkündigen darf und daß die Frau in der Erlösung das gleiche Recht wie der Mann hat und es somit keine sexistische Diskriminierung im Reich Gottes gibt – alle diese Verkündigungen waren für die Frauen eine wahrhaft revolutionäre, aber genauso gute Nachricht, von der sie früher noch nie gehört hatten.

Das ganze alltägliche Leben veränderte sich durch dieses neue Bewußtsein: Die Frauen wagten sich allein in die Öffentlichkeit, und sie beharrten auf eigenen freien Entscheidungen über ihren Lebensweg. Helen Kim, die erste Präsidentin der Ewha Womans University, beschreibt die Veränderung des Lebensstils der Christinnen in der Anfangszeit der Mission so:

Mittelalte Frauen, die früher im Halbschlaf dämmerten, formten sich plötzlich in christliche Energiebündel um, überraschten ihre Ehemänner mit ihrem neuen Wissen und ihrer Bestimmtheit. Sie beanspruchten ihre Rechte und entschieden mit Endgültigkeit, daß ihre Töchter auch in die Schule gehen sollten. Und sie gingen! Meine Mutter ist ein treffendes Beispiel dafür. Vater konnte nichts besseres tun, als sie ihren Weg gehen lassen, denn es war der rechte Weg. Und die Familie begann in der Tat einen Aufstieg nach oben.[8]

Um das Wort Gottes lesen zu können, begannen die Christinnen, chinesische und koreanische Schrift zu lernen. Die Missionsschulen standen Mädchen genauso offen wie den Jungen. Die Frauenausbildung an diesen Schulen hatte zwei Richtungen: einerseits die Konvertierung der Mädchen zum Christentum, andererseits die Erziehung zur idealen Ehefrau nach koreanischer Art. G. W. Gilmore, ein Missionar, der im Auftrag der Regierung die Schulerziehung reorganisierte, berichtet uns, daß das Ziel der Ewha-Mädchenschule war, »die Schulmädchen dahingehend zu entwickeln, daß sie unter den Bedingungen, in denen sie ihr Leben verbringen mußten, modellhafte Hausfrauen und für ihre Verwandten und Freunde Missionare des Kreuzes werden«.[9]

Die Missionare begingen den Fehler, die Unmöglichkeit einer Kombination zwischen der mutigen, aktiven und selbständigen Evangelistin und der traditionellen koreanischen Idealehefrau zu sehen, denn beides ist einfach unvereinbar. Sie haben fest geglaubt, daß ihre Lehrtätigkeit dazu diene, aus den Mädchen »Gehilfinnen bei Aufbau und Erhaltung von wahren Heimen zu machen, auch Lehrerinnen von Tagesschulen, Hilfen in Internaten, Krankenschwestern oder andere medizinische Hilfskräfte zu werden«.[10]

Mary Scranton betonte, daß das Ziel der Schulausbildung der koreanischen Mädchen nicht in der Verwestlichung, sondern umgekehrt in der Koreanisierung liegen solle: »Wir wollen, daß Korea stolz auf koreanische Dinge sein soll, und mehr noch, ein perfektes Korea durch Christus und seine Lehre.«[11]

Was haben die Missionare mit dieser »perfekten Koreanisierung« der Mädchen gemeint? Erstaunlicherweise war es die Betonung der Rolle der Frau zu Hause, wie die Antwort von Miss Rothweiler über die Frage, wie man dies erreichen und im Lehrplan der Mädchenschulen verwirklichen könne, klarmacht: »Was auch immer die private Meinung von irgend jemand betreffs der weiblichen Sphäre und geziemenden Aufgabe sein möge, in Korea ist das häusliche

Leben ihr Bereich und ihre Bestimmung. Was auch immer wir möchten, was unsere Mädchen machen oder sein sollen, es muß zweitrangig gegenüber diesem ersten Punkt sein.« Nach dieser Auffassung lernten dann die Ewha-Schülerinnen auch, nämlich »Essen zuzubereiten, ihre Kleidung zuzuschneiden, zu nähen und auszubessern, sich selbst und ihre Wohnung ordentlich zu halten, und dies alles in rein koreanischem Stil«.[12]

Das Idealbild der koreanischen Frau, das die Missionare, besonders die weiblichen wie Scranton und Rothweiler, anstrebten, war das aus den Sprüchen des Alten Testaments, das wir schon oben kennengelernt haben. Im Grunde unterschied es sich nicht vom konfuzianischen, mit der kleinen Einschränkung, daß es jetzt christlich gefärbt war: zu den traditionellen Rollencharakteristika »weise Mutter und gute Ehefrau« wurde noch das Attribut »wahre Christin« hinzugefügt.

Es gab außer diesen ideologischen natürlich noch viele andere Schwierigkeiten. Die Ehefrauen hatten z. B. wegen der schweren Belastung durch den Haushalt kaum eine Chance für regelmäßigen Unterricht gehabt. Sie versuchten, entweder von ihrer Tochter oder von den bereits alphabetisierten Frauen der Kirche, Lesen und Schreiben zu lernen. Die Missionare hatten auch viele Abendschulen in der Kirche für die Frauen eingerichtet, und sogenannte »Bible Women« besuchten die Frauen tagsüber zu Hause und gaben ihnen Unterricht, natürlich mit dem Bibeltext.

Wie fleißig die Frauen damals beim »Lernen durch die Bibel« waren, zeigt mir das Beispiel meiner Großmutter. Sie hatte zwei Probleme gehabt: Erstens blieb tagsüber für das Lernen kaum Zeit übrig, und zweitens konnte sie sich die teuren Schreibwaren nicht leisten. Für beide Probleme fand sie eine Lösung: Wenn sie einen Tag einmal frei hatte, lief sie zu Fuß zum Strand (hin und zurück etwa 50 km) und holte Sand. Den streute sie auf ein Holzbrett und übte abends mit den Fingern, wenn die anderen Familienmitglieder bereits schliefen. Da sie nicht extra Kerzenlicht anmachen durfte, lernte sie entweder draußen im Vollmond oder unter dem Fenster des Nachbarn, wo das Licht brannte.

Daß Frauen in der Lage und berechtigt sind, anderen Unterricht zu erteilen, war für diese einerseits schockierend, andererseits reizvoll, gerade weil der Konfuzianismus diese Möglichkeit strikt ablehnt. Diese neue Aufgabe setzte in ihnen ungeahnte Kräfte frei, und es ist fast unglaublich, was die sogenannten Evangelistinnen bei ihrer Arbeit leisteten. In den Missionsberichten lesen wir oft von der fast übernatürlichen Geduld und Selbstaufopferung dieser Frauen. Nach Mary Scranton veranstaltete eine ihrer Mitarbeiterinnen 1894 innerhalb eines halben Jahres 140 Missionsseminare und besuchte 50 Häuser für die Verkündigung des Evangeliums. Eine andere missionierte in acht Monaten 3000 Frauen und brachte sie in die Kirche. Der Erfolg dieser ungeheuren Anstrengung der Frauen blieb nicht aus: Innerhalb dieses Jahres stiegen die Mitgliederzahlen in der Kirche ums Vierfache.[13]

Gerade diese hingebungsvolle Missionsarbeit der Evangelistinnen innerhalb und außerhalb der Kirche wurde die Grundlage des Wachstums der Kirche in Korea. Auch nach der Anfangsphase wurde sie weiter auf der Basis von Dienst, Opfer und Selbstaufopferung der Christinnen getragen. Heute noch beträgt der Anteil der Frauen in der Kirche mehr als zwei Drittel. Sie waren und sind die sichtbaren Träger des koreanischen Christentums, auch wenn ihre Rolle im Wachstum der Kirche wegen der konfuzianisch-patriarchalischen und christlich-patriarchalischen Mentalität der männlichen Christen und der daraus resultierenden patriarchalischen Struktur der Kirche nicht richtig anerkannt ist.

Die Evangelistinnen arbeiteten ohne Gehalt. Nur mit leidenschaftlichem Glauben reisten sie zu Fuß übers Land mit einem schweren Paket auf dem Kopf oder dem Rücken, das von christlichen Broschüren und Traktaten voll war. Um die Frauen besser missionieren zu können, lernten sie selber die Bibel auswendig. Daß eine Frau auch in der Öffentlichkeit beten und dabei Gott mit »Vater« anreden darf, war für die Frauen eine traumhafte, erste religiöse Erfahrung. Vor allem beim Gebet lernten sie, eigene Wünsche und Gedanken zu äußern. Alle diese neuen Erfahrungen waren auch neuer Antrieb für die Frauen in ihrer selbstlosen Arbeit der Missionierung des koreanischen Volkes.

Die besondere Rolle des Christentums bestand nicht nur in der Allgemeinbildung von Frauen, sondern auch in der Ausbildung ihrer Führerinnen, die sie in die Zukunft leiten sollten. Was die Leute von den Absolventinnen der Hochschule erwarteten, beschreibt uns Helen Kim mit der Szene der ersten Abschlußzeremonie von Ewha aus dem Jahre 1914:

> Ich saß unter den Ewha High School-Schülern und beobachtete atemlos, wie die ersten drei weiblichen College-Absolventinnen in ihren Mützen und Gewändern einmarschierten ... Jeder war auf sie als künftige Führerinnen der Nation stolz. Das Publikum erhob sich und blieb in Stille stehen. Es war eine Szene, wie es nie zuvor in Korea gegeben hatte. Denn daß Mädchen zum College gehen, dort graduieren und dann einen Beruf ergreifen, war eine unerhörte Tatsache ... Tränen rollten meine Wange herab. Ich sah mich um und erblickte andere ebenfalls weinend, sogar einige Männer. Es waren Tränen der Freude für die vollendete Ausbildung von Mädchen, die so lange vernachlässigt wurden und auf die man so lange herabgeblickt hatte. [HUNTLEY 1987, S. 261. Ü. d. Verf.]

Durch die Lehre des Evangeliums und durch die Informationen über das Leben der westlichen Frauen lernten die Christinnen, daß das weibliche Leben im Konfuzianismus keineswegs das von Gott gewollte Schicksal der Frau ist, sondern eher *eine Sünde gegen den Willen Gottes.* Darum engagierten sich die Christinnen gegen Polygamie, Kinderehe, Verkauf der Töchter und Analphabetentum bei Frauen.

Diejenigen, die vom konfuzianischen auf das christliche Leben umgestiegen waren, erlitten Verfolgung und Unterdrückung durch die eigene Familie und die Gesellschaft. Denn sie trennten sich einerseits vom Ahnenkult als »natürlicher« Verehrungsform und entfernten sich gleichzeitig von der traditionellen Rolle der Frau. Manche wurden ausgestoßen und oft sogar für verrückt gehalten. Aber je schlimmer Verfolgung und Diskriminierung, desto stärker und leidenschaftlicher wurden Glaube und Liebe zu Gott. So haben die Frauen der presbyterianischen Kirche im Jahre 1898 (ein Jahr vor den Männern!) das Frauenmissionswerk gegründet.[14]

Diese anfänglichen emanzipatorischen Faktoren in der koreanischen Kirche traten bald im weiteren Wachstum des Christentums langsam zurück, ganz wie das Christentum als Staatsreligion des Römischen Reiches seinen emanzipatorischen Charakter verlor. Die patriarchalische Struktur der konfuzianischen Gesellschaft verknüpfte sich ohne Schwierigkeiten mit dem auch im Christentum latent vorhandenen patriarchalischen Substrat. Die Autorität der Bibel diente völlig zu Unrecht zur Begründung einer Autorität von Pastor und Presbyter, allein das Recht zur Verkündung und Lehre des Wort Gottes zu haben, also eine Funktion auszuüben, die den Frauen verwehrt war. Diese Auslegung, die Gleichsetzung von biblischer mit patriarchalischer Autorität, verlangte aber von den Frauen in der Kirche absoluten Gehorsam gegenüber den Männern, ganz wie in der konfuzianischen Gesellschaft!

Seidem die Zahl der männlichen Kirchenmitglieder ebenfalls stieg, begann eine systematische Diskriminierung der Frau im koreanischen Christentum: Es fing an, sich mit patriarchalischen Elementen auszurüsten. Zwei der wichtigsten waren die Herstellung einer Hierarchie und die Benachteiligung der Frau innerhalb dieser Rangordnung. Wie das ehemalige konfuzianische Rangsystem auf die koreanischen Kirche einwirkte, berichtete der kritische Schriftsteller Yi Kwang-Su bereits vor dem Ersten Weltkrieg in seinem Artikel »Der Makel der heutigen christlichen Kirche Koreas«:

Der erste Makel ist, daß die heutige christliche Kirche Koreas rangordnungssüchtig ist. Das hierarchische Denken ist in Asien, vor allem in Korea, so tief eingewurzelt, daß man es nicht mehr ausrotten kann. In der koreanischen Gesellschaft kann man kaum Harmonie aus Freiheit und Gleichheit suchen. Denn nicht nur zwischen Regierung und gemeinem Volk, Älteren und Jüngeren, Mann und Frau und älterem und jüngerem Bruder, sondern auch zwischen Freunden in jeder Versammlung, wo mehr als zwei Leute sind, wird eine Rangordnung hergestellt. Es scheint so, als ob auch das Christentum, das die Gleichheit jedes Menschen verkündigt, in dieser Sache keine Ausnahme sei. Denn der Klassenunterschied, wie der zwischen verschiedenen Fraktionen, und der zwischen Yangban (Feudalherr) und Sangnom (Höriger) in der alten Yi-Dynastie, ist auch innerhalb der heutigen christlichen Kirche so tief eingewurzelt, daß man ihn nicht entwurzeln kann. Die Beziehung zwischen Pastor bzw. Presbyter und Laien ist wie die zwischen Regierung und Volk, Älterem und Jüngerem und Meister und Schüler. Pastor und Presbyter wollen immer über den Laien stehen und die Laien wollen von ihnen Anleitung und Einmischung ... Heute in Korea wollen Pastor und Presbyter sich über die Laien stellen und in jeder Sache absolutes Vorrecht haben. So kann man Pastor und Presbyter »Yangban« nennen und die Laien »Sangnom« ... Am lustigsten ist, daß diese Geistlichen auch Leute, die im Wissen, in der Persönlichkeit und in der sozialen Position hervorragender sind als sie, in ihren Händen klein kriegen wollen.[15]

Diese absolute Hierarchie der Kirche hat sich auch heute in der Zeit der »Demokratisierung« kaum geändert. Kritik an Geistlichen wird sofort als Kritik an Gott betrachtet und entsprechend scharf verfolgt. Die meisten Kleriker nennen sich sehr bescheiden »Knecht Gottes«, aber benehmen sich selbstherrlich wie »Fürsten« gegenüber den Laien. Der Hochmut der konfuzianischen Feudalherren setzt sich in der Überheblichkeit der großen wie kleinen kirchlichen Würdenträger fort.

Die Diskriminierung der Frau im koreanischen Christentum fing schon früh in der theologischen Ausbildung an. Die Presbyterianische Kirche gründete im Jahre 1897 eine »Kurze Bibelschule« (mit 6-Monats-Kurs) für die Schulung von Evangelistinnen, aber nur für Männer 1901 ein Theologisches Seminar (mit 5-Jahres-Kurs). Die Methodistische Kirche dagegen gründete im Jahre 1932 ein gemischtes Theologisches Seminar und erkannte in der Folge die Frauenordination an. In dieser Hinsicht waren die Methodisten also viel fortschrittlicher als die Presbyterianer.

Aber trotz der Anerkennung der Frauenordination war die Diskriminierung der Frau in der Praxis der Methodistischen Kirche ebenfalls sehr schlimm. Ein Beispiel dafür ist der unverschämte Lohnunterschied zwischen Pastor und Evangelistin, auch wenn in der Praxis die – fast alle unverheirateten – Evangelistinnen mehr arbeiteten als die Pastoren. Nach einem Bericht der Tageszeitung Maeil Shinbo von 1922 verlangten etwa dreihundert Evangelistinnen der Methodistischen Kirche vom neu ernannten Bischof eine Erhöhung ihres Gehaltes, denn die Differenz war gewaltig: Der Pastor bekam 70 bis 100 Wŏn und die Evangelistin nur etwa 20. Natürlich wurde dieses Verlangen abgelehnt, und ebenso selbstverständlich existiert dieser unglaubliche Lohnunterschied heute in fast allen Kirchen fort.[16]

Die Zahl der Pastorinnen in der Methodistischen Kirche ist auch heute noch äußerst gering. sie erhalten keine eigene Gemeinde, weil jeder Kirchenvorstand (fast nur aus Männern bestehend) keine Frau als Geistlichen in seine Gemeinde beruft. Die absolute Ausschließung der Frau vom kirchlichen Amt ist jedoch in der Presbyterianischen Kirche am schlimmsten. Meine Denomination – The Presbyterian Church of Korea – ist die größte im Lande: 1700000 Mitglieder, 4200 Kirchen, 3800 Pastoren, 3600 EvangelistInnen und rund 9900 Presbyter nach einer Statistik von 1987. Sie lehnte von Anfang an nicht nur die Ordination der Frau als Pastorin ab, sondern sogar das weibliche Presbyteramt.

Die Tageszeitung Donga Ilbo (vom 13. 11. 1933) berichtete über den ersten Versuch der Frauen in der Presbyterianischen Kirche, dies zu ändern:

Das Bestehen auf die Beteiligung von Frauen an Kirchenangelegenheiten auf gleicher Basis mit Männern wurde ein Thema auf der 22. Nationalen Presbyterianischen Generalversammlung, die gerade in Sŏnch'ŏn abgehalten wird. Nach einem Bericht der Hamnam-Kirche, die eine Teilnehmerin war, stimmte sie dagegen, Frauen die Stellung und den Titel eines »Presbyters« zu geben. Einhundertfünfzig weibliche Gläubige dieses Gebietes hatten für den Antrag unterzeichnet, der aber abgelehnt wurde. Der Grund für die Zurückweisung war einfach die Tatsache, daß die Zeit noch nicht reif für ein solches Vorgehen sei.

Acht Monate später berichtete dieselbe Zeitung über das Scheitern des zweiten Versuchs (27. 6. 1934). Unter der Leitung von Ch'oe Yŏng-Hye stellten 539 Frauen aus 22 Kirchen in Hamnam den Antrag auf das Presbyteramt der Frau. Dieser Antrag wurde mit der Begründung abgelehnt, daß er bereits in der vorigen Synode in Sŏnch'ŏn zurückgewiesen wurde. Die Ablehnung unter diesem Vorwand läuft inzwischen 57 (!) Jahre lang bis heute 1991.

Die Geschichte der Ablehnung der Frauenordination ist genauso alt. Als der erwähnte Antrag ein heißes Thema auf der Synode wurde, begründete Pastor Kim Ch'un-Pae, Redakteur der Kirchenzeitung Kidok Shinbo (Nr. 977) im Leitartikel seine Unterstützung um den Kampf der Frauen mit der folgenden Argumentation:

Es ist einfach die Sitte einer lokalen Kirche vor 2000 Jahren gewesen, aber nicht eine unwandelbare Wahrheit, den Frauen zu befehlen, nicht ihre Münder zu öffnen und niemals zu lehren.

Die presbyterianische Synode, die diesen Artikel nicht als Unterstützung für die Frauenrechte in der Kirche, sondern nur als Herausforderung der absoluten Autorität der Bibel verstanden hatte, beauftragte Prof. Pak Hyŏng-Yong, eine biblische Begründung für das Verbot der Lehrtätigkeit von Frauen in der Kirche zu liefern. Dieser argumentierte so:

Der Befehl, Frauen nicht zu den Verwaltungsrechten der Kirche zuzulassen, bezeichnet keineswegs nur die Lehren und Sitten einer lokalen Kirche vor 2000 Jahren, sondern ist eine ewige Wahrheit ... Genesis Kap. 3, V.16 sagt: »Und dein Verlangen soll nach deinem Mann sein, aber er soll dein Herr sein.« So werden in der Bibel Frauen schon angewiesen, Männern zu gehorchen. Das bedeutet ohne nähere Erläuterung [!], daß Frauen keine administrativen Rechte in der Kirche haben, in der auch Männer sind.

Die weiteren aus der Bibel hergeholten Begründungen werden sich die LeserInnen bereits vorstellen können, nämlich daß nach den Büchern Mose die Frau nach dem Mann als seine Gehilfin geschaffen wurde, daß im Sündenfall Eva zuerst Schuld auf sich lud und daher bei der Frau von Natur aus die Begabung zum Führen nicht gegeben sei und daß schließlich die angeborene, natürliche Aufgabe der Frau in der Familie und ihre Mitarbeit in der Kirche ausschließlich im frommen Glauben liege.

Dieser »Autorität« und wohl noch mehr dem psychischen und finanziellen Druck der Synode mußte sich dann auch Pastor Kim beugen und sich zu einer offiziellen Entschuldigung bereitfinden:

Wenn dieser Satz die Autorität und Heiligkeit der Bibel herabsetzt und wenn es auch nur eine geringe Möglichkeit gibt, der Kirche damit Schaden zuzufügen, möchte ich im Gefühl meiner großen Verantwortung nicht zögern, das zurückzunehmen, was ich geschrieben habe.

Seit dieser Maßregelung wagt kein Pfarrer in den konservativen presbyterianischen Kirchen, besonders in der mitgliederstärksten PCK, noch einmal über die Frauenordination zu diskutieren. Nur in einer viel kleineren Denomination, der Presbyterianischen Kirche der Republik Koreas (PROK), wurde das Amt der Presbyterin (1956) und der Pastorin (1974) anerkannt, aber die Zahl dieser Frauen ist bis heute unbedeutend klein geblieben (21). Auch in der Methodistischen Kirche, die die Frauenordination zuläßt, sind von 1933 bis 1988 insgesamt nur 60 Frauen ordiniert worden, und nach dem Kirchengesetz von 1972 darf nur eine ledige Frau sich darum bewerben.

In den heutigen Theologischen Fakultäten und Seminaren sind etwa die Hälfte der Studenten Frauen. Da die Frauenordination in fast allen Denominationen unter Berufung auf den Befehl Gottes verboten ist, haben die Theologiestudentinnen keine Chance für eine sinnvolle kirchliche Tätigkeit. Die meisten Absolventinnen arbeiten als Evanglistinnen unter völlig diskriminierenden Umständen (beim Lohn, in der Behandlung und natürlich besonders in Fragen der Autorität) *als Dienstmädchen der Kirche* bis zu ihrer Heirat, auch wenn sie die gleiche Ausbildung wie die Männer haben.

Nach meinem Theologiestudium gab es auch für mich nur eine Arbeitsmöglichkeit als Evangelistin. Da ich in dieser Arbeit, die in der Praxis nur aus absolutem Gehorsam, ja Unterwerfung als Untertanin der männlichen Geistlichen besteht, keinen Sinn nach meiner sechsjährigen Ausbildung sah, entschloß ich mich mit Unterstützung meiner Eltern mit dem Ziel »Theologieprofessorin« weiterzustudieren, was für mich trotz des großen Risikos (auch in diesem Beruf herrscht das Patriarchat) der einzige, wenn auch winzig kleine Ausweg schien. Wie schwer dieser Weg in der konfuzianischen Gesellschaft wurde und wie oft ich viel größere Leistungen als die Männer zeigen mußte, darüber braucht man hier nicht mehr zu sprechen.

Als Professorin der Theologie in Korea wurde ich ab und zu einmal zur Predigt eingeladen, aber nicht zum Hauptgottesdienst am Sonntagmorgen, sondern ich durfte nur in »Nebengottesdiensten«, in kleineren Andachten sprechen. Trotz der großen »Gnade« der Pastoren, überhaupt einmal eine Frau zur Predigt einzuladen, war ich jedesmal sehr traurig, als ich in den Gemeinden sah, wie die Evangelistinnen unter der Verstockung der konfuzianisch und auch christlich patriarchalischen Struktur der Kirche litten. Was ich jedesmal dabei besonders niederschmetternd fand, war, daß sich die patriarchalische Mentalität der meisten koreanischen Christen, besonders aber auch der Christinnen, unter dem Einfluß der Frohen

Botschaft eigentlich überhaupt nicht geändert hat. Insbesondere glauben sie immer noch, daß das Recht zur Verkündigung des Evangeliums nur den männlichen Pastoren gehört. So erwarteten sie von mir keine sogenannte »echte Predigt«, sondern eine »exotische«, »eine theologische Vorlesung«, die gerade noch der Frau unter ganz extremen Voraussetzungen gestattet werden kann.

Der Arbeit von Frauen in der Gemeinde steht also nicht nur das Kirchengesetz, sondern genauso die konfuzianisch-patriarchalische Mentalität entgegen. Die Gemeindemitglieder selber – Frauen und Männer – wollen sich nicht durch eine Pastorin vertreten lassen und akzeptieren sie, wenn überhaupt, nur als »Assistentin« des Pfarrers, als seine Helferin. Ihre Arbeit ist weniger wert und wird folgerichtig schlechter bezahlt: In einer mittelgroßen Gemeinde verdient der Pfarrer umgerechnet ca. 4000 DM, sein Stellvertreter 2000 DM, der Vikar 900 DM – und die Frau 700 DM, bei jeweils gleicher Qualifikation! Was für eine unmenschliche Situation in einer christlichen Kirche, wo Liebe und Gerechtigkeit Gottes im Mittelpunkt stehen sollte.

Sehr widerspruchsvoll ist auch die gegensätzliche Beurteilung der Heirat bei Pastor und Vikarin. Keine Gemeinde will einen unverheirateten Pfarrer aufnehmen, und das aus zwei Gründen: Erstens wird seine Frau ihm bei der Arbeit helfen (wie auch in Deutschland üblich), zweitens hat sie Angst, daß ein Jungeselle den »Verführungen« bei der Seelsorge erliegen und einen Skandal verursachen könnte. Komischerweise – denn eigentlich würden diese Argumente genauso bei einer Frau gelten, sähe man sie als zutreffend an – wird von einer Vikarin das Gegenteil verlangt: Sie muß unbedingt unverheiratet sein. Man stellt sich eine Art Jungfrau Maria vor, die rein und heilig durchs Leben geht. Natürlich aber eine ohne Sohn, denn das schrecklichste Bild, das auf der Synode immer wieder ausgemalt wird, ist eine schwangere Frau am Altar, was, wie allgemein behauptet wird, diesen schänden würde. Was für eine antibiblische und unmenschliche Begründung in einer christlichen Gemeinde, wo die gleiche Kindschaft aller Menschen vor Gott Sonntag für Sonntag gepredigt wird!

Kapitel III

1. Über den Zusammenhang zwischen Schamanismus und Christentum in Korea s. Lee-Linke, Ekstase und charismatische Verzückung. Ein Vergleich bei Schamanismus und Christentum. In: Materialdienst der Ökumenischen Centrale, Frankfurt 1988/I, Nr. 6, S. 49ff.
2. Seit alten Zeiten begreift das koreanische Volk alle Dinge und Ereignisse als göttlich beseelt. So manifestiert sich in jedem Baum, Stein, Fluß usw., ganz besonders aber in Tieren ein übernatürlicher Geist, ein metaphysisches Wesen. Dieser Zug ist ursprünglich animistisch, wird dann in gewisser Weise pantheistisch, und damit erklärt sich der *Synkretismus* der koreanischen Religion, also auch die Verträglichkeit mit anderen, fremden Lehren.
3. LEE 1979, S. 199.
4. HUNTLEY 1987, S. 261. Es ist ein Zitat von Shin Hu-Dam aus dem Jahre 1724. Ü. d. Verf.
5. HUNTLEY 1987, S. 261. Dies ist ein Zitat aus dem »Methodist Evangelism« von M. B. Stokes, veröffentlicht von der YMCA Press 1934. Ü. d. Verf.
6. HUNTLEY 1987, S. 262. Dies ist ein Zitat aus dem 1911 erschienenen Buch des Missionars »Village Life in Korea«. Nashville, Publishing House of the Methodist Episcopal Church South, S. 125–126. Ü. d. Verf.
7. LEE 1979, S. 198, Vgl. Fight McKenzie, The Tragedy of Korea, London 1908, S. 117f. Ü. d. Verf.
8. Helen Kim, Methodism and the Development of Korean Womanhood. In: Within the Gate, Seoul 1934, S. 78. Ü. d. Verf.
9. George W. Gilmore, Korea from Its Capital: With a Chapter on Missions, Philadelphia, Presbyterian Board of Publication, 1892, S. 300.
10. Louise Rothweiler, »What Shall We Teach in Our Girls' Schools?«, in: Korean Repository, vol. 1, 1892, S. 89.
11. Mary Scranton, The Gospel in All Lands, 1888, S. 373.
12. Rothweiler, a.a.O., S. 89f. Alle Übersetzungen von der Verf.
13. Yŏsŏng (Frau). Han'guk kidikkyo yŏsŏng paeknyŏn-sa (Einhundertjährige Geschichte der koreanischen Christinnen), Seoul 1985, S. 24.
14. Siehe Yŏsŏng, a.a.O., S. 26f.
15. Ch'ŏngch'un (Lebensfrühling), 1917, Nr. 11 Der »Lebensfrühling« war eine literarische Monatszeitschrift, Ü. d. Verf.
16. Yŏsŏng, a.a.O., S. 33ff. WOMEN OF KOREA 1977, S. 208.

HUNTLEY 1987

Huntley, Martha: To Start a Work. The Foundations of Protestant Mission in Korea (1884–1919). Seoul 1987.

LEE 1979

Lee, Jai-Hyung: Das traditionelle Verhältnis von Politik und Religion in Korea und die christlichen Missionen. Diss. Hamburg 1979.

LEE-LINKE 1988

Lee-Linke, Sung-Hee: Frauengestalten im Alten Testament aus der Perspektive asiatischer Frauen. In: Moltmann-Wendel: Weiblichkeit in der Theologie, GTB Bd. 494, S. 69–92. Gütersloh 1988.

WOMEN OF KOREA 1977

Kim, Yung-Chung (Hrsg.): The Committee for the Compilation of the History of Korean Women: Women of Korea. A History from Ancient Times to 1945. 2. Aufl. Seoul 1977.

IV. Asiatisch-Feministische Theologie als Theologie der Versöhnung in der konfuzianischen Gesellschaft

1. Das asiatische Umfeld der Feministischen Theologie

In Europa und Nordamerika sagt man, daß die Frauen durch Haushalt und Beruf doppelt belastet sind. Aber in Asien haben die Frauen noch zusätzliche Belastungen: *Tradition, Gesellschaft,* und nicht zuletzt, *Religion.* Das Idealbild der asiatischen Frau ist nach wie vor in erster Linie *die ihrem Mann gehorsame Frau, weil ihr Gatte ihr Himmel ist,* wie ein sehr häufig zitiertes Sprichwort sagt. In zweiter Linie ist sie tüchtige Hausfrau und dazu noch Bäuerin, Kauffrau, Weberin, Schneiderin, Köchin usw., also »eine tüchtige Frau« [Spr 31, 10ff.]. Als in Asien noch das Großfamiliensystem intakt war, konnte die Frau im Haushalt von Schwiegermutter, Schwägerin oder der eigenen Mutter Hilfe bekommen. Aber im jetzigen, von der fortschreitenden Industrialisierung verursachten Kleinfamiliensystem muß sie ohne jegliche Unterstützung alles allein machen. Mehr noch, ihre Aufgaben sind durch die moderne Welt noch größer geworden, so z. B. Erledigungen auf der Bank, mit der Versicherung, in der Schule, mit staatlichen Behörden usw.

Da in den Entwicklungsländern die Lebenshaltungskosten durch verschiedene ökonomische Umstände meist ständig sehr stark ansteigen, reichen bei den meisten Familien die Einkünfte des Mannes nicht zum Leben aus. So sind viele Frauen zum Beruf gezwungen, der jedoch nur den Zweck des Dazuverdienens hat. Diese Arbeit, die aus dem Zwang zu überleben resultiert, kann natürlich der Selbstentwicklung der Frau nicht dienen. Umgekehrt ist sie eine Last, die schwer auf Seele und Körper der Frau drückt.

Nicht nur Ehefrauen, sondern auch junge Mädchen – oft noch Kinder – arbeiten, um ihre Familie zu ernähren und vor allem um die Studiengebühren ihrer Brüder zu bezahlen und ihnen so eine bessere Berufschance zu geben. Für diese Aufgabe zögern die meisten Mädchen nicht einmal, sich als Sex-Ware zu verkaufen oder sich mit ihrer Einwilligung von den Eltern verkaufen zu lassen. Denn durch die traditionelle Erziehung halten sie selber diese Aufgabe für gottgegeben. Aus diesem Kontext verstehen wir, daß die zunehmende Kinderprostitution und die extrem ansteigende Entwicklung der Sex-Industrie eine selbstverständliche Konsequenz der Situation der Frauen ist – und zugleich tragische Realität.[1]

Wo, wie und mit welchem Arbeitslohn arbeiten die Frauen heute in Asien? Am Beispiel der Volksrepublik China, die bis vor der blutigen Unterdrückung des Studentenaufstands auf dem Platz des Himmlischen Friedens in Peking im Juni 1989 von Europäern als ein Vorbild für die Gleichberechtigung der Frau gelobt wurde, möchte ich auf diese Fragen antworten. Nach der Untersuchung des »Wirtschaftsforschungsinstituts bei der chinesischen Akademie der Gesellschaftswissenschaften«, die in 1107 Betrieben von 55 großen und mittelgroßen Städten im Oktober 1988 durchgeführt wurde, beträgt der Anteil der Frauen bei den Berufstätigen in Industrie und Bauwesen 88,8 % aber 82,3 % dieser Arbeiterinnen sind ohne fachliche Ausbildung. Das Ergebnis ist, daß die weiblichen Beschäftigten als einfache Arbeitskräfte automatisch viel weniger als die männlichen »Facharbeiter« verdienen.[2] Auch in Japan und in Korea erhält die Frau heute noch für die gleiche Arbeit durchschnittlich 30–50 % weniger Lohn, ihre Arbeit ist auch nicht so »qualifiziert«. Übt sie dann einmal wirklich eine Arbeit aus, bei der man nicht umhin kann, sie als »gleichqualifiziert« zu bezeichnen, muß sie dann mehr Leistung als die Männer zeigen, um ihr Handicap, »eine Frau zu sein«, zu überwinden.

Die meisten asiatischen Frauen stehen mit der Tradition in starkem Widerspruch. Durch den Kontakt mit der abendländischen Kultur, durch die westliche Ausbildung in der Schule, durch die Erfahrungen im Beruf usw. haben sie angefangen, ihr *eigenes Ich* zu finden. Aber das tief verwurzelte konfuzianisch-patriarchalische System im ganzen Bereich der Gesellschaft verlangt von den Frauen immer noch blinden Gehorsam gegenüber den Männern und betrachtet es als »unweiblich«, wenn eine Frau in der Öffentlichkeit ihre eigene Meinung äußert. So ist die schmerzhafte Situation der asiatischen Frauen, daß sie je mehr ausgebildet, desto mehr unter der Kluft zwischen der schönen Theorie der Ausbildung und der harten Praxis der Wirklichkeit, unter dem Konflikt zwischen Tradition und Industrialisierung leiden.

Jede asiatische Frau wird durch sozialen Druck direkt oder indirekt zur Heirat gebracht. Denn unverheiratete Frauen werden in der konfuzianischen Gesellschaft nach wie vor nie ernst genommen, nicht als ein Mitglied der Gesellschaft betrachtet. Hat die Frau zudem auch keinen Beruf, durch den sie sich ein Leben lang ernähren kann (und solche Berufe sind selten, wie wir oben sahen), ist die Heirat für sie eine Art finanzielle Absicherung zum Überleben, im wahrsten Sinne des Wortes lebensnotwendig.

Oft aber wird sie nicht einmal gefragt, ob sie dem gesellschaftlichen Druck nachgeben will, sondern direkt gezwungen. Um zu zeigen, daß der illegale Kauf einer Braut in der Volksrepublik China sogar nach 40jähriger kommunistischer Politik aktuell ist, mag ein Bericht des Spiegels dienen (Nr. 12/1990 vom 9. März, S. 236ff.):

Die 19jährige Schülerin hatte in der Südprovinz Hunan die höhere Mittelschule erfolgreich beendet und wollte nach Hause in ihre Heimat Xinjiang. Die Rückkehr wurde ein Horrortrip. Auf dem Umsteigebahnhof in Zhengzhou ließ sie sich von einer fremden Frau überreden, bei Bauern in einem nahen Dorf zu übernachten, bis »ein Freund« die knappen Billets für die Weiterfahrt besorgt habe. Der Freund tauchte nie auf, die angebliche Helferin war plötzlich verschwunden, die Gastgeber ließen das Mädchen nicht mehr ausgehen: Der Bauer eröffnete ihr, er habe sie für 3000 Yuan (1086 Mark) gekauft, sie sei nun sein Besitz, er werde sie heiraten. Erst nach fünf Monaten gelang es der Schülerin, einen Hilferuf aus dem Haus zu schmuggeln. Ihre Eltern konnten sie schließlich befreien …

Zwischen 2000 und 4000 Yuan zahlt ein Chinese für eine Braut, je nach Aussehen und Arbeitskraft. Jungfrauen (Händlerjargon: »Ungeöffnetes Importgut«) kosten einen Aufschlag. Geistig behinderte Frauen sind ebenfalls begehrt. Sie seien teuer, so die Schanghaier Abendnachrichten, »weil die Leute glauben, sie könnten nicht weglaufen«. Auch Eltern fördern das schmutzige Geschäft. Sie verkaufen ihre Töchter, um mit ein paar tausend Yuan den Lebensunterhalt aufzubessern … Vielen Bauern gilt eine Frau noch immer kaum mehr als ein Wasserbüffel … Der illegale Verkauf unterscheidet sich deshalb gar nicht so sehr von den legalen Hochzeitsgeschäften ... 70% aller Ehen werden auch heute noch durch Dritte vermittelt.

Unter dem Heiratszwang und Heiratswahn leidet die ausgebildete und selbstbewußte Frau am schwersten. Denn »zu heiraten an sich« bedeutet für sie eine Anpassung ans konfuzianisch-patriarchalische Gesellschaftssystem. Aber wenn sie genug Kraft aufbringt und allein leben will, wird sie sogar von der eigenen Familie als Schande betrachtet und so auch behandelt.[3] Je weiter der Abstand zwischen dem Selbstbewußtsein und der Verstockung des patriarchalischen Gesellschaftssystem ist, desto größer die Verunsicherung und desto größer die sozio-psychologische Instabilität.

Die andere Last für die Frau in der Gesellschaft ist die Sohngeburt. Jede verheiratete Frau ohne einen Sohn wird immer noch entweder verachtet oder mit dem Blick des Mitgefühls für »eine arme Mutter« gehalten. Sie ist somit psychisch extrem belastet, wird aber auch gesundheitlich diskriminiert, da sie fortlaufend weiter schwanger werden und, wenn bei der Ultraschalluntersuchung ein weiblicher Fötus festgestellt wird, abtreiben muß.

Der allerschwächste Platz für die Frau in der Gesellschaft ist der politische Bereich. Ein klarer Beweis dafür ist das Ergebnis der letzten Parlamentswahlen (Februar 1990) im höchstindustrialisierten Land Japan: Unter 512 Abgeordneten im Unterhaus befinden sich gerade 12 Frauen (wirklich nur 2,3 %) und keine einzige in neuen Kabinett des Premierministers Kaifu.

Auch in den *asiatischen Religionen,* z. B. im Hinduismus und im Buddhismus, werden die Frauen überhaupt nicht gleichberechtigt behandelt. Trotz verschiedener Lehre und Struktur liegt die über zweitausendfünfhundert Jahre unveränderte Gemeinsamkeit zwischen diesen Religionen in der Praxis, daß sie patriarchalisch-hierarchisch gewesen sind und den Frauen keine Rechte, sondern nur Pflichten gegeben haben. In diesen Religionen werden die Mönche und Priester (Männer) von den Gläubigen (Frauen) bedient; Putzen, Reinigen, Kochen usw. gehören zur Frauenarbeit, während die Männer den Gottesdienst und vor allem die entscheidenden Funktionen in der Hierarchie übernehmen.

Im *Hinduismus* hat die Frau keinen direkten Zugang zu religiösen

Zeremonien. Denn nach dieser Lehre besteht der Zweck der Erschaffung der Frau allein darin:

Die Frau ist nur dazu geschaffen, dem Mann die Fortsetzung seines Geschlechts durch Söhne und Götter zu ermöglichen.[4]

Warum muß die Frau unbedingt einen Sohn gebären? Der brennende Wunsch nach der Geburt eines Sohnes hängt mit dem religiösen Gedanken zusammen, daß nur durch einen Sohn der Vater wiedergeboren werden kann, wie es die Aitareya Brahmana so deutlich ausspricht:

Der Vater, der das Antlitz schaut des Sohnes, der lebend ihm geboren, bezahlt seine Schuld in ihm, erlangt Unsterblichkeit durch ihn. Stets haben durch den Sohn die Väter alle Finsternis besiegt; der Mann geht ein in seine Frau und wird zum Keim in ihrem Schoß. Von ihr wird er als neuer Mensch im 10. Mond zur Welt gebracht.[5]

Darum muß eine Frau für die Wiedergeburt ihres Mannes so viele Söhne wie möglich gebären, wie die Bitte im Hochzeitslied der Rig-Veda lautet:

Mach, o belohnender Indra, diese (Frau) an schönen Söhnen reich und beliebt; schenke ihr zehn Söhne, mache den Gatten zum Elften![6]

So haben die weiblichen Hindus weder in der Religion noch in der Gesellschaft Rechte; die Erlösung oder die Wiedergeburt der Frau ist in den Schriften an keiner Stelle ausdrücklich erwähnt. Die totale Diskriminierung der Frau kulminiert dann in der Verbrennung der Witwe aus religiösen Gründen (die Ehefrau kann auch aus verschiedenen anderen, profanen Gründen verbrannt werden), wobei keine Strafe für den Täter, die Familie ihres Mannes, vorgesehen ist. Selbst die modernen, an der britischen Rechtsprechung orientierten Gesetze Indiens sind dagegen fast machtlos.

Im *Buddhismus* darf eine Frau nicht einmal die Opfergabe direkt in die Hände des Mönchs geben.[7] Denn sie ist nach der Lehre des Buddha ein unreines Wesen, nur ein Hindernis auf dem Wege zum

Nirwana, wo Leidenschaften und Lebensprozesse (Geburt, Krankheit, Alter, Sterben) erlöschen werden:[8]

Mit Mädchen, die unter der Obhut von Vater, Mutter, Eltern, Bruder, Schwester, Verwandten, unter der Obhut der Sippe oder des Gesetzes stehn, oder mit verheirateten Frauen, Gefangenen, bis zu den blumengeschmückten Bräuten: mit alle diesen pflegt er keinen geschlechtlichen Umgang. Das, ihr Jünger, ist rechtes Tun.[9]

Keine einzige Frau ist im Buddhismus je in einer führenden Position gewesen. Es hat seinen religiösen Grund, daß Buddha, der Frauen und Mädchen nicht annahm, auch die »Jüngerschaft« von Frauen im Prinzip ablehnte:[10]

Als er [Buddha] davon erfährt, daß sein Vater ernstlich erkrankt ist, kommt er von neuem zu ihm und führt ihn zur Heiligkeit. Die Königin, nun Witwe, bittet ihren Adoptivsohn, sie in die Gemeinschaft aufzunehmen. Obwohl er ablehnt, folgt ihm die Königin mit einem Gefolge von Prinzessinnen, die alle Nonnen werden sollen, zu Fuß bis nach Vaisali. Ananda (der Lieblingsschüler Buddhas) macht sich zu ihrem Fürsprecher, und schließlich akzeptiert der Buddha, er legt allerdings den Nonnen härtere Regeln auf als den Mönchen. Aber das ist eine nur widerwillig getroffene Entscheidung und er verkündet, durch die Aufnahme von Frauen werde das Gesetz, das 1000 Jahre hätte dauern sollen, nun nur 500 Jahre bestehen.[11]

Es gibt sehr wenige Nonnenklöster, die dazu noch immer von hochgestellten Mönchen (Männern) beaufsichtigt werden. Das Ziel des Buddhisten ist die dauernde Wiedergeburt. Erst als »Mensch«, dann aber natürlich als »Mann«, denn nur dadurch erreicht er die Stufe, von der er ins Nirwana eintreten kann. Das Männliche ist also auch in dieser Religion prinzipiell höherwertig als das Weibliche. Im Lamaismus ist die Stellung der Frauen übrigens noch schlechter als im Buddhismus.

Dies führt fast automatisch zur Mißachtung der Menschenrechte von Frauen, wofür ich nur ein Beispiel geben will. In Thailand, Taiwan, Korea schaute und schaut der Buddhismus tatenlos zu, wie die staatlich geregelte und geförderte Prostitution (sich oft in den professionellen Frauenhandel steigernd) betrieben wird. Steter mehr oder weniger lauter Protest der christlichen Kirchen und Organisationen, völliges Schweigen der buddhistischen, denn es geht ja nur um Frauen![12]

Diese asiatischen Religionen, aktiv kollaboriert mit dem konfuzianisch-patriarchalischen Gesellschaftssystem, haben den Frauen ihre Rechte und Menschenwürde nie gegeben, auch wenn diese als unsichtbare Trägerinnen der Religion eine entscheidende Rolle gespielt haben. Ohne Selbstaufopferung und Hingabe der Frauen wäre es keiner Religion möglich gewesen, eine so große gesellschaftliche Wirkung zu erlangen und solche Erfolge in der Mission nach außen zu erreichen. Die Frauen bildeten nicht nur durch die Mehrzahl in der Anhängerschaft, sondern auch durch ihre selbstaufopfernden Aktivitäten den Unterbau der Religion, die Basis, auf der sie stand und steht. Ohne die Abschaffung der Diskriminierung der Frau, ohne die Befestigung der Basis, wird es – langfristig gesehen – keiner Religion gelingen, ihre eigentliche religiöse Aufgabe zu erfüllen: Liebe, Frieden, Gerechtigkeit und Harmonie in diese Welt zu bringen.

Aus der Perspektive der oben zusammengefaßten realen Lebensumstände der Frauen in den asiatischen Religionen betrachte ich die *Religionsgeschichte in Asien als Leidensgeschichte der Frauen.*[13] Die Tragik des Jahrtausende langen Leidens gibt uns aber auch eine neue Hoffnung: In Asien, wo die Frauen nicht nur wie im Westen von Haushalt und Beruf doppelbelastet, sondern noch zusätzlich von Tradition, Gesellschaft und Religion mehrfach belastet sind, liegt der Geburtsort der Asiatisch-Feministischen Theologie, einer Theologie der Befreiung und Versöhnung.

2. Asiatische Befreiungstheologie und Frauen

Dargestellt am Beispiel der Minjung-Theologie in Korea

In Asien sind in den letzten dreißig Jahren eine Reihe von Befreiungstheologien entstanden: z. B. Minjung Theology, Doing Theology, Peoples Struggle ... Diese Theologien stellen sich bewußt auf die Seite der Machtlosen und Unterdrückten und haben eine große Rolle gespielt beim Kampf um die Menschenrechte im Sinne der politischen, ökonomischen und kulturellen Gerechtigkeit in vielen asiatischen Staaten. Aber sogar in ihnen werden die Probleme der Frauen zu wenig berücksichtigt, und noch kein Kampf gegen Frauendiskriminierung ist in ihnen geführt worden. Sie teilen eine Gesellschaft nur in den Gegensatz von Machthabern und Machtlosen, von Unterdrückern und Unterdrückten. Nach asiatischer Konzeption sind die Vertreter beider Gruppen aber Männer, so daß in ihrem politischen Programm kein Platz für die Menschenrechte der Frauen, immerhin der Hälfte der Bevölkerung, bleibt. In dieser Hinsicht stellen die Machtkämpfe zwischen unterdrückenden und unterdrückten Männern in der Befreiungstheologie interne Kämpfe des Patriarchats dar.

Was hat die Minjung-Theologie, die im Westen relativ bekannt ist,[14] in der konfuzianischen Gesellschaft in Korea besonders für die Frauen getan? Verfolgt man sie von ihrer Entstehung bis heute, sieht man gleich, daß die Frauenrechte auch in ihr eigentlich nicht berücksichtigt worden sind. Das Wort »Minjung« ist ein Lehnwort aus dem Chinesischen, es bedeutet eigentlich »Masse« oder »Volksmenge«. Aber »Volksmenge« meint in den Teilen Asiens, wo das konfuzianische Gesellschaftssystem tief verwurzelt ist, aufgrund der hierarchischen Strukturen nicht wie in Europa das ganze Volk, sondern nur die unterdrückte Mehrheit: Es hat in der heutigen koreanischen Sprache den Sinn »leidendes Volk«, »entfremdete Masse« bekommen.

Manche koreanische Minjung-Theologen identifizieren das Wort »Minjung« mit dem *Ochlos* im Markusevangelium (2,4). Dort wurden die Leute um Jesus so genannt: Es waren die »Sünder« nach den religiösen Kriterien der Pharisäer und die nach der Meinung der Sadduzäer um Herodes »Ausgestoßenen« (2,13–17). Sie waren nicht nur das Objekt der Unterdrückung der herrschenden Klasse, sondern auch eine von den Herrschenden zu fürchtende Gruppe, da jederzeit die Gefahr bestand, daß die Unterdrückten durch einen Aufstand dieser Unterdrückung ein Ende bereiten würden (11,18+32; 12,12; 15,8+15). Wenn wir im folgenden vom »Volk« sprechen, so ist immer diese Gruppe, der *Ochlos* im neutestamentlichen Sinn, gemeint.

Nach dem Bericht des Markusevangeliums stand Jesus immer auf der Seite des Volkes. Jesus hatte Mitleid mit ihnen, denn sie waren wie

Schafe ohne einen Hirten (6,34). Jesus lehrte sie, wie er es gewohnt war (10,1). Jesus liebte sie und erklärte, daß sie, der *Ochlos*, seine Mutter und seine Brüder sind (3,34).

Das Evangelium wendet sich eben an das Volk, das von Pharisäern und Sadduzäern zu Sündern und Ausgestoßenen gemacht wurde. Jesus aber sagte klar: »Ich bin nicht gekommen, Gerechte zu berufen, sondern Sünder.« (2,17b). Jesus kam in die Welt um des Volkes willen, weil dieses der Empfänger des Evangeliums war. Das einfache Volk, der *Ochlos*, war das Opfer der religiösen, ideologischen, politischen, wirtschaftlichen und militärischen Unterdrückung. Die Menschen dienten nur dem Machtkampf der Herrschenden und hatten keine Chance, die eigenen Interessen zu artikulieren, von durchzusetzen ganz zu schweigen. Oft erlangten sie nicht einmal die lebensnotwendige Existenzgrundlage. Und doch waren sie nach dem Bilde Gottes geboren, hatten das göttliche Recht auf Menschsein. Daß sie zum Objekt der Unterdrückung gemacht und an den Rand der Gesellschaft getrieben wurden, widersprach also dem Willen Gottes.

Die koreanische Minjung-Theologie wurde Anfang der siebziger Jahre geboren, als einerseits die rapide Industrialisierung das Land bestimmte und andererseits der Diktator Park Chung-Hee ein autoritäres Militärregime errichtete. In dieser Zeit bewirkte die Wirtschaftspolitik der Regierung, die allein ein schnelles Wirtschaftswachstum zum Ziel hatte, daß viele Bauern, Handwerker, kleine Unternehmer, Familienbetriebe usw. in die Arbeiterschicht abstiegen. Als Folge dieser Politik wurde die traditionelle, noch weitgehend mittelalterliche Gesellschaftsschichtung durch die moderne Trennung zwischen Unternehmern und Arbeitern ersetzt. Die Regierung hatte nur den Profit der Unternehmen und die dafür notwendigen Vergünstigungen im Auge, nicht aber das materielle Wohlergehen und die Menschenrechte der Arbeiterschaft. Ihre Politik vertrat an der Seite der Reichen nur die Interessen der Großindustrie. So wurden in diesem Prozeß die Reichen immer noch reicher, die Armen immer noch ärmer.

Sogar die evangelische Kirche Koreas, die in der Nachfolge Christi sich an die Seite der Armen, Unterdrückten, Hungernden, Kranken und Leidenden hätte stellen müssen, trat vielmehr auf die Seite der

Reichen. In dieser Zeit wurde die koreanische Kirche selbst unglaublich vermögend.

In dieser gesellschaftlichen Situation versuchte eine kleine Gruppe, die später Minjung-Theologen genannt wurde, einen Kampf zu beginnen, der als Ziel die Menschenrechte der Arbeiter, die politische Freiheit, die Wiederentdeckung der eigenen koreanischen Tradition und Kultur und die Wiederherstellung der Nachfolge Christi in der Kirche hatte. Ab Mitte der siebziger Jahre schlossen sich ihnen viele Intellektuelle, Schriftsteller, Professoren und Studenten, aber auch »einfache« Christen an, um in diesem Kampf mitzuwirken und für die Rechte des Volkes einzutreten. Seit dieser Zeit ist diese Bewegung auch in der Gesellschaft weit verbreitet.

Aber im Laufe der Zeit änderte sich die Situation allmählich. Zunächst verbesserte sich die wirtschaftliche Lage des Volkes durch den Wirtschaftsboom, der immer mehr Menschen Arbeit und Brot gab. Überdies bewirkte gerade auch der Kampf vieler in- und ausländischer Gruppen – unter ihnen auch die Minjung-Theologen – für die Menschenrechte, daß diese immer mehr auch in Korea durchgesetzt wurden; die Regierung wurde und wird zu immer weitergehender Demokratisierung gezwungen. Das Ergebnis ist, daß das unterdrückte Volk zahlenmäßig kleiner geworden ist.

Gehörten die Christen früher als unterdrückte Minderheit zum Volk, so änderte sich das nun. Die Kirche (und ein Teil ihrer Mitglieder) wurde reich; das Christentum etablierte sich wegen seiner Aktivität und Durchsetzungskraft quasi als *Staatsreligion.*[15] Diese Institutionalisierung der Kirche und die Tatsache, daß die schlimmste Armut in Korea inzwischen ausgerottet ist und auch der Arme ein paar Sachen besitzt, bewirkten, daß die Christen sich nicht mehr als Angehörige des *unteren* Volkes, als Minjung, fühlten. Bei statistischen Umfragen gaben sie an, nicht zur »unteren Schicht« zu gehören. Der kleine, aber immerhin eigene Besitz machte sie schon gefühlsmäßig zu Angehörigen der Mittelschicht, des Kleinbürgertums.

Die Minjung-Theologie steht nun vor der Aufgabe, die Richtung des Kampfes neu zu bestimmen, da die Mehrheit der Koreaner nicht mehr zum Minjung, zum *Ochlos* im biblischen Sinne gehört. Natürlich ist der Kampf um politische und wirtschaftliche Gleichberechtigung noch nicht zu Ende, z. B. bilden sich erst gerade jetzt freie Gewerkschaften, aber es müssen auch andere Arten der Unterdrükkung zum Objekt des Befreiungskampfes gemacht werden.

Die Stellung der Frau in Asien ist immer noch die einer Unterdrückten des Mannes, so daß sich hier ein wichtiger Ansatzpunkt ergibt. Meiner Ansicht nach muß sich die Minjung-Theologie in Richtung einer Feministischen Theologie entwickeln, weil das unterdrückte Volk, der Minjung, in Asien im wesentlichen aus Frauen besteht, wie wir oben (IV.1.) gesehen haben.

Alle diese befreiungstheologischen Strömungen haben sich, von ihrem Ziel und Objekt her gesehen, von der patriarchalischen Gesellschaftsstruktur *noch nicht* befreit. Solange sie das nicht tun und die Forderungen der Feministischen Theologie nicht annehmen, können sie nicht mit Recht die Machtlosen, die Unterdrückten vertreten, denn diese sind in erster Linie Frauen. Sie stehen noch unter den allerunterdrücktesten Männern, werden selbst von den Ärmsten der Armen noch weiter unterdrückt: Der Bettler schlägt seine Frau oft härter als der Konzernchef.

Da das Evangelium eigentlich an die diskriminierten, machtlosen Menschen gerichtet ist, spricht es in Asien ganz besonders die Frauen an. Darum muß die christliche Theologie in Asien den Charakter der Feministischen Theologie haben. In Asien können erst dann die Menschenrechte allgemein gültig und verwirklicht werden, wenn die Schreie der Frauen »Mein Gott, mein Gott, warum hast du mich zur Frau werden lassen?!« aufhören werden.

3. Asiatisch-Feministische Theologie als Theologie der Versöhnung

Die meisten asiatischen Frauen, die entweder westlich ausgebildet sind oder im Westen studiert haben, sind bemüht, die westlichen Modelle der Feministischen Theologie direkt auf das asiatische Feld zu übertragen. Auch wenn die Frauen im Westen und in Asien

Diskriminierung als die gemeinsame Realität und Befreiung aus den patriarchalischen Gesellschaftssystemen als gemeinsame Ziele haben, gelingt diese direkte Übertragung nicht. Ein solcher Versuch führt zunächst dazu, daß viele asiatische Frauen diese theoriebefrachtete Ideologie nicht verarbeiten können und dann oft die westliche Feministische Theologie wegen ihrer kulturbedingten Andersartigkeit generell ablehnen. Denn die anderen Lebensumstände in Asien sind bei diesem abendländischen Versuch nicht berücksichtigt. Ich will dies an nur zwei Beispielen veranschaulichen:

Die im Westen von bestimmten feministischen Strömungen geforderte Polarisierung der Geschlechter, die radikale Trennung zwischen Mann und Frau in Familie und in Gesellschaft, kann in Asien aus folgenden zwei Gründen keinen schöpferischen und konstruktiven Beitrag für die Abschaffung der konfuzianischen Mentalität und Erneuerung der Gesellschaftsstruktur bringen. Erstens, weil die Grundlage und kleinste Einheit der Gesellschaft in Asien nicht das Individuum, sondern die Familie als Lebensgemeinschaft von Frau und Mann und verschiedenen Generationen war, ist und vorerst auch sein wird. Familie ist in Asien, besonders in der konfuzianischen Gesellschaft, mehr als ein vorübergehendes Zusammenleben zwischen zwei Menschen, zwischen Eltern und Kindern, das jederzeit, z. B. mit dem Erwachsenwerden der Kinder, wieder aufgelöst werden kann. Sie ist die »ewige Heimat des Menschen« von Geburt bis Tod, ja über diesen hinaus.[16] Diese wichtige Rolle der Familie muß also im Konzept einer Asiatisch-Feministischen Theologie berücksichtigt werden. Zweitens aus dem Grund, daß die Gesellschaft im konfuzianischen Modell in viele in sich abgeschlossene Untereinheiten zerfällt. Wir sahen oben (I.3.2), daß die Spaltungen der Gesellschaft zwischen Familien, Sippen, Provinzen, Geburtsort, zwischen Schule, Universität, Militärakademie, Firma, zwischen Religionen und Denominationen, daß diese und viele andere Spaltungen grundlegend für die Aufrechterhaltung der Hierarchie und die daraus resultierende Unterdrückung sind. Das konfuzianische Gesellschaftsmodell funktioniert gerade durch die Fraktionsbildung, die den Zusammenschluß gesellschaftlicher Kräfte verhindert. Eine neue Spaltung, eine neue Polarisierung zwischen Mann und Frau, würde das konfuzianische Konzept nicht ändern, sondern nur zementieren und die Unterdrückung der Frau weiterlaufen lassen.

Beispielhaft für die unterschiedliche Situation im Abendland und in Asien ist auch die bei westlichen Feministinnen aktuelle und erfolgreiche Methode der Analyse der sexistischen (geschlechts- und rollenspezifisch exklusive und diskriminierende) Sprache. Sie ist im asiatischen Raum einfach nicht anwendbar. Denn in der chinesischen, japanischen und koreanischen Sprache gibt es keinen Artikel oder Pronomen, die das Geschlecht der Wörter anzeigen; diese haben auch kein grammatisches Geschlecht. Nicht daraus kann man also die Unterdrückung der Frau erschließen. Statt dessen haben diese Sprachen ein kompliziertes System von Honorativa ausgebildet, die den sozialen Status der eigenen und der angesprochenen Person ausdrücken sollen. Diese stark gegliederten und manchmal sehr komplizierten Formen spiegeln die radikale Trennung der Klassen, die sozialen Schranken in der Gesellschaft wieder. Eben in dieser Situation brauchen wir die Feministische Theologie nicht als Mittel einer neuen Trennung, sondern als Theologie der Versöhnung zwischen Klassen, zwischen Männern und Frauen.

In diesem asiatischen Kontext verstehe ich die Aufgabe der Feministischen Theologie als die *Stiftung der Versöhnung*. Diese Versöhnung soll aber nicht die *äußerlich-formale* Harmonie in Familie und Gesellschaft des Konfuzianismus sein, die auf Kosten der Unterdrückung der Frauen und der unterprivilegierten Klassen gegangen ist. Sie soll vielmehr eine *innerliche-inhaltliche* Harmonie schaffen, die eine Lebensgemeinschaft erzeugt, in der Frauen und Männer gleichberechtigt sind und in der eine Atmosphäre sozialer Gerechtigkeit herrscht, die Trennung der Klassen eingeebnet und überwunden wird. Diese Harmonie kann dann als Grundlage für die Verwirklichung der göttlichen Gerechtigkeit bis zum Aufbau des Reich Gottes in dieser Welt dienen.

Diese Aufgabe kann meiner Ansicht nach im asiatischen Raum in *fünf Versöhnungsprozessen* erfüllt werden. Dabei folge ich dem in der konfuzianischen Gesellschaft weitverbreiteten Gedanken über die Beziehung zwischen Person, Familie, Staat und Welt, den wir schon oben kennengelernt haben. Diese Stufen haben einerseits eine Reihenfolge, eine konzentrische Ordnung, und sind andererseits eng miteinander verknüpft. So können auch die folgenden Prozesse nacheinander oder alle fünf parallel ausgeführt werden.

3.1 Der Versöhnungsprozeß mit sich selbst

Persönliche Dimension
Der erste Schritt zu diesem Prozeß beginnt mit der Überprüfung des eigenen Standorts, mit der Frage: »Wo befinde ich mich?«. Der Mensch ist leider im allgemeinen nicht in der Lage, sie offen und wahrheitsgemäß zu beantworten, da sein Blick von vielen Dingen, vor allem aber von Schuldgefühlen und Eigeninteressen getrübt ist. Für die Christen ist dies vor allem aber auch eine Glaubensfrage, untrennbar verbunden mit dem »Wo bist du, Adam?« Gottes in der Genesis. Wie versuchte sich der Mensch in dem biblischen Gleichnis zu verhalten? Adam versteckte sich aus Furcht vor Gott und aus Scham. Als Gott ihn nach seiner Untat fragte, antwortete Adam vorwurfsvoll und aggressiv: »Das Weib, das du mir zugestellt hast, gab mir von dem Baum, und ich aß.« Auch Eva antwortete im gleichen Ton: »Die Schlange (die du geschaffen hast und hier herumkriechen läßt,) betrog mich, so daß ich aß.« Beide, Adam und Eva, versuchten, die Tat zu verbergen und sich aus der Verantwortung zu stehlen, diese gar auf Gott zu schieben.

Die Antworten auf die Frage nach unserem Standort, nach unserer Verantwortung folgen heute noch dem gleichen Modell wie in der biblischen Geschichte. Nur zu leicht ist es, sich zu verstecken, den »Schwarzen Peter« dem anderen zuzuschieben, der doch unser Nächster sein sollte. Der erste Schritt ist also die innere Einsicht in die eigene Schuld, das eigene Fehlverhalten. Es bedarf keiner weiteren Erklärung, wie schwer und wie schmerzlich dieser Schritt ist, und welche Anstrengung der zweite, das äußere und öffentliche Eingeständnis des eigenen Fehlers, kostet, wird ebenfalls jeder wissen. In Asien jedoch ist dieser noch wesentlich schwerer, bedeutet es für den konfuzianisch erzogenen Menschen doch gleichzeitig die offene Abwertung der eigenen Gruppe, die Aufgabe der eigenen sozialen Basis. Wir wissen jedoch, daß Frauen diesen Schritt leichter gehen können, da sie nicht so tief in dieses System eingebunden sind. Doch sollte nicht vergessen werden, daß die asiatischen Frauen genauso dieser patriarchalischen Gesellschaft verbunden sind, wie wir beispielsweise an der Ablehnung von sohnlosen Müttern durch andere Frauen sahen. Auch Eva versuchte die Schuld von sich abzuschieben!

Für die Christen bedeutet das Bekennen der Schuld nicht den Verlust des »Gesichts«, sondern den Beginn eines Versöhnungsprozesses mit dem eigentlichen Ich, dem gottgewollten Menschsein. Nur der christliche Glaube, nicht die weltliche Einsicht, die sich doch nach Vor- und Nachteilen – den sogenannten Realitäten! – richten müßte, kann der Motor und Antrieb für diesen Vorgang sein. Er hilft einzugestehen, daß das patriarchalische Familien- und Gesellschaftssystem von beiden, von Mann und Frau, befestigt worden ist, daß beide »schuldig« sind: der Mann als der aktive Täter und die Frau als die passive Mittäterin. Ein gegenseitiges Zumessen der Schuld, eine theoretische Größenbestimmung der Täterschaft, bringt keine Lösung des Problems. Im Gegenteil, nur wenn Frauen und Männer zusammen mutig den eigenen Standort erkennen und die eigene Schuld bekennen, nur dann ist auf dieser Basis die wahre Versöhnung zwischen Frau und Mann möglich.

3.2 Der Versöhnungsprozeß zwischen Familienmitgliedern

Familiäre Dimension

Die protestantische Theologie hatte bei der Bestimmung der Rolle der Frau in der Familie stets erhebliche Schwierigkeiten. Nehmen wir nur als ein neueres Beispiel Karl Barth, der die menschliche Lebensgemeinschaft in drei Kategorien darstellt: 1. Mann und Frau, 2. Eltern und Kinder, 3. Die Nahen und die Fernen. Dabei geht er grundlegend von einer Analogie zwischen wahrem Vater (»Gott ist eigentlich, wahrhaftig und zuerst Vater«) und menschlichem Vater aus.[17] Das Problem der Vaterschaft besteht bei ihm vorwiegend nur aus dieser Mann-Gott-Beziehung, die er auf vielen Buchseiten diskutiert und unter vielen Aspekten beleuchtet. Dabei vergißt er vollständig in der Behandlung dieser zweiten Kategorie (»Eltern und

Kinder«) die Rolle der Mutter als einen Teil der Eltern. Diese wird an keiner Stelle (von S. 272–366!) expressis verbis erwähnt.

Die entscheidende Frage ist jedoch, wie »Freiheit in der Gemeinschaft« (Barths Oberbegriff) praktisch möglich ist, wenn nur die Vaterschaft Elternschaft verkörpert. Denn in der absoluten Überordnung der Vaterschaft ist diese Freiheit in einer harmonischen Lebensgemeinschaft bestimmt nicht durchführbar. Im praktischen Leben der Familie ist nicht die *autoritäre Vaterschaft,* sondern die *friedenschaffende, tröstende und wundenheilende Mutterschaft der Mittelpunkt.*

In der asiatischen Familie, die immer noch überwiegend aus drei Generationen besteht, ist die Mutter fast immer der Mittler zwischen Familienmitgliedern und Generationen. Ihre Rolle ist wie die des Heiligen Geistes in der Bibel, der den Menschen Liebe, Frieden, Freiheit, Hoffnung und Lebenskraft schenkt. Behauptet die konfuzianische Ideologie auch unverfroren, daß die biologische Vererbung zwischen Vater und Sohn die Familie fortführt, so erfüllt in der Praxis die Mutter diese Funktion. So ganz kann das selbst der Konfuzianismus nicht abstreiten, der ja der Frau allein in der Rolle der Mutter eine wichtige Bedeutung zumißt.

Diese entscheidende Rolle der Mutter für die Erhaltung der Familie und für die Beschaffung der Harmonie zwischen Familienmitgliedern muß in der Asiatisch-Feministischen Theologie richtig bewertet werden. Bei dieser Formulierung kann die westliche protestantische Sozialethik keine wirkliche Hilfestellung bieten, da sie sich selbst, wie am Beispiel Barths deutlich wird, viel zu sehr auf den Vater konzentriert hat. Vielmehr könnte uns allein eine Theologie des Kreuzes weiterbringen, die sich auf das gemeinsame Leiden des Menschen und damit auch auf das gemeinsame Leiden von Mann und Frau, Vater und Mutter, Eltern und Kinder konzentriert. Sie führt damit zur Theologie der Gemeinschaft, zur Harmonie zwischen Mensch und Mensch.

Die konkrete Form der Versöhnung zwischen Familienmitgliedern ist das Miteinanderteilen des Leidens und der Freude aufgrund der Liebe. In Asien sagt man: Die Liebe zum Menschen ist die Liebe zum Himmel. Biblisch gesprochen, die Liebe zum Menschen ist die Liebe zu Gott, wie es 1 Joh 4,20 ausdrückt: »Wenn jemand spricht:

Ich liebe Gott, und haßt seinen Bruder, der ist ein Lügner. Denn wer seinen Bruder nicht liebt, den er sieht, wie kann er Gott lieben, den er nicht sieht?« Die Liebe zu Gott sollte im Alltagsleben durch die Liebe zwischen den Mitgliedern der Familie gezeigt werden, wo jeder den ersten und direkten Sozialisationsprozeß erlebt, den er oder sie weiter in die Gesellschaft überträgt.

3.3 Der Versöhnungsprozeß innerhalb der Gesellschaft

Soziale Dimension
In der Dritten Welt, wo die Menschenrechte stündlich fast überall verletzt werden, muß dieser Prozeß eine Gesellschaft als Ziel haben, in der »Gerechtigkeit und Friede sich küssen« (Ps 85,11). Denn unser Glaube äußert sich als Antwort auf die Liebe Gottes an uns in einer sozialen Form: der Durchführung und Erhaltung von Gerechtigkeit und Frieden in unserer Gesellschaft (s. Joh 15,9ff.).

Jeder Mensch, jedes Mitglied der Gesellschaft, hat die Verantwortung vor Gott, eine Gesellschaft aufzubauen, wo Gerechtigkeit »der Gurt seiner Lenden« (Jes 11,5) sein wird. Der Text von Gen 4,8–11 fordert von uns diese gesellschaftliche Verantwortung. Nachdem Kain seinen Bruder Abel erschlagen hatte, fragte Gott: »Wo ist dein Bruder Abel?« Die provozierende Antwort Kains hören wir heute noch viel zu oft: »Soll ich meines Bruders Hüter sein?« Doch Gott ließ und läßt sich nicht so abspeisen, sondern weist den Menschen auf seine Verantwortung hin: »Die Stimme des Blutes deines Bruders schreit zu mir von der Erde.«

Das dauernd in die Erde vergossene Blut des Bruders (aber genauso oft das der in der Bibel meist vergessenen Schwester), der politisch Verfolgten, der Verhungernden, der im Krieg Gefallenen, der Unterdrückten und Mißhandelten, schreit auch heute noch zu Gott. Es ist die gottgewollte Pflicht jedes Christen, Frau oder Mann, diese Schreie verstummen zu lassen, sich mit ganzer Kraft gegen die Ungerechtigkeit auf dieser Welt zu stemmen. Denn gewollt oder ungewollt, bewußt oder unbewußt, hat jeder einen Anteil an dieser Ungerechtigkeit, indem er oder sie als ein Mitglied der Gesellschaft, die sie ausübt oder an ihr Teil hat, lebt. Darum hat er oder sie auch die Verantwortung für eine Erneuerung dieser Gesellschaft. Diese Verantwortung kann jeder durch aktive Teilnahme am Prozeß der Abschaffung von Unterdrückung und Ungerechtigkeit, durch seinen Beitrag zum Versöhnungsprozeß zeigen. Darum dürfen wir nicht schweigen, wenn Gott uns fragt: »Wo sind deine Mitschwestern und Mitbrüder, die der Ungerechtigkeit zum Opfer gefallen sind?«

Die biblische Grundlage dafür liegt in dem göttlichen Auftrag, daß neben der Liebe zu Gott »kein anderes Gebot größer als diese« ist, als die Nächstenliebe. (Mt 22,35–40; Mk 12,28–34; Lk 10,25–28). Wenn jeder seinen Nächsten lieben kann wie sich selbst, d. h. wenn jeder das Recht der anderen Mitglieder der Gesellschaft genauso respektieren kann wie sein eigenes, dann wird die Basis für den Aufbau einer neuen Gesellschaft der Gerechtigkeit und des Friedens gestiftet.

Die Nächstenliebe ist gleichzeitig ein Versöhnungsprozeß des »eigenen Ich« mit dem »anderen Ich«; ein Umstieg vom Ich- zum Wir-Denken. Der egozentrische Gedanke in der konfuzianischen Gesellschaft wird durch diesen Umstieg aufgehoben. Die extreme Betonung auf *meine* Familie, *meine* Sippe, *meine* Gesellschaft, *meine* Kirche, *meine* Denomination usw. wird in den Gedanken verwandelt, daß alle Menschen, in anderen Familien, Sippen, Gesellschaften, Klassen, Parteien und Nationen, in anderen Religionen, Kirchen, Denominationen und Sekten, kurzum: Menschen von Nah und Fern, Freunde wie Feinde, *gleichberechtigte Geschöpfe Gottes, unsere Brüder und Schwestern sind.*

3.4 Der Versöhnungsprozeß des Menschen mit der Natur

Ökologische Dimension

Eine Charakteristik der Bibel ist die Personifizierung der Natur. Wie der Mensch, steht auch die Natur vor Gott als sein Geschöpf: Die Himmel erzählen die Ehre Gottes (Ps 19,2) und preisen seine Wunder (Ps 89,6), Himmel und Erde loben Gott (Ps 69,35; 148,4; Hab 3,3). Dem Menschen gegenüber treten beide vor Gott als »Zeugen« der menschlichen Tat auf (Dtn 4,26; 30,19; 31,28), und die Erde ist »Zuhörerin« des menschlichen Wortes (Dtn 32,1).

Nach biblischer Auffassung ist die Natur keineswegs Objekt der menschlichen Herrschaft, Ausbeutungsobjekt für das Leben der Menschen, wie die anthropozentrische Theologie mit ihrer Interpretation von Gen 1,28 ff. bisher behauptet hat. Umgekehrt: Die Menschen sind nicht Herren über die Natur, sondern »Gäste und Fremdlinge auf Erden« (Heb 11,13; 1 Chr 29,15; Ps 119,19). Sie sind mit der Geburt in den Schoß der Natur gegeben. Die Natur ernährt und erhält sie wie die Mutter ihre Kinder. Mit dem Zustand der Natur steht und fällt das menschliche Leben (Gen 8,22). Die Menschen als »Gäste und Fremdlinge auf Erden« haben die Natur ungerechterweise ausgebeutet und dadurch diese ursprüngliche harmonische Beziehung in Feindschaft verwandelt. Darum müssen sie ihr als Schuldige die Hand der Versöhnung ausstrecken. Die Feministische Theologie ist ebenfalls aufgerufen, bei dieser versöhnlichen Handreichung schöpferische Initiative zu ergreifen. In dieser Hinsicht stimme ich den Versuchen im Westen zu, die feministische Bewegung mit der ökologischen zu verbinden.[18]

Auch dem europäischen Kulturkreis ist der Gedanke nicht fremd, daß wir die Erde unseren Kindern genauso oder noch besser weitergeben sollten, wie wir sie erhalten haben; in Asien ist dieser Gedanke, wie wir schon sahen, zentral. Durch die Gefahren der modernen Technologie, ganz besonders der Atomtechnik und der damit verbundenen Zerstörung von Lebensraum, wissen wir, daß unsere Fehler und Vergehungen unsere Kinder, Kindeskinder und noch deren Kinder treffen können. Diese Erkenntnis ist nicht ganz neu, sagt doch schon Ex 20,5 f.: »Denn ich, der Herr, dein Gott, bin ein eifernder Gott, der die Missetat der Väter heimsucht bis ins dritte und vierte Glied an den Kindern derer, die mich hassen, aber Barmherzigkeit erweist an vielen Tausenden, die mich lieben und meine Gebote halten.« Früher fragte ich mich oft, ob es nicht eine Art Ungerechtigkeit Gottes sei, wenn die Nachkommen die Schuld der Vorfahren mitbüßen müssen, auch wenn sie mit der Missetat nichts zu tun gehabt haben.

Die neulich veröffentlichte Lebensgeschichte einer koreanischen Familie öffnete meine Augen und ließ sie diese und andere Bibelstellen, die für mich bisher nicht nur schwierig, sondern rätselhaft waren, in neuem exegetischen Licht sehen. Leider kann ich sie hier nur ganz, ganz kurz vorstellen:[19]

Der Atombombenabwurf der USA über Japan 1945 verursachte innerhalb einer Woche etwa 130 000 Tote in Hiroshima und etwa 400 000 in Nagasaki. Davon waren 100 000 Koreaner, die von der imperialistischen Kolonialregierung zur Zwangsarbeit nach Japan verschleppt worden waren.

Frau Kim's Mann arbeitete als Bergmann in einem Zwangslager in Kyushu, bis er bei einem Arbeitsunfall eine Rückgratverletzung erlitt. Um von Verwandten ein bißchen Reis zu erbetteln, fuhr sie am 9. August nach Nagasaki. Im Bahnhof wurde sie unter einem blitzartigen Schlag ohnmächtig. Wieder erwacht, sah sie unzählige Tote um sich liegen. Ihre Haare waren ausgefallen, aus den Augen kam Blut, ihr schwindelte, und sie erbrach sich ekelhaft. Die zweijährige Tochter, die sie nach asiatischer Sitte auf dem Rücken getragen hatte, war verschwunden. Durch einen unglaublichen Zufall fand sie sie Monate später in einem Lazarett wieder und nahm sie nach Korea mit, als die Familie durch die Amerikaner aus der japanischen Gefangenschaft befreit wurde.

Nach der Rückkehr hatte Frau Kim weiter Blutungen an den Augen, später fiel ein Augapfel heraus. Bei ihrer Tochter zeigten sich die Symptome ab dem zehnten Lebensjahr; starke Kopfschmerzen und Schwäche, bis sie nicht mehr laufen konnte. Später kamen noch totaler Haarausfall, eitrige Hautentzündung und unbeschreibliche Schmerzen im Licht hinzu. Da sie dieses nicht mehr ertragen konnte, wohnte sie ab ihrem 21. Jahr in einer dunklen Dachkammer, wie ein Tier, bis sie mit 38 im Elend und halbverrückt starb.

Die zweite Tochter litt auch unter starken Kopfschmerzen und starb plötzlich beim Singen im Alter von zwanzig. Der Sohn hatte oft starke Nasenblutung und war körperlich zu schwach, um zu arbeiten. Die dritte Tochter war zwar auch sehr kränklich, konnte aber doch durch Ehevermittlung heiraten. Aber kurz danach wurde sie geschieden, als herauskam, daß sie zur zweiten Generation der von der Radioaktivität Geschädigten gehörte. Bis heute lebt diese Familie an der Existenzgrenze, verachtet von der Gesellschaft.[20]

Wir erkennen heute immer mehr, daß nicht nur die Missetaten des Krieges, sondern auch die Fehler der Friedenszeiten Mensch und Umwelt zerstören, das Glück der folgenden Generationen grausam aufs Spiel setzen. Es ist eine gewaltige Ungerechtigkeit an unseren Kindern, wenn wir diese Zerstörung und Ausbeutung nicht aufgeben. Als »Gäste und Fremdlinge auf Erden« haben wir die Pflicht, die kaputte Beziehung zwischen Natur und Mensch so schnell wie möglich wiedergutzumachen. Diese Wiederherstellung des harmonischen Zusammenlebens ist nur durch einen Versöhnungsprozeß möglich, der von den einseitig schuldigen Menschen initiiert wird. Nur wenn das gelungen ist, dann können sowohl Menschen als auch die anderen Geschöpfe Gottes auf dieser Welt glücklich leben, können die »vielen tausend« Generationen die Barmherzigkeit Gottes in dieser Welt erleben und miteinander teilen (vgl. Ex 20,6).

3.5 Der Versöhnungsprozeß mit Gott

Glaubensdimension

Die Versöhnungsprozesse des Menschen mit sich selbst, mit seinen Mitmenschen und der Natur führen am Schluß zur Versöhnung mit Gott. Diese ist aber dialektisch untrennbar mit der Versöhnung mit dem Menschen verbunden. Beide setzen sich gegenseitig voraus und lassen sich nicht voneinander isolieren. Wie kann man sich die Versöhnung mit Gott in der Praxis, im normalen Leben vorstellen? Sie setzt einen alltäglichen Prozeß der Erneuerung des Glaubens voraus, damit »die Inhalte des Evangeliums im gemeinsamen Leben sichtbar in Erscheinung treten«.[21] Denn was der Mensch mit allen seinen menschlichen Kräften für die Versöhnung mit Mitmenschen und Natur getan hat, muß im Licht des Glaubens, in der Versöhnung mit Gott, immer neu geprüft werden.

So wird der Mensch im fünften Versöhnungsprozeß zum ersten zurückgebracht, indem Gott ihn ständig fragt: »Wo bist du?» Aber es ist nicht eine bloße Frage, sondern eine Motivation zur konkreten Tat, eine Herausforderung zum Aufbruch, zum Verlassen des falschen Standorts. Ja, es ist eine Aufforderung Gottes, die den Menschen zur Versöhnung mit Mitmensch und Natur, zur Praxis seines Glaubens, treibt.

Auch Feministische Theologie, die zu Gerechtigkeit und Frieden auf dieser Welt aktiv beitragen will, hat die Aufgabe, mit dieser Fragestellung und mit den Antworten darauf Frau und Mann zur Vergegenwärtigung des Evangeliums in eine versöhnte, harmonische Lebens- und Glaubensgemeinschaft zu führen. Das bedeutet aber, daß die Feministische Theologie allen Menschen, Frauen und

Männern, eine Hilfestellung zur täglichen christlichen Praxis, eine Anleitung zur Vergegenwärtigung des Glaubens geben muß. Diese Aufgabe kann »Feministische Theologie« richtig erfüllen, wenn sie nicht als eine neben anderen Theologien existiert, sondern wenn sie zur »Feministischen Praxis« führt.

Die Betonung der Asiatisch-Feministischen Theologie liegt darum nicht bloß auf der Beseitigung der Diskriminierung der Frauen (die von allen feministischen Bewegungen gefordert wird), sondern auch auf einem schöpferischen, lebendigen und kräftigen Aufbau einer harmonischen Gesellschaft, in der aufgrund dieser fünf Versöhnungsprozesse Frau und Mann in der Praxis des Glaubens an Gott, den Schöpfer, sich miteinander versöhnen können, miteinander das Reich Gottes in dieser Welt aufbauen.

Die Feministische Theologie bezieht sich oft als biblische Grundlage auf Gal 3,27f. als ein Beispiel dafür, daß die in Jesus Christus getaufte Glaubensgemeinschaft, als ein ideales Modell für das Zusammenleben zwischen Frau und Mann, sich »jenseits des Geschlechtsunterschiedes« befindet: Unter den Getauften gibt es »weder männlich noch weiblich«.[22] Aber ich als Asiatin stelle mir diese Glaubensgemeinschaft von Frau und Mann in bezug auf das praktische Leben anders vor. Sie ist keineswegs eine monotone, uniformierte, geschlechtsneutrale Gemeinschaft, sondern ein sehr buntes, lebhaftes, geschlechtsanerkennendes Zusammenleben, bei dem jedes Geschlecht wie auch jede Rasse oder Klasse sich selbst entwickeln kann. Auf der Basis der harmonischen multikulturellen Gesellschaft kann die Tradition und die Charakteristik jeder Gruppe akzeptiert werden, und Klassentrennung und Rassismus finden keinen Platz mehr. Diese Lebensgemeinschaft aller Geschöpfe Gottes ist wie ein Orchester, wo die unterschiedlichen Instrumente zusammen eine wunderbare musikalische Harmonie produzieren, und je mehr und vielfältiger die Instrumente sind, desto prachtvoller und großartiger wird die Harmonie.

Kapitel IV

1. Für dieses Thema sei das Buch von Yajori Matsui (eine japanische Journalistin) empfohlen: Women's Asia, London 1989, besonders das fünfte Kapitel »Sexual Exploitation of Women: Child prostitution and the Expanding Sex Industry«.
2. Beijing Rundschau, Nr. 17/1990 vom 24. April, S. 31.
3. Der detaillierte und aktuelle Bericht über dieses Problem in der ASIA-WEEK (9. März 1990, S. 29f.) gibt einen schönen Überblick.
4. Moritz WINTERNITZ: Die Frau in den indischen Religionen. Die Frau im Brahmanismus, Leipzig 1920, S. 4.
5. VII, 13. A.a.O., S. 5.
6. 10,85,45. Karl Friedrich GELDNER: Der Rig-Veda. In: Harvard oriental Series 33–35, Cambridge, Mass. 1951ff., S. 273.
7. Siehe Parichart SUWANBUBHA: The Position of Women in Buddhism. In: In God's Image, Hongkong, Juni 1989, S. 37–45.
8. NYANATILOKA: Das Wort des Buddha. In: Buddhistische Handbibliothek, Konstanz 1978, S. 39.
9. A.a.O., S. 68.
10. A.a.O., S. 100.
11. Mircea ELIADE: Geschichte der religiösen Ideen. Von Gautama Buddha bis zu den Anfängen des Christentums, Bd. 2, Freiburg 1979, S. 74.
12. S. Thitsa KHIN: Providence and Prostitution, Image and Reality for Women in Buddhist Thailand, London 1980.
13. Über die Beziehung zwischen asiatischen Religionen und Frauen s. LEE-LINKE: »Frau und Religion« In: Zeitschrift für Kulturaustausch, 40. Jg. 1990/1, S. 26–32.
14. Z. B. Jürgen MOLTMANN (Hrsg.): Minjung. Theologie des Volkes Gottes in Südkorea, Neukirchen 1984.
15. Über den soziologisch-historischen Grund des Erfolgs des Christentums in Korea s. LEE-LINKE: Christentum und Koreanische Kultur. In: Materialdienst der Ökumenischen Centrale, 1990/I, S. 1–13.
16. Vgl. die »Biblisch-theologische Überlegungen zur Familie«. In: Frau und Mann in Kirche und Gesellschaft, Berlin (DDR) 1987, S. 127–136.
17. Kirchliche Dogmatik III/4, § 54, Zürich 1951. Hier S. 275; vgl. auch Eph 3,15; Mt 23,9.
18. Catharina J. M. HALKES: Das Antlitz der Erde erneuern, (GTB 499) Gütersloh 1990, besonders IX »Ökologie und Feminismus«.

19. »Who do you say that I am?«, Material für die Frauenabteilung der World Alliance of Reformed Churches in Korea, Seoul 1989, S. 35–39. Ü. d. Verf. aus dem Koreanischen.
20. Diese Verachtung der Gesellschaft gegenüber den unschuldigen Opfern ist wiederum typisch für die konfuzianische Ideologie. Weder die koreanische noch die japanische Regierung fühlten sich verantwortlich, erfaßten die Betroffenen in ordentlichen Statistiken und zahlten staatliche Unterstützungen. Keiner der Verschleppten erhielt auch nur einen Yen von ihren japanischen Ausbeutern. Typisch ist aber auch, daß die Leidenden selbst sich ihres Unglücks schämten, es verheimlichten und sich nicht lautstark an die Öffentlichkeit wandten, was ihnen vielleicht doch noch zu einer finanziellen Unterstützung verholfen hätte.
21. Die Frau in Familie, Kirche und Gesellschaft, Gütersloh 1979, S. 130.
22. Die Gemeinschaft von Frauen und Männern in der Kirche, hrsg. v. EKD, Gütersloh 1990, S. 18.